Trackbook Nord-Ost

Der Nordosten Deutschlands ist eine der am dünnsten besiedelten Regionen Europas, selbst Flächenländer wie Spanien oder Frankreich haben deutlich mehr Einwohner pro Quadratkilometer. Von den Kreidefelsen auf Rügen zu den kilometerlangen Sandstränden der Ostseeküste, über jahrhundertealte Wälder und ausgedehnte Seen im Müritz-Gebiet, bis zu den weiten Heideflächen der Lausitz: Hier ist viel Raum zum Entdecken. Und ab und an kommt in diesem Gebiet, das größer ist als das isländische Hochland, sogar ein Gefühl von Wildnis auf.

Eine Trackbook-Tour durch den „wilden“ Nordosten ist aber auch eine Reise durch tausende Jahre Geschichte – von der Steinzeit bis zu den wechselhaften Ereignissen der neuen deutschen Vergangenheit im letzten Jahrhundert.

Am besten erfährt man diese Vielfalt auf einer Trackbook-Tour auf den unzähligen Nebenstrecken, weit abseits der Hauptverkehrsadern und Touristenattraktionen. Der Nordosten bietet mit alten Handelswegen, schmalen Ortsverbindungsstraßen, malerischen Kopfsteinpflasteralleen, aufgelassenen Bahnstrecken, rustikalen Sandpisten und historischen Überlandstrecken die ideale Basis für Entdecker im „slow travel“ Modus.

Mit einer guten Portion Neugier und etwas Abenteuergeist offenbaren sich sowohl 4000 Jahre alte Großsteingräber, wunderschöne Badestellen, beinahe vergessene Prachtbauten aus dem Mittelalter, romantische Ortschaften, aber auch Zeugnisse des Größenwahns der NS-Zeit und die Widersprüche der DDR.

Das Trackbook soll ausdrücklich kein weiterer Reiseführer sein und enthält deshalb nur wenige Informationen zu Kultur, Geschichte, Restaurants oder Unterkünften. Es ist als zusätzliche Informationsquelle für Erkundungstouren auf den abenteuerlichsten Strecken der Region gedacht.

Und jetzt: Kurs Nord-Ost! Wir wünschen Euch eine erlebnisreiche Reise und wunderschöne Zeit beim Erkunden dieser Region

Melina und Matthias

Inhalt

Inhalt

Routenübersicht

Routenübersicht

Routenübersicht

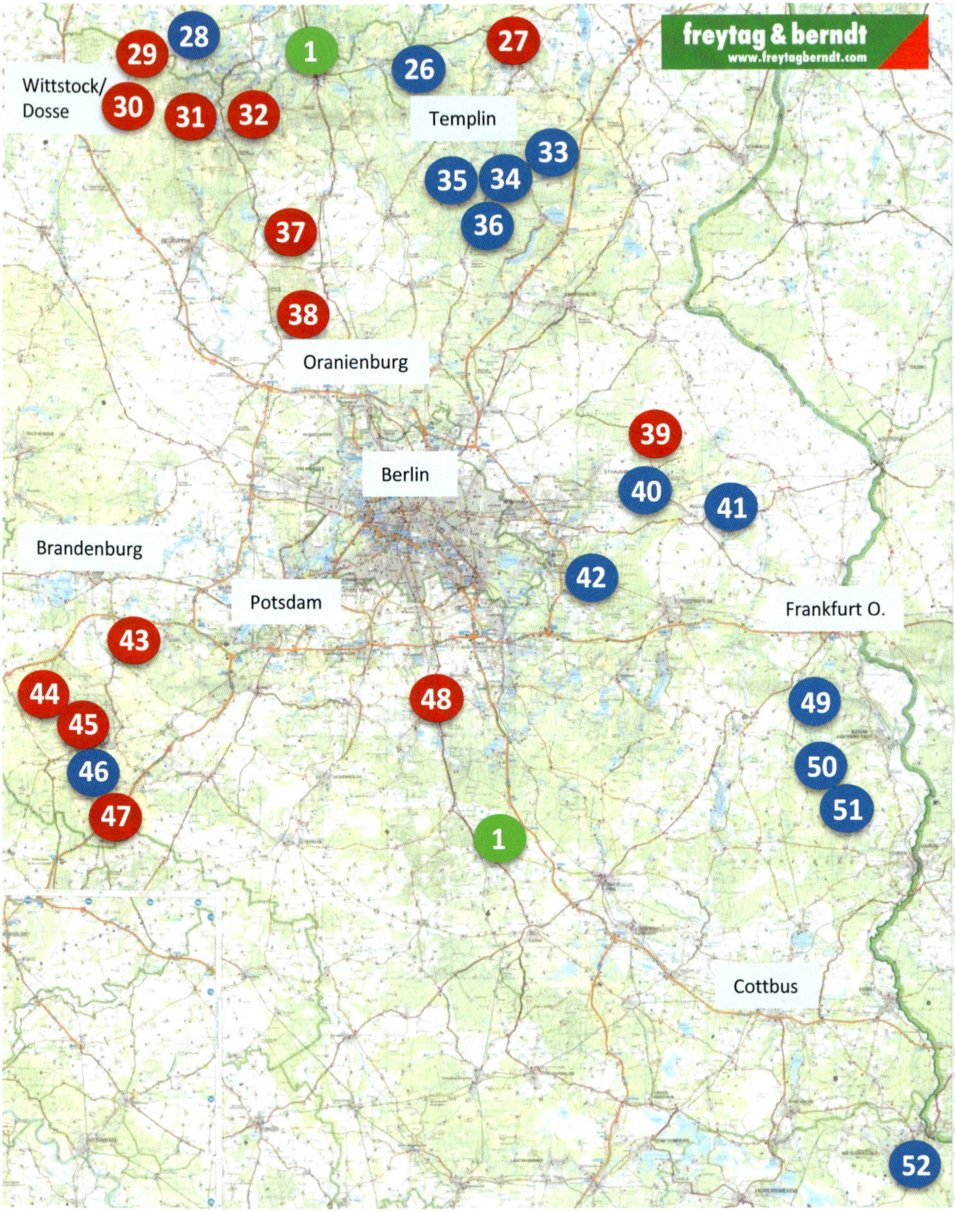

Unsere Streckenauswahl

In der Weite des Nordostens finden sich noch abwechslungsreiche und ursprüngliche Tracks, die man nicht unbedingt in einer dichtbesiedelten und hochentwickelten Industrienation wie Deutschland erwarten würde.

Da mit Landkarten oder auch digitalen Tools nur schwer herauszufinden ist, welche der Strecken lohnend und legal befahrbar sind, haben wir in diesem Trackbook eine Auswahl von Abenteuer- und Erlebnistracks zusammengestellt, die den Facettenreichtum des Nordostens in seiner Vielfalt erfahrbar machen. Auch haben wir die beschrieben Tracks in ihrer Schwierigkeit kategorisiert, um Euch die Entscheidung zu einer Befahrung mit Eurem Fahrzeugtyp zu erleichtern. Mit den ausgewählten Tracks wollen wir Euch tatsächlich verführen in die jeweiligen Regionen einzutauchen – bitte nutzt diese Anregungen, um auch selbst noch die ein oder andere Strecke zu erkunden und für Euch die Vielfalt dieser Region zu entdecken.

Wir haben darauf geachtet, dass es nicht nur staubt oder holpert, sondern haben Tracks ausgewählt, die zu landschaftlich oder kulturell lohnenden Zielen führen. Neben den beschriebenen Tracks gibt es noch eine Vielzahl weiterer Strecken. Diese enden jedoch allzu oft in Sackgassen oder an Verbotsschildern.

Unsere Streckenauswahl

Bei der Auswahl der beschriebenen Tracks haben wir versucht nur Strecken aufzunehmen, die auch legal befahrbar sind. Reine Wald- und Feldwege dürfen – unabhängig vom Fahrbahnbelag – nur von Forst- und Landwirtschaft befahren werden. Dazu ist vor Ort keine gesonderte Ausschilderung nötig. Wege von überörtlicher Bedeutung oder anderer Nutzung können jedoch befahren werden. Vor Ort ist es dann jedoch schwierig zu beurteilen, um welche Kategorie es sich handelt und es kann im Zweifel zu unterschiedlicher Auslegung kommen. Strecken, bei denen es uns so schien, als wäre dort Fahrzeugverkehr fehl am Platz oder unerwünscht, haben wir nicht mit aufgenommen. Bitte nutzt vor Ort Euren gesunden Menschenverstand – es kann zwischenzeitlich auch schon zu neuen Sperrungen gekommen oder eine Befahrung im Moment einfach unpassend sein.

Obwohl das Befahren der Tracks für die Einheimischen oft noch zum Alltag gehört, ist Rücksicht und Mitdenken notwendig, um diese auch zukünftig für die Allgemeinheit offenzuhalten. Durch Raserei im Trophystil und anderes rücksichtsloses Verhalten ist es nur eine Frage der Zeit, bis die Möglichkeiten Deutschland auf Backroads zu erkunden weiter eingeschränkt werden.

Wir haben für Euch ein paar Verhaltenstipps auf der nächsten Seite zusammengefasst.

Der Trackbook-Knigge

Wer die Welt individuell erkunden und abenteuerlich entdecken möchte, denkt wahrscheinlich nicht als Erstes an Deutschlands Nordosten. Die ausgewählten Tracks sind keine Ersterkundungen, sondern unsere Routen führen zum Teil auf über jahrhundertealten historischen Verbindungsstrecken durchs Land.
Bei der Fahrt durch diese wenig besiedelte Region gehört die Nutzung ungeteerter Strecken hier noch zum Alltag.
Wir haben ein paar Tipps zusammengestellt, die uns allen helfen können, damit das auch in Zukunft noch möglich ist.

- Bleibe immer auf den Strecken – achte Privatgrundstücke.
- Nimm Rücksicht auf Wanderer, Radfahrer, Reiter und Anwohner. Passiere sie langsam, staubarm und mit Abstand.
- Sei tolerant – es gibt verschiedenste Reisearten und Schwerpunkte beim Erkunden.
- Respektiere die Einheimischen, freundliches Grüßen hilft.
- Fahre nicht auf gesperrten Strecken.
- Hinterlasse keinen Müll.
- Unbedingt die Einschränkungen und Verbote zum Feuermachen beachten. Waldbrände sind ein großes Problem und bei diesem Thema versteht niemand Spaß.
- Freies Campen ist verboten.
- Sei freundlich und hilfsbereit zu anderen; sich gegenseitig zu unterstützen, macht das Leben leichter.
- Im Zweifelsfall – dreh lieber um!

Badestellen

Bei unserer Recherche haben wir in der Nähe folgender Tracks Bademöglichkeiten und offizielle Badestellen gefunden. Bitte beachtet stets die Hinweise vor Ort zu Badeerlaubnis oder eventuellen Einschränkungen:

- **Track 2** Wittower Fähre
- **Track 14** Peenetal
- **Track 15** Schloss Badow
- **Track 19** Treptow See
- **Track 20** Bobziner Schleuse
- **Track 21** Hallalit
- **Track 25** Kleiner Mann was nun?
- **Track 26** Himmelpfort
- **Track 31** Zechliner Hütte
- **Track 33** Angie
- **Track 37** Schloss Meseberg
- **Track 38** Neuendorfer Weg
- **Track 39** Märkische Schweiz
- **Track 41** Behlendorf
- **Track 52** Mužakowska hola

Viel Spaß beim Baden!

Unterwegs im Nordosten

Bäume springen fast nie zur Seite.

Der gesamte Nordosten Deutschlands ist von einem gut ausgebauten Netz von Landstraßen und Autobahnen erschlossen. Sobald man jedoch die großen Überlandstrecken verlässt, ist Entschleunigung angesagt. Der Verkehr lässt deutlich nach, der Straßenbelag wird rauer, Tank- und Einkaufsmöglichkeiten werden rarer.
Wir empfehlen jedoch, statt immer nur in den Ketten einzukaufen, bei sich bietender Gelegenheit die kleinen, regionalen Einkaufsläden, Metzgereien, Fischräuchereien, Obst und Gemüsestände zu besuchen – hier gibt es manch leckere Überraschung.
Für Pausen bieten sich auf manchen Tracks sehr gemütliche Gasthöfe an – wir haben einige in den Beschreibungen aufgeführt.

Besonders in der Dämmerung ist mit Tieren auf der Fahrbahn zu rechnen.

Der Förster im Wald erspart die Säge im Kofferraum.

Fahrzeuge

Personenwagen

Autos, die nicht gebaut wurden, um befestigte Straßen zu verlassen, egal ob mit zwei oder vier angetriebenen Rädern. Bodenfreiheit mindestens 10 cm.
Beispiele: VW Golf, Toyota Prius, Mercedes S-Klasse.

- Können einen Teil der **blauen Strecken** ganzjährig befahren, müssen umsichtig bewegt werden, um Schäden zu vermeiden.
- Können einen Teil der **roten Strecken** bei Trockenheit mit guter Fahrspurwahl und etwas Einsatzbereitschaft befahren.

Liebe Käfer- und Trabbifahrer – selbstverständlich könnt Ihr Euch wegen der größeren Bodenfreiheit auch etwas mutiger an den roten Tracks versuchen.

Vans

Robuste Fahrzeuge mit 2WD, für kommerziellen Einsatz gebaut, mind. 15 cm Bodenfreiheit. Beispiele: VW Bus, Ford Transit, Fiat Ducato.
Ca. max. Maße H x B x L: 230 x 200 x 550.
In diese Kategorie fallen auch SUV mit 2WD.

- Keine Probleme beim vorsichtigen Befahren der **blauen Strecken.**
- Können die **blauen Strecken** ganzjährig befahren.
- Können die **roten Strecken** bei Trockenheit mit Vorsicht und bei Nässe mit Abenteuergeist und etwas Geschick befahren.

Fahrzeuge

SUV 

4x4-Fahrzeug mit leicht erhöhter Bodenfreiheit, keine Untersetzung, von uns vorausgesetzte Bodenfreiheit mind. 15 cm.
Beispiele: VW Tiguan, Hyundai Santa Fe, Toyota RAV, Dacia Duster

- Haben keine Probleme auf **blauen Strecken.**
- Können ganzjährig die **roten Strecken** fahren. Vorsichtige Fahrweise und gute Fahrspurwahl vorausgesetzt, um Schäden an Reifen und Unterboden zu vermeiden.

Geländewagen 

4x4-Fahrzeuge, die für den offroad Einsatz konstruiert wurden. Mit kurzem ersten Gang oder Untersetzungsgetriebe, einfachem Motor- und Getriebeschutz, robuste Reifen, einer Wattiefe von mindestens 50 cm und einer Bodenfreiheit von mehr als 20 cm.
Beispiele: Land Rover Discovery, Toyota LandCruiser, VW Touareg, sowie präparierte 4WD-Transporter

- Können mit Leichtigkeit und mit entspanntem Genuss auf den Tracks im Nordosten entlang cruisen.
- Für das echte Abenteuer sofort Kurs Nord-Ost einschlagen, wenn heftiger Schneefall oder Dauerregen angesagt ist.

Lastwagen / Expeditionsmobile 

Nicht die Geländetauglichkeit, sondern die Größe und das Gewicht von LKW reduziert den Bewegungsspielraum auf den Tracks. Wir haben bei der Track-Aufzeichnung darauf geachtet, welche offiziellen Einschränkungen bestehen. 2WD-LKW sollten Strecken mit Naturbelag bei Nässe meiden. In diese Kategorie fallen auch alle Fahrzeuge über 3,5 t bzw. über 3 m Höhe.

Wohnmobile

Lieferwagenplattform mit großem Camperaufbau. Lange Überhänge, geringe Bodenfreiheit.
Beispiele: Hymer Mobile, Wohnmobile auf Fiat Ducato, VW Crafter etc. Basis.

- Können vorsichtig manche der **blauen Strecken versuchen**. Die Wohneinbauten sind jedoch nicht für die höheren Belastungen ausgelegt. Wegen der Größe kann es zu Kratzern auf engen Tracks kommen.

Untergründe

TEER
- Asphaltiere Wege und Straßen
- Als Track oft einspurig
- Qualität meist gut
- Ortsdurchfahrten sind meist Teer oder Kopfstein

KOPFSTEIN
- Meist historische Straßen
- Oft nur ein Fuhrwerk breit
- Können tief ausgefahren sein (Aufsetzen möglich)
- Alles was klappern kann, wird klappern

Untergründe

BETONSPUR

- Auch Kolonnenweg genannt
- Meist nur zwei betonierte Spuren, in Ausnahmefällen auch vollflächig betoniert
- Teilweise auch „klassisch“ aus original Kolonnenweg-Beton-Fertigteilen

SCHOTTER

- Befestigter Weg mit mehr oder weniger ausgeprägte Steinauflage
- Starke Staubentwicklung bei Trockenheit
- Oft ist es schwer zu entscheiden, ist es Schotter oder schon Sand
- Aus unserer Sicht auch nach längeren Regenfällen noch gut und problemlos mit Zweirad-antrieb (2WD) befahrbar

Untergründe

SAND

- Ein großer Teil der Tracks verläuft auf sandigem Untergrund, teilweise auf jahrhundertealten Trassen.
- Sandtracks können, wie hier abgebildet, nur aus zwei Fahrspuren mit relativ hartem Sand bestehen, jedoch auch aus einer breiten, schon fast pistenhaften Sandtrasse mit weicherem Sand
- Oft sind auf den Sandstrecken tiefe Mulden ausgefahren, die sich bei Regen in lange und recht tiefe Pfützen verwandeln.

NATURBELAG

- Tracks mit nur wenig Unterbau auf unterschiedlichen Untergründen.
- Bei Nässe rutschig, mit sehr tiefen Pfützen. In den entstehenden Schlammpassagen kann Allradantrieb und Bodenfreiheit sehr hilfreich sein.
- Es sind oft breite und relativ häufig befahrene Wege, aber manchmal auch nur Fahrspuren mit Grünstreifen dazwischen. Besonders diese sehr schmalen Wege bergen ein hohes Abrutschrisiko von der Strecke und sollten bei Nässe nur nach Besichtigung der kritischen Passagen und sehr vorsichtig befahren werden.

Vorbereitung

Reifen
Niederquerschnittsreifen (niedrige Seitenwand) sind nur sehr eingeschränkt für die Befahrung der Tracks geeignet. Beim Durchschlagen in Schlaglöchern oder durch Steine kann es Löcher geben oder sogar die Felge beschädigt werden. Generell ist ein vollwertiges Ersatzrad sehr empfehlenswert.
Da die meisten Tracks recht grobe Oberflächen haben, lohnt es sich, den Luftdruck leicht zu senken, sodass eine kleine Wölbung in der Flanke zu sehen ist. Der Reifen kann so mehr der kleinen Stöße aufnehmen und filtern. Dies schützt zum einen den Reifen selbst, zum anderen schont es Fahrzeug und Insassen.

Einige Tracks weisen für Nichtgeländewagenn recht tief ausgefahrene Fahrspuren auf. Diese Passagen lassen sich meist durch versetztes Fahren außerhalb der Hauptspur langsam passieren. Auch Bodenwellen können bei zu viel Impuls zu teuren Aufsetzern führen. Neben vorausschauender Fahrweise, kann für PKW, Vans und SUVs zumindest der Schutz der Ölwanne für das Befahren der Tracks eine Überlegung wert und im Falle eines Falles auch die günstigere Option sein.

Schwierigkeitsstufen

Die beschriebenen Tracks verlaufen oft auf unbefestigten, nicht staubfreien Wegen. Bei Trockenheit, mit etwas Fahrkönnen und Vorsicht, sind alle Strecken sehr wahrscheinlich auch mit PKW mit normaler Bodenfreiheit machbar. Der Schwierigkeitsgrad liegt deutlich unter dem unserer anderen Trackbooks. Wir haben deshalb die Definition der Schwierigkeitsgrade angepasst. Der größte Teil der Tracks wurde mit einem serienmäßigen VW California 4motion abgefahren – an einigen Stellen war etwas Augenmaß nötig.

Wer es gerne etwas anspruchsvoller möchte, sollte die Strecken im Winter oder nach langen Regenperioden befahren. Allradantrieb kann dann durchaus beruhigend sein.

Wir lehnen jede Verantwortung für Schäden oder Verletzungen oder juristische Konsequenzen ab, die evtl. im Zusammenhang mit der Nutzung dieses Trackbooks entstehen.

Bitte nutze deinen gesunden Menschenverstand!

Leicht

Präparierte und teilweise befestigte Wege mit einzelnen einfachen Sand- und Schotterpassagen. Auch mit 2WD-PKW meist ganzjährig befahrbar.

Mittel

Wege mit unpräparierten Naturpassagen, weicheren Sandabschnitten und tiefen Fahrspuren. Mind. 15 cm Bodenfreiheit sinnvoll Bei Nässe und im Winter teilweise 4WD empfehlenswert.

Schwierigkeitsgrade

Straße

- **1** Route 96

Leicht

- **2** Wittower Fähre
- **3** Hoch Hilgor
- **4** Weg der Kreide
- **5** Teufelsstein
- **6** Prosnitzer Schanze
- **7** Starkow
- **12** Klostermühle
- **13** Hagensruhm
- **15** Schloss Badow
- **20** Bobziner Schleuse
- **21** Hallalit
- **26** Himmelpfort
- **28** Troja
- **33** Angie
- **34** Carinhall
- **35** Buran
- **36** Schorfheide
- **40** Hoppegarten
- **41** Behlendorf
- **42** Straße der Befreiung
- **46** Walter Lauche Weg
- **49** Siehdichum
- **50** Wasserscheide
- **51** Lieberoser Heide
- **52** Mužakowska hola

Mittel

- **7** Starkow
- **8** Am Wald
- **9** Tour der Steine
- **10** Kühlung
- **11** Leonorenwald
- **14** Peenetal
- **16** Frachtweg
- **17** Alter Postweg
- **18** Heuweg
- **19** Treptow See
- **22** Zollhaus
- **23** Elbtaldüne
- **24** N.P. Müritz
- **25** Kleiner Mann was nun?
- **27** Prenzlauer Berg
- **29** Es fährt kein Zug...
- **30** Bombodrom
- **31** Zechliner Hütte
- **32** KKW
- **37** Schloss Meseberg
- **38** Neuendorfer Weg
- **39** Märkische Schweiz
- **43** Golzower Weg
- **44** Mittelpunkte der DDR
- **45** Bad Belzig Runde
- **47** Rabenstein
- **48** Verbotene Stadt

TB lesen leicht gemacht

Das Trackbook ist wie ein klassisches Roadbook aufgebaut. Das bedeutet, dass wichtige Positionen einer Strecke durch Piktogramme dargestellt werden. Diese zeigen, woher Du kommst, was auf Dich zukommt und wohin Du fahren sollst. Falls es für eine Kreuzung kein Symbol gibt: Einfach intuitiv der Hauptstrecke folgen. Wir erklären an einem Beispiel, wie die Symbole zu lesen sind:

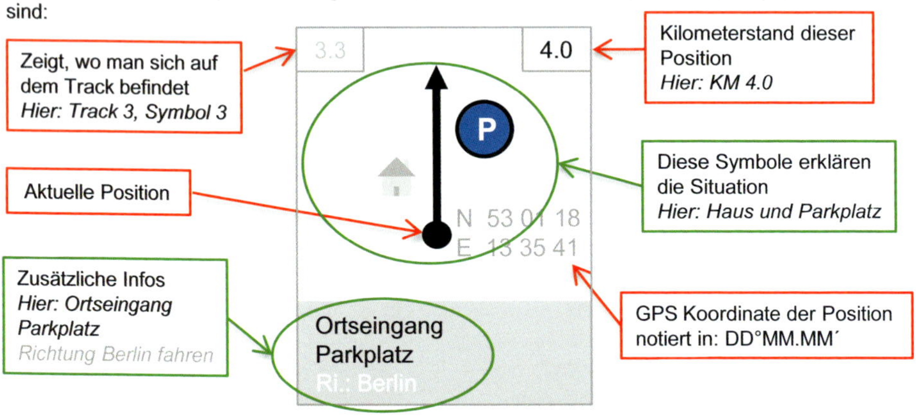

Besondere Symbole und ihre Bedeutung

Symbol	Bedeutung
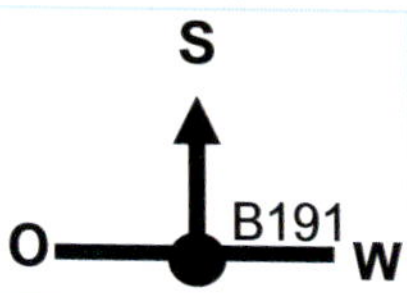	Erstes Tracksymbol *Von B191 nach Süd*
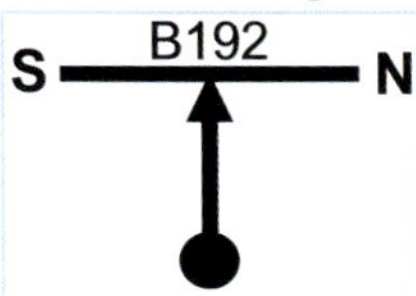	Letztes Tracksymbol *Ankunft auf B192*
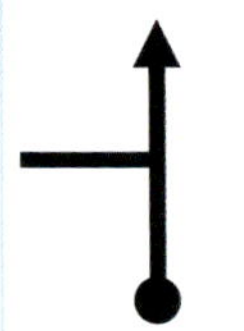	Weg von links. Geradeaus fahren
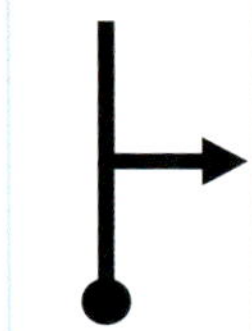	Rechts abbiegen
	Brücke
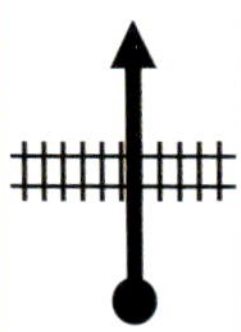	Bahnübergang
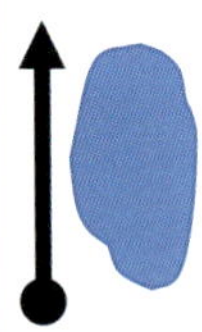	See
	geeignet
	NICHT geeignet
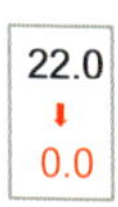	KM-Zähler auf 0.0 stellen

Wir sind alle Tracks abgefahren und die Kilometerangaben wurden mit einem GPS-Gerät aufgezeichnet, Fahrzeugkilometerzähler können hiervon abweichen. Obwohl ein GPS-Gerät sehr genau misst, kann es z. B. im Wald zu Abweichungen kommen. Deshalb bitte sowohl Eure Tachoabweichung als auch mögliche Messungenauigkeiten des GPS im Auge behalten und mitdenken. Kilometrierung und Koordinaten können leicht abweichen.

Bei größeren Abweichungen haben wir wahrscheinlich einen Fehler gemacht und freuen uns, wenn Ihr uns diesen durchgebt.

Koordinaten

Wichtiger Hinweis zur Navigation mit Koordinaten

Damit ihr bei der Anfahrt und unterwegs unsere Koordinaten als sinnvolle Unterstützung nutzen könnt, sind folgende Punkte zu beachten:

1. Es gibt **unterschiedliche Koordinatensysteme**, die meisten GPS Geräte und Apps lassen sich darauf einstellen.

2. In diesem Trackbook nutzen wir ein Koordinatensystem, das sich auf **Grad, Minuten und Dezimalminuten** bezieht.

3. Korrekt dargestellt müssten wir die Koordinaten so schreiben (Beispiel):
   N 53° 21.78 O 11° 47.96   Der Einfachheit halber schreiben wir jedoch lediglich
   N 53 21 78, O 11 47 96.

4. Manche Geräte erfordern bei den Sekunden noch weitere Stellen zu Eingabe hinter den Dezimalminuten.. Beispiel: N 53°21.78XX O 11°47.96XX. In diesem Fall die letzten Stellen einfach mit Nullen auffüllen – die Positionsangabe ist für die Navigation genau genug.

5. Zur Eingabe bei **Google** bitte wie folgt eingeben:
   53°21.78 11°47.96

6. Zum Gegenchecken: Die Beispielkoordinate ist die letzte Koordinate von Track 18 (Heuweg) und markiert das Ende am Rathaus.

7. **Viel Spaß!**

01 Route 96

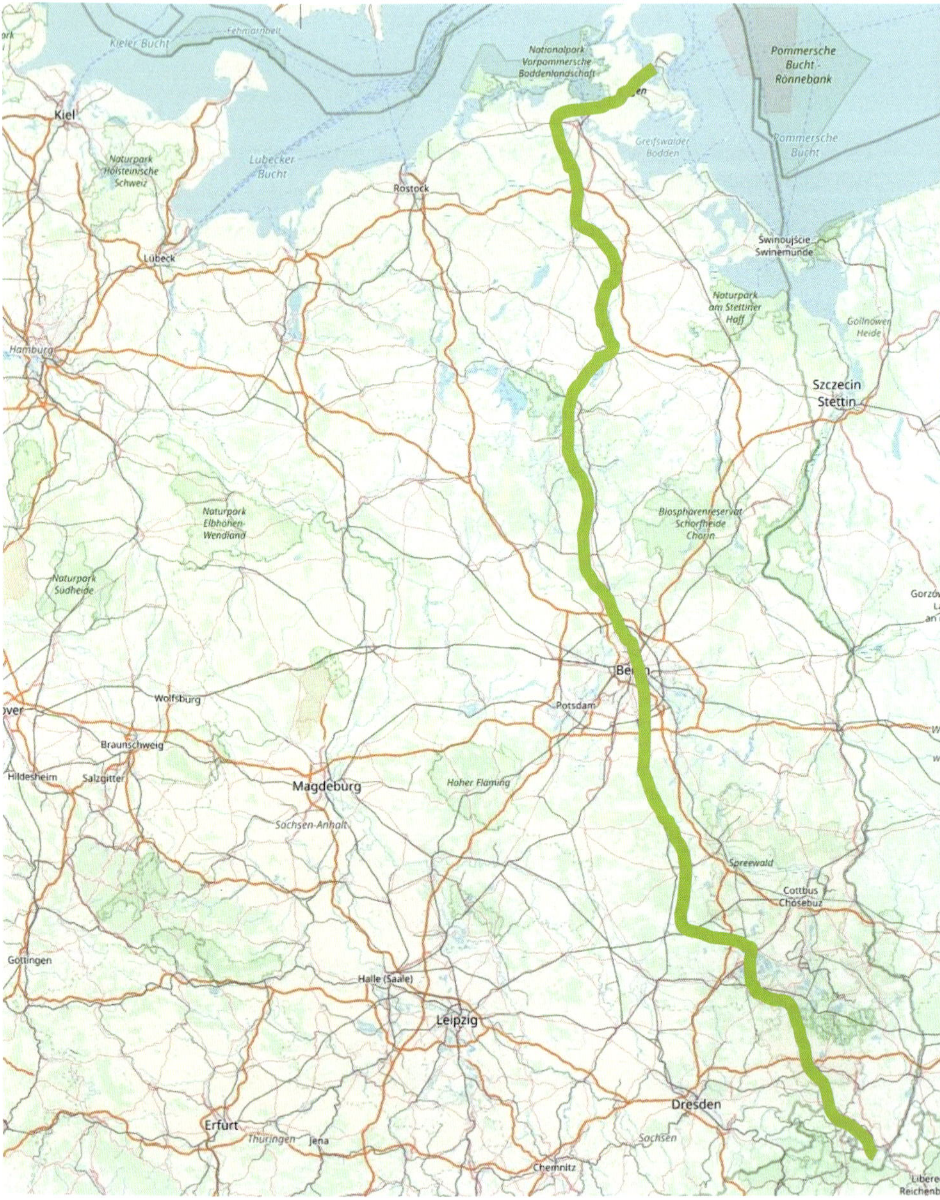

Karte: Daten von OpenStreetMap,
Veröffentlicht unter ODbL

01

Die F96 (heute B96) war mit über 500 km von Zittau an der tschechischen Grenze bis hinauf nach Rügen nicht nur die längste Fernstraße der DDR, sondern wird – als Verbindung von Sehnsuchtsorten – auch als die Route 66 des Ostens bezeichnet.

Ihre Ursprünge gehen in die 1830er-Jahre zurück, als für den regulären Postverkehr begonnen wurde, befestigte Chausseen zwischen den Städten des Kaiserreiches anzulegen. In der Weimarer Republik wurden die einzelnen Streckenstücke endgültig zur Fernverkehrsstraße 96 zusammengefügt. Ob als R96 im Deutschen Reich, F96 in der DDR oder B96 im wiedervereinigten Deutschland – die Route 96 ist eine Erlebnisroute deutscher Geschichte, facettenreicher Kultur und der Vielfalt der Landschaften.
Natürlich wurde die Trasse über die Jahrzehnte immer wieder an die Verkehrssituation, aber auch an politische Bedarfe angepasst. Viele Teilstücke der ursprünglichen Trassenführung sind jedoch noch vorhanden und befahrbar.

Auf Wikipedia gibt es über den Verlauf und die Varianten detailliert Auskunft (https://de.wikipedia.org/wiki/Bundesstraße_96), und so steht einem ausgedehnten Roadtrip mit Ostalgie und tiefem Eintauchen in die deutsche Vergangenheit nichts mehr im Weg.

02 Wittower Fähre

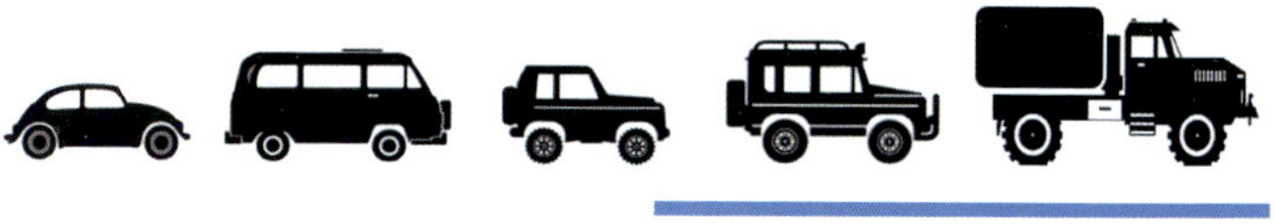

02

Orientierung: 1
Länge: 6,1 km
Dauer: 15 min

Schon seit dem Mittelalter ist die Überquerung der Meeresenge bei Wittow eine zeitsparende Abkürzung in den Norden von Rügen. Die kurze Fährüberfahrt kann auch heute noch perfekt in eine Insel-Umrundung eingebaut werden.

1886 wurde nicht nur die erste richtige Fähre, sondern auch gleich eine Bahnlinie hinauf in den Norden in Betrieb genommen. Unsere ursprüngliche Idee, mit diesem Track dem Verlauf der schon seit Jahrzehnten stillgelegten Bahnstrecke zu folgen, lies sich nicht verwirklichen, da dieser nur noch in Fragmenten erkennbar ist. Deshalb erschließt dieser Track – inklusive einer reizvollen Naturbelagspassage – jetzt ein vom Tourismus weitgehend unbeachtetes Stück Küste mit einer Badeoption und endet an der Zufahrt zur Fähre.

Das originale Fährschiff wurde erst 1995 nach fast 100 Jahren außer Dienst gestellt und wartet jetzt bei dem Förderverein der Rügenschen Kleinbahnen auf seine Restaurierung.

02 Wittower Fähre

2.1 — 0,0

N

N 54 31 26
E 13 12 10

Ri.: Neuholstein
TEER

2.2 — 0,9

In Ort Neuholstein

2.3 — 1,9

NATURBELAG

2.4 — 3,2

Picknickplatz

2.5 — 3,4

Badeplatz
BETON

2.6 — 4,0

In Ort Vaschnitz

2.7 — 4,2

PFLASTER
Hauptstraße folgen

2.8 — 6,1

N L 30 S

N 54 33 05
E 13 14 66

Ende
(Links: zur Fähre)

DEFENDER

03 Hoch Hilgor

03

Es gibt Vermutungen, dass „Hilgor“ für die alten Germanen „heiliger Berg“ bedeutet haben soll. Recht unstrittig ist jedoch, dass der 43,8 m hohe Gipfel – ja, auch die Höhe des Everest wird oft mit Nachkommastelle angegeben – als Standort einer Feuerlohe gedient hat.

Diese bildete einen Baustein eines nach den religiösen Kulten nach Norden und Osten ausgerichteten Signalsystems zwischen den germanischen Burgen.

In einer Mischung fast aller Fahrbahnbeläge folgt dieser Track den Spuren des wahrscheinlich bedeutendsten Rügen-Historikers Johann Jacob Grümbke, der die Insel Anfang des 19. Jahrhunderts durchwanderte und bis ins Detail beschrieb.

Er endet bei Neuenkirchen nur zwei Kilometer südlich des Hoch Hilgor, auf dessen Gipfel seit kurzem ein neuer, zu Ehren Grümbkes benannter Aussichtsturm hervorragende Aussicht über Rügen bietet.

03 Hoch Hilgor

3.1 | 0,0

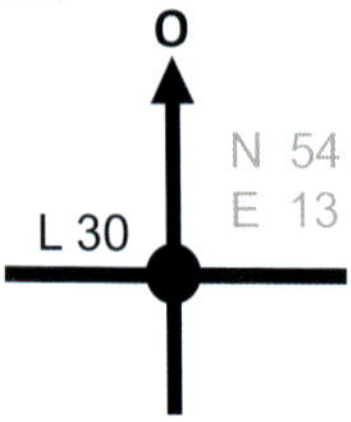

N 54 24 23
E 13 17 55

In Ort Dreschwitz

3.2 | 0,1

3.3 | 0,3

NATURBELAG

3.4 | 0,8

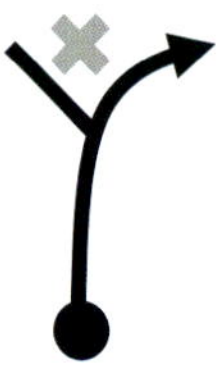

Picknickplatz

3.5 | 1,1

Ri.: Boldewitz

3.6 | 1,6

SCHOTTER

3.7 | 2,3

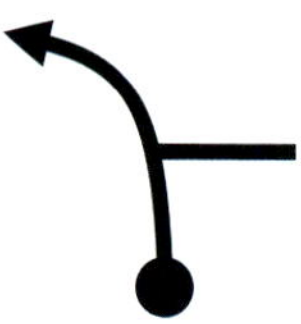

3.8 | 2,6

3.9 | 4,1

In Ort Neuendorf
BETON

Hoch Hilgor 03

3.10 5.2

In Weiler Boldewitz

3.11 5.8

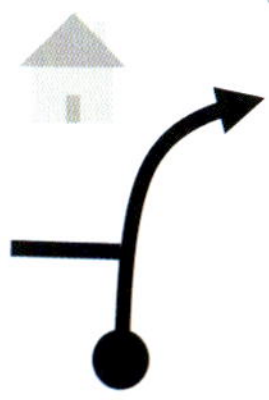

Schloss Boldewitz

3.12 6.2

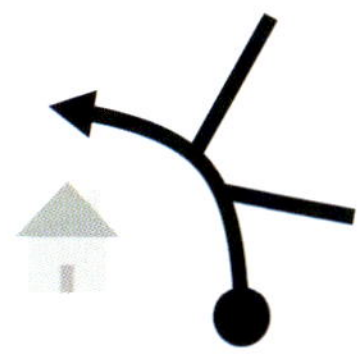

Schloss Boldewitz

3.13 6.5

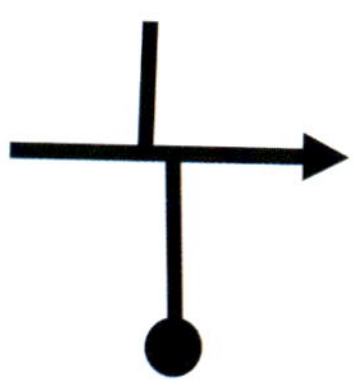

3.14 7.6

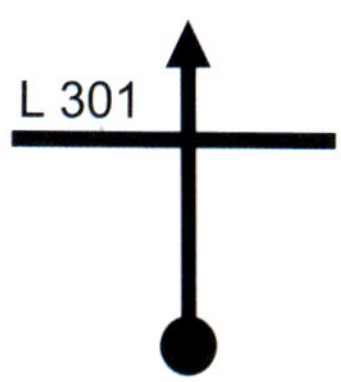

In Ort Ranitz

3.15 7.9

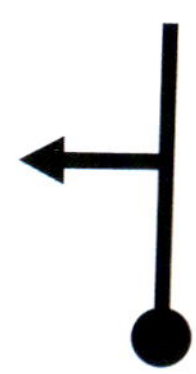

SCHOTTER

3.16 8.0

Teich

3.17 8.5

BETONSPUR

3.18 8.8

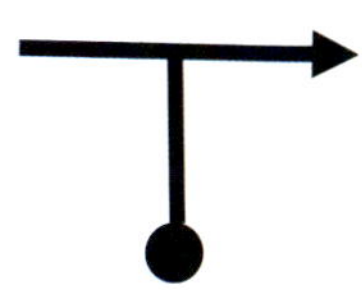

TEER

03 Hoch Hilgor

3.19 | 13.,1

Ri.: Rappin

3.20 | 13.,5

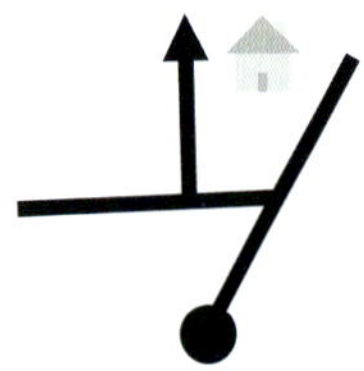

In Ort Bubkewitz
SCHOTTER

3.21 | 14,0

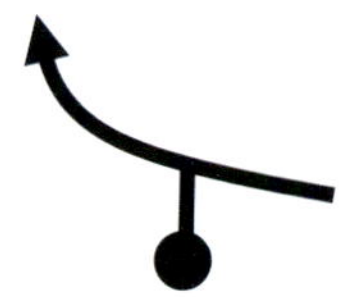

BETONSPUR

3.22 | 14,3

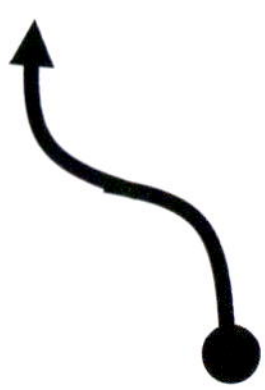

In Ort Helle
PFLASTER

3.23 | 14,7

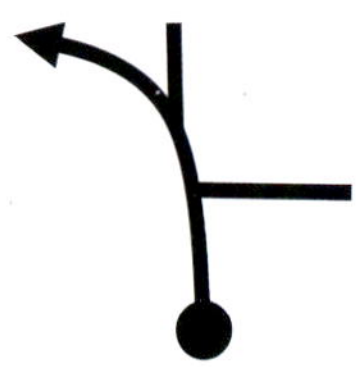

BETONSPUR

3.24 | 16,6

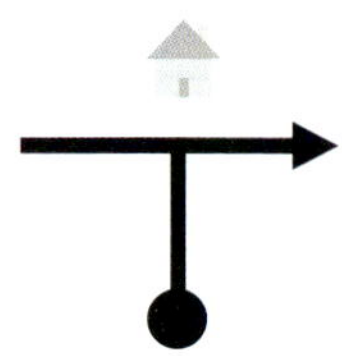

Gutshof Tribbewitz
TEER
Ri.: Neuenkirchen

3.25 | 16,8

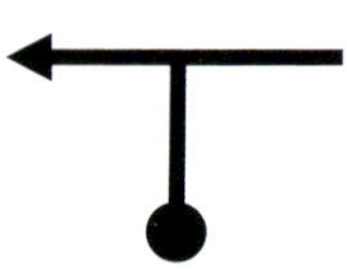

Ortsausgang Tribbewitz

3.26 | 19,2

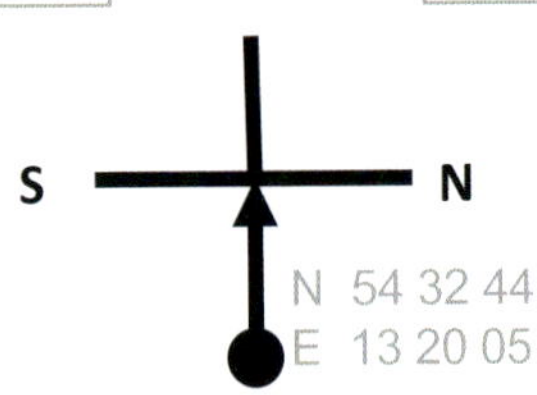

In Ort Neuenkirchen
(Gerade: noch 1,8 km
bis Hoch Hilgor)

04 Weg der Kreide

04

Schon seit Jahrhunderten ist Rügener Kreide nicht nur wegen der spektakulären weißen Klippen, sondern auch wegen ihrer extremen Feinporigkeit bekannt und geschätzt.

Tatsächlich ist Kreideabbau bis heute ein echter Wirtschaftsfaktor auf Rügen, jährlich werden 500.000 t abgebaut und für die Produktion von Dünger, Zement, Farben, Kosmetikartikeln und vielem mehr benötigt. Dieser Track folgt den historischen Transportwegen eines stillgelegten Tagebaus am Rand des Nationalparks Jasmund auf einer durchgehenden und teilweise sehr rauen Kopfsteinpflasterpiste. Die Strecke quert in ihrem Verlauf Rügen von Ost nach West, erlaubt Einblicke in die alten Abbaugruben, streift den 1990 in Betrieb genommenen Tagebau bei Promoisel und bietet besonders am Abend stimmungsvolle Aussicht über den Nordteil der Insel.

Schreibkreide wird übrigens nicht aus Kreide, sondern aus Gips hergestellt – nur falls jemand fragt ☺.

04 Weg der Kreide

4.1 | 0,0

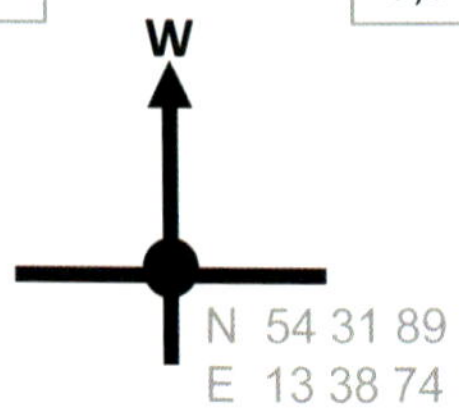

In: Am Kreidebruch
KOPFSTEIN

4.2 | 0,2

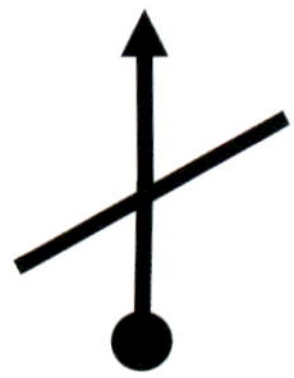

Radweg quert

4.3 | 0,7

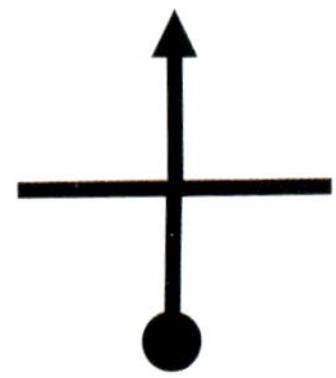

4.4 | 1,3

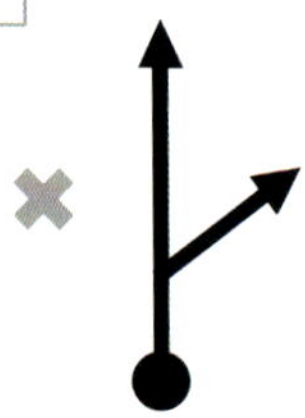

Hanomag Tours

4.5 | 1,7

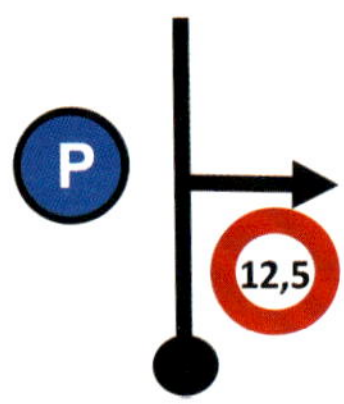

Ri.: Dargast

4.6 | 2,7

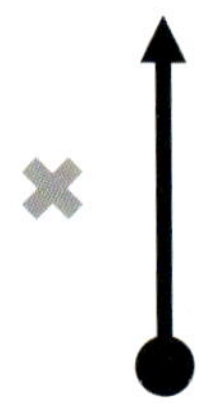

Aussicht

4.7 | 2,9

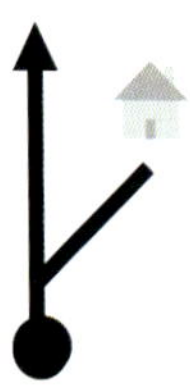

4.8 | 3,2

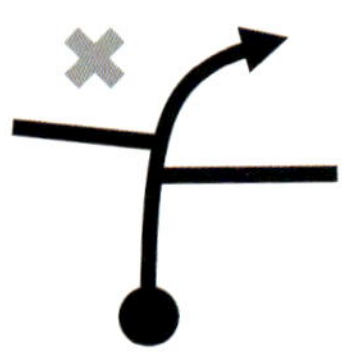

Kreidebruch

4.9 | 4,3

Weg der Kreide

4.10 — 4,6

4.11 — 5,3

4.12 — 5,7

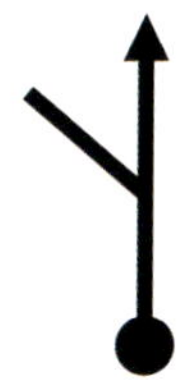

4.13 — 7,0

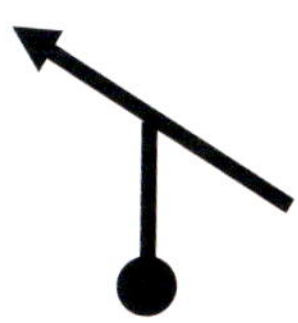

4.14 — 7,2

4.15 — 8,7

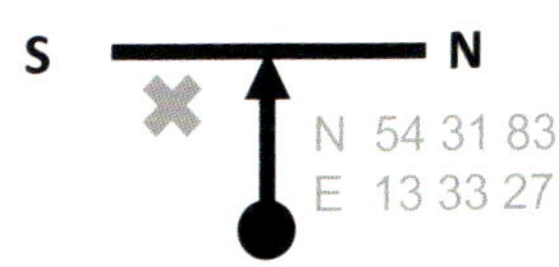

Ende: in Ort Sagard Friedhof

05 Teufelsstein

05

Vor gut 100 Jahren notierte der Universalgelehrte Friedrich von Hagenow noch über 200 Großsteingräber, die auf eine ansonsten vergessene Kultur aus der Jungsteinzeit datiert werden – aktuell sind davon noch 50 in verschiedenen Zuständen erhalten.

Die Restlichen wurden als Materialquelle für Mauern und Straßenbau verwendet oder störten einfach bei der Landwirtschaft. Aufmerksame Beobachter werden entlang dieses Tracks auf den Feldern interessante Anomalien wie Hügelchen und Baumgruppen bemerken. Besonders im Feld jenseits des Bahnhofes Seelitz (Haltestelle des Museumszuges Rasender Roland) sind einige Wacker in der unteren Ecke des Feldes zu sehen – der sogenannte Teufelsstein.

Jenseits der Bahngleise verläuft dieser Track jedoch entlang des Waldrandes in die entgegengesetzte Richtung. Er folgt einem Saumweg, den schon Friedrich von Hagenow kannte, der sich schließlich nicht nur mit Großsteingräbern und einem neuen Design für Aderlassschnepper beschäftigte, sondern auch die erste flächentreue Karte der Insel Rügen anfertigte.

05 Teufelsstein

5.1 — 0,0

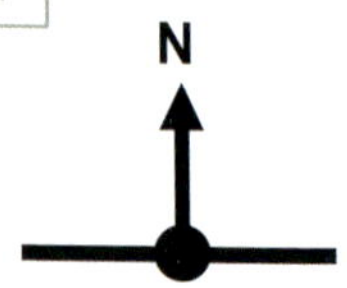

N 54 21 60
E 13 34 10

Start: Ri.: Nistelitz
TEER

5.2 — 0,6

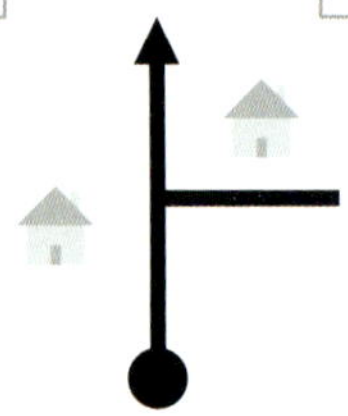

Nistelitz
KOPFSTEIN

5.3 — 0,7

Ortsausgang
TEER

5.4 — 1,0

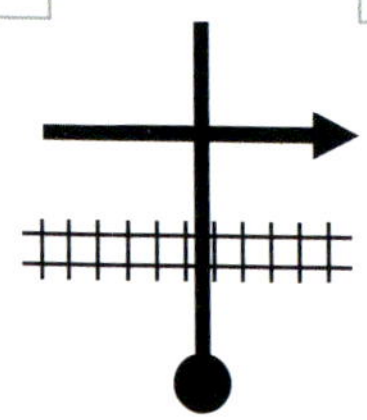

(Links: Haltestelle)
NATURBELAG

5.5 — 1,5

5.6 — 2,0

5.7 — 2,3

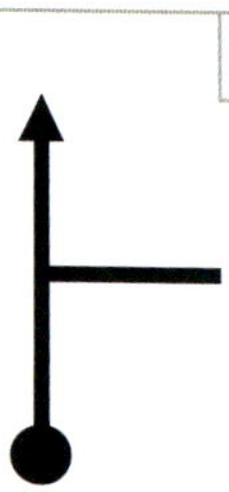

5.8 — 2,3

5.9 — 2,4

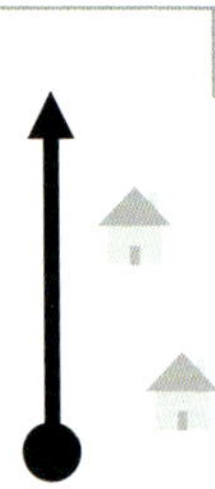

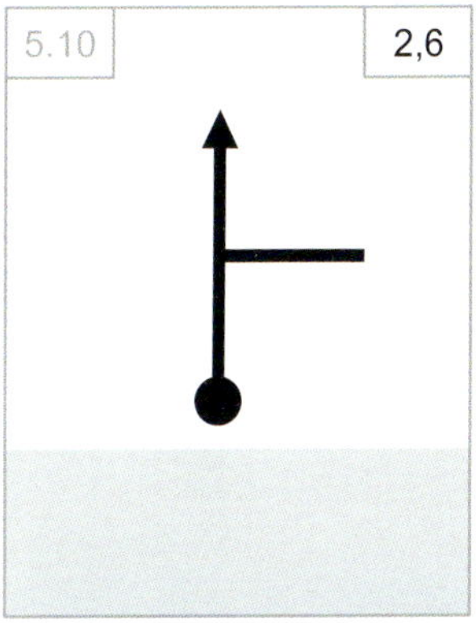
5.10
2,6

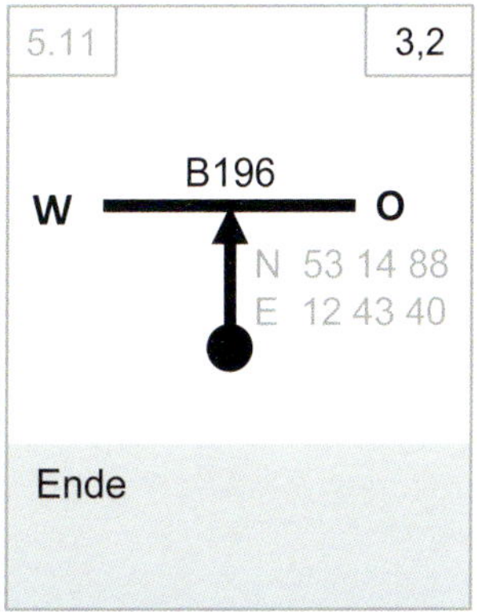
5.11
3,2
B196
W
O
N 53 14 88
E 12 43 40
Ende

NISTELITZ

06 Prosnitzer Schanze

06

Orientierung: 1
Länge: 4,8 km
Dauer: 30 min

Die Fahrt um Rügen war den Seefahrern seit vielen Jahrhunderten ein ungeliebter Umweg. Viel kürzer war die Abkürzung durch den Stralsund und so konnte das sehenswerte Stralsund zu einer wichtigen Hansestadt aufsteigen.

Die engste Stelle dieser Schifffahrtslinie war ein für die Kontrolle der Macht und des Handels ein strategisch wichtiger Punkt. Erbaut von den Schweden, nutzen über die Jahrhunderte verschiedene Mächte – darunter auch Napoleon diese – heutzutage nur noch an Ihrer Lage und den grasigen Wällen erkennbare – Festung. Auch befand sich an dieser Stelle eine der ersten Fährverbindungen zwischen Rügen und dem Festland. Der Track bietet immer wieder schöne Einblicke in die Idylle des ländlichen Rügen.

Am Hotel und Gutshaus Kajahn lässt sich der Vorrat mit leckeren Wildspezialitäten aufstocken. Diese lassen sich dann ganz hervorragend bei einem Picknick an der Prosnitzer Schanze mit Blick auf den Stralsund genießen.

06 Prosnitzer Schanze

6.1 | 0,0

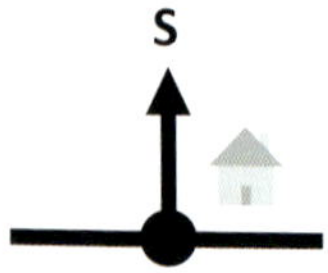

N 54 18 14
E 13 12 99

Start: Ferienwohnanlage Gustow
BETONSPUR

6.2 | 0,2

Hallen
NATURBELAG

6.3 | 0,6

6.4 | 0,7

6.5 | 1,4

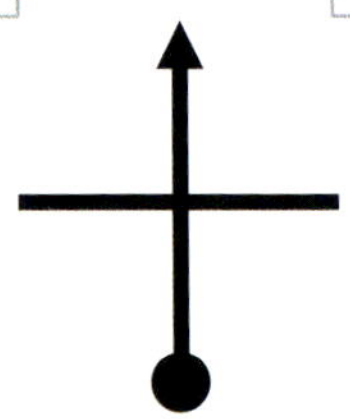

Teerstraße überqueren

6.6 | 1,7

6.7 | 1,8

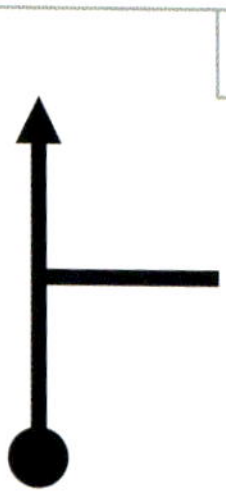

(Rechts: Umfahrung zu T6.9

6.8 | 1,9

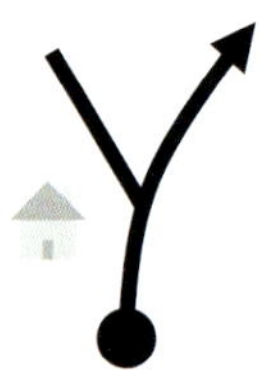

Gutshaus Kajahn

6.9 | 1,9

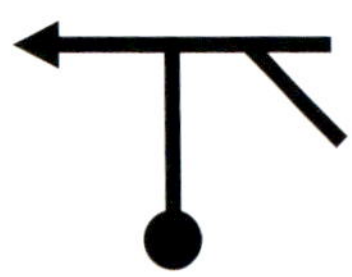

Einteffen Umfahrung von T6.7

Prosnitzer Schanze 06

6.10 | 2,4

6.11 | 2,4

SAND

6.12 | 2,6

6.13 | 2,9

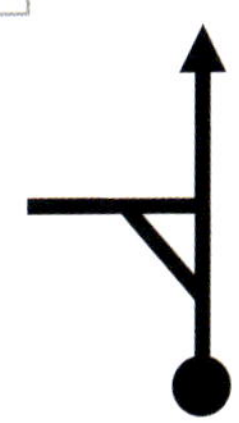

6.14 | 4,0

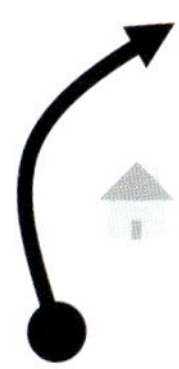

6.15 | 4,4

Furt
BETON

6.16 | 4,8

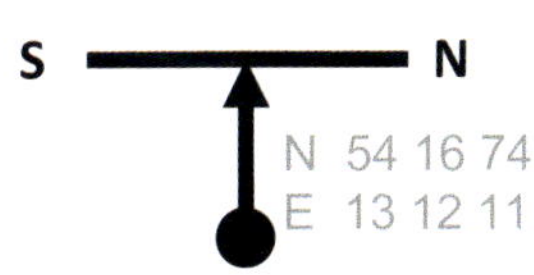

Ende
(Links: Prosnitzer Schanze (1 km inkl. 500 m Fußweg)
Rechts: Ri.: Gustow)

07 Starkow

Zingst
Müggenburg
Hohe Düne
Gr. Werder
Kl. Werder
Bock
Z i n g s t
Pramort
Barhöft
Große Kirr
Grosse Wiek
Aue
Wendisch Langendf.
Sölkendorf
Oie
Bresewitz
Bisdorf
Klausdorf
Hohendorf
Barther Bodden
G r a b o w
Batevitz
Groß Mohrdorf
Nisdorf
Stalag Luft 1
Muuks
Prohn
Günz
Vineta Museum
St. Marienkirche
BARTH
Küstrow
Dabitz
Altenpleen
Neuenpleen
Preetz
Schmedshagen
Ostseeflughafen Stralsund-Barth
Zipke
Neu Bartelshagen
Buschenhagen
Duvendiek
Rubitz
Krönnevitz
Barthe
Divitz
Flemendorf
STRALS
Groß Kordshagen
Lassentin
Zansebuhr
Knieper We
Kenz
Wüstenhagen
Viersdorf
Saatel
Kummerow
Niepars
Europäische Route der Backsteingotik
Martenshagen
Karnin
21
105
23
Löbnitz
Panteli̇tz
Putter See
Martensdorf
Pütte
Kindshagen
Mansenhagen
Obermützkow
Langendorf
Mittelhof
Starkow
Zimkendorf
Lüssow
Borgwallsee
Altenhagen
Barthe
Lendershagen
Nienhagen
Schuenhagen
Neu Seehagen
Hoevet
14
Alt Seehagen
Schlemmin
Wolfshagen
Jakobsdorf
Steinhagen
Wolfsbach
19
Ravenhorst
Berthke
Weitenhagen
Grün Kordshagen
Deutsche Alleenstra
Behrenwalde
Alt Ravenhorst
Richtenberg
Zandershagen
Koitenhagen
Millienhagen
26
Schwedenstraße

07

Wer sagt denn, dass nur, weil nichts los ist, nichts los sein muss? Das malerische Dorf Starkow auf dieser West-Ost-Querung durch die nordvorpommersche Waldlandschaft zeigt, was Engagement und gute Ideen ausmachen können.

Der Verein „Backstein Geist und Garten“ hat in den letzten Jahren den über 700 Jahre alten Weiler zu einem echten Kleinod herausgeputzt und durch vielfältige Veranstaltungen attraktiv gemacht. Nicht nur Landlust-RedakteurInnen geraten beim Besuch des historischen Pfarrgartens ins Schwärmen.
Aber auch dieser Track zeigt, dass man mit etwas Freude am Experimentieren deutlich mehr Eindrücke und Fahrspaß pro Kilometer haben kann, als wenn man stumpf der schnellsten Strecke auf dem Navi folgt.

Die ersten Kilometer sind angenehm rustikal und nach längeren Nässeperioden garantiert nichts für PKW. Ab Starkow geht es auf traditionellen Ortsverbindungswegen mit wechselndem Belag nach Osten.
Vom Aussichtsturm am Rand der Strecke kann man sich nochmals selbst davon überzeugen, dass hier – soweit das Auge reicht – ansonsten tatsächlich wenig los ist.

07 Starkow

7.1 — 0,0

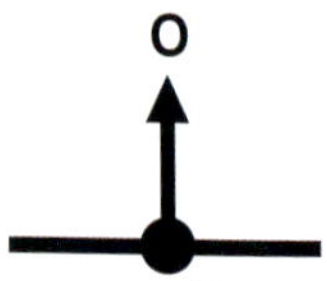

N 54 15 64
E 12 42 99

Start: SCHOTTER
Ri.: Starkow

7.2 — 0,5

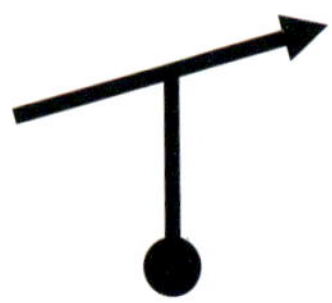

NATURBELAG

7.3 — 3,1

TEER

7.4 — 3,2

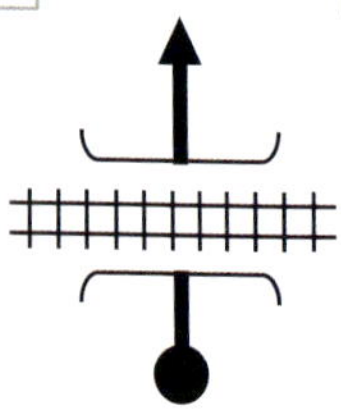

Bahnunterführung

7.5 — 3,6

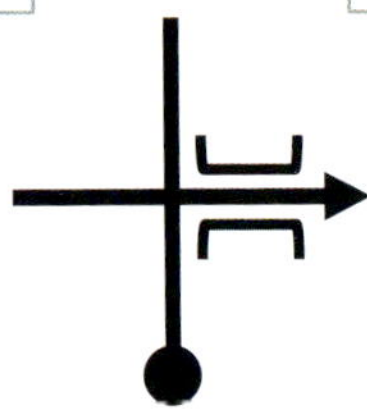

In Starkow
KOPFSTEIN

7.6 — 3,7

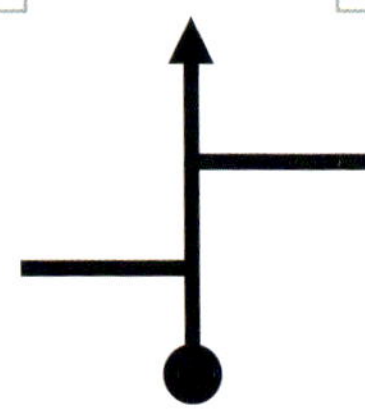

Ausgang Starkow
BETONSPUR

7.7 — 5,5

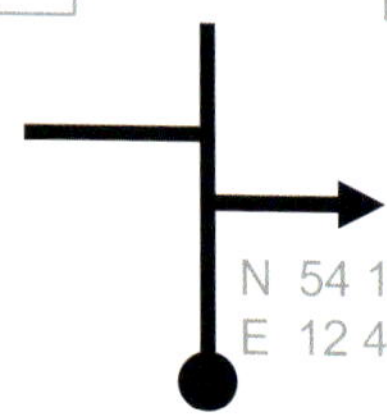

N 54 16 86
E 12 46 70

Ort: Manschenhagen
In Straße „An der Strecke“, TEER

7.8 — 6,2

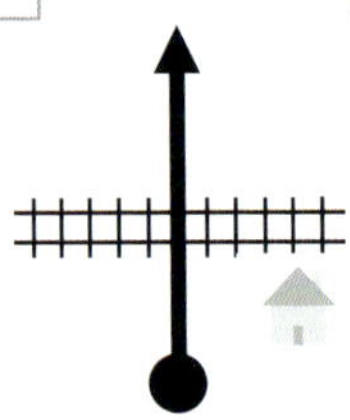

Bahnübergang

7.9 — 7,0

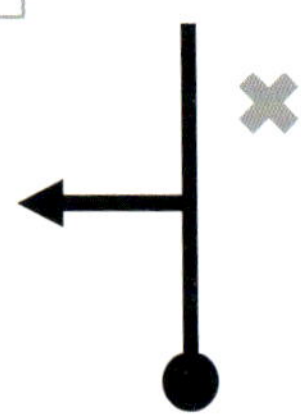

Aussichtsturm
Picknickplatz

7.10 | 8,7

In Ort Velgast
Abknickende Vorfahrt

7.11 | 9,2

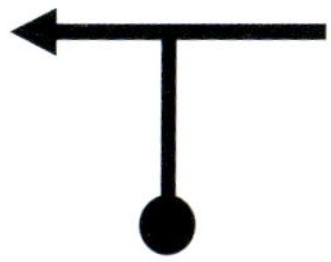

7.12 | 9,5

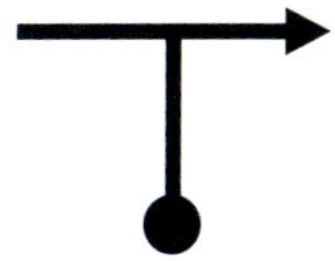

Ri.: Schuenhagen

7.13 | 9,8

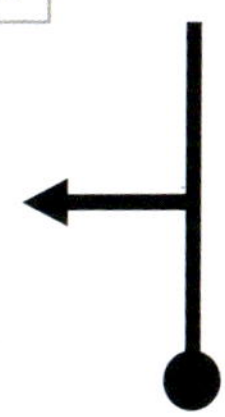

In Bussiner Weg

7.14 | 12,7

Ortsausgang Bussin
BETONSPUR

7.15 | 13,9

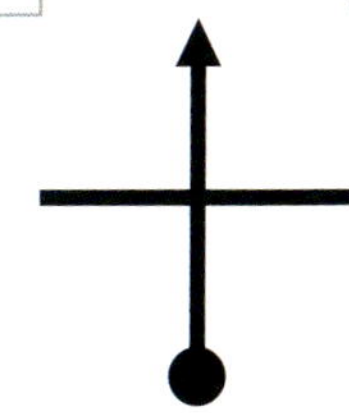

SCHOTTER

7.16 | 15,6

In Ort Kummernow

7.17 | 16,1 ⬇ 0,0

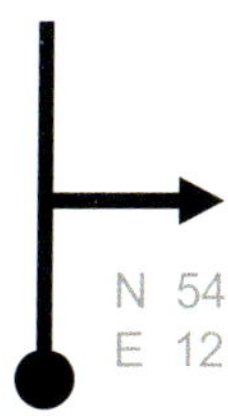

N 54 17 75
E 12 52 91

In Martensdorfer Weg,
unterhaltsame
BETONSPUR

7.18 | 1,8

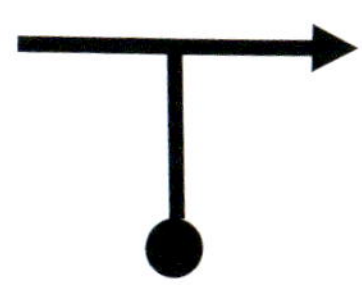

TEER

07 Starkow

7.19 | 3,1

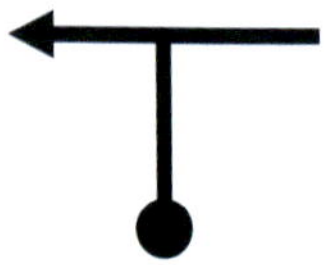

SCHOTTER

7.20 | 4,1

BETONSPUR

7.21 | 5,1

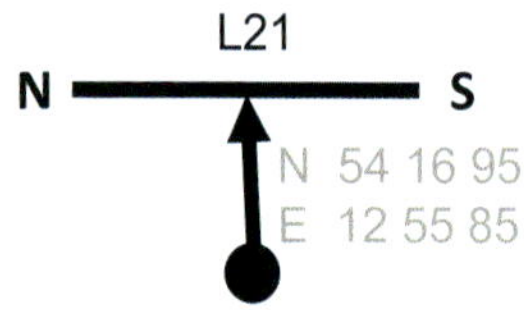

Ende: in Obermützkow

Wir feiern
Skoda Tradition
100 Jahre
Baujahr 1965
OCTAVIA Combi

08 Am Wald

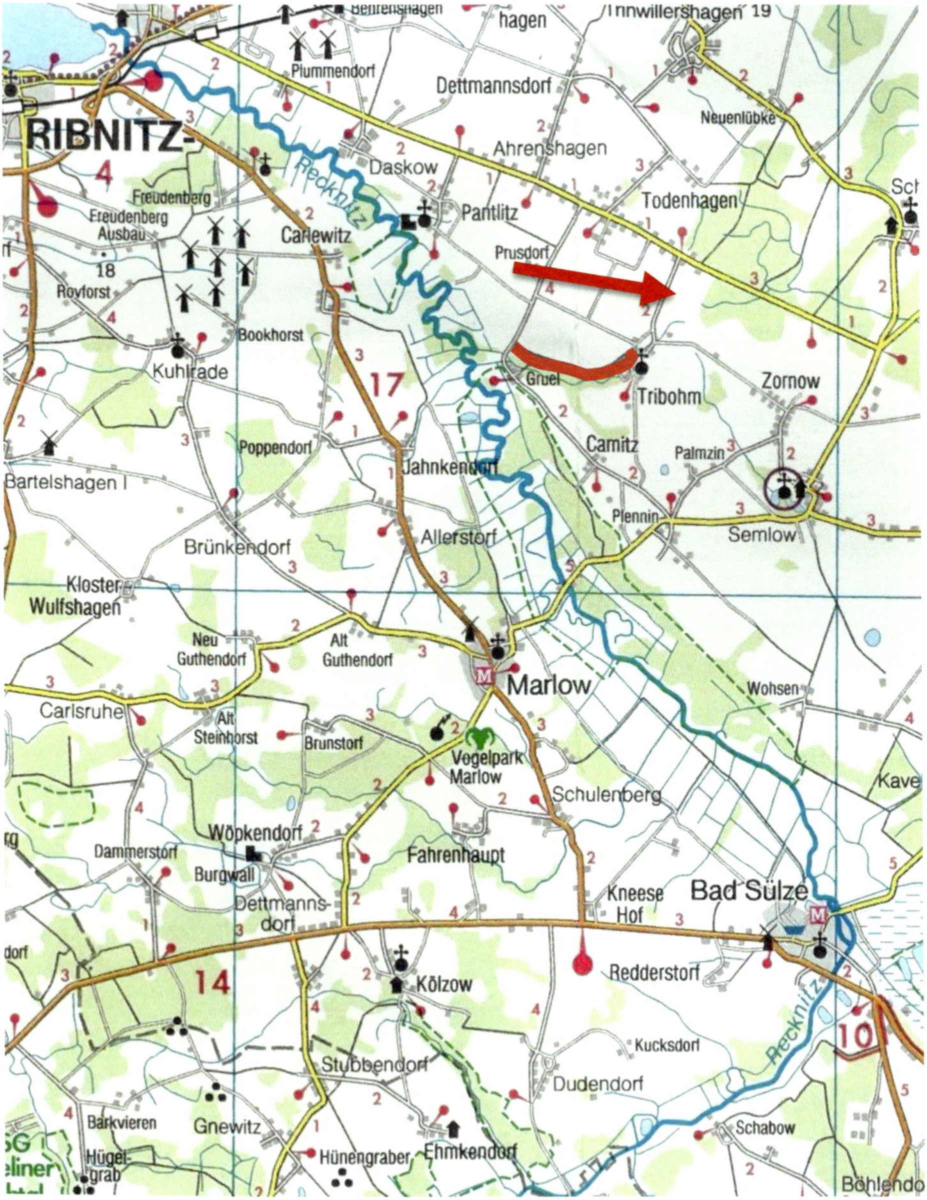
Trinwillershagen
hagen
Plummendorf
Dettmannsdorf
RIBNITZ-
Daskow
Ahrenshagen
Neuenlübke
Freudenberg
Freudenberg Ausbau
Recknitz
Pantlitz
Todenhagen
Carlewitz
Prusdorf
Rovforst
Bookhorst
Kuhlrade
Gruel
Tribohm
Zornow
Camitz
Palmzin
Poppendorf
Jahnkendorf
Bartelshagen I
Plennin
Semlow
Brünkendorf
Allerstorf
Kloster-Wulfshagen
Neu Guthendorf
Alt Guthendorf
Marlow
Wohsen
Carlsruhe
Alt Steinhorst
Brunstorf
Vogelpark Marlow
Schulenberg
Wöpkendorf
Dammerstorf
Fahrenhaupt
Burgwall
Dettmannsdorf
Kneese Hof
Bad Sülze
Kölzow
Redderstorf
Kucksdorf
Stubbendorf
Dudendorf
Barkvieren
Gnewitz
Schabow
Hünengraber
Ehmkendorf
Hügelgrab
Böhlendo

08

Die wahrscheinlich kürzeste Trackbeschreibung, die jemals in einem Trackbook zu finden sein wird.

Sehr naturbelassene, kurze Ortsverbindung, die bei Nässe für 2WD-Fahrzeuge zu rutschig werden könnte. Sie hat uns irgendwie, obwohl sie so kurz ist und auch keine echten Höhepunkte bietet, einfach gut gefallen.

08 Am Wald

8.1 — 0,0

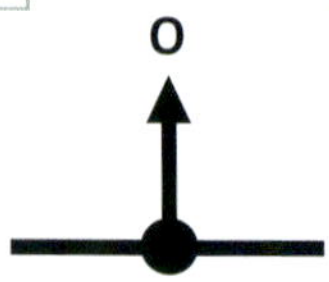

N 54 12 24
E 12 34 52

Start: In Straße am Wald, SCHOTTER / GRASWEG

8.2 — 1,8

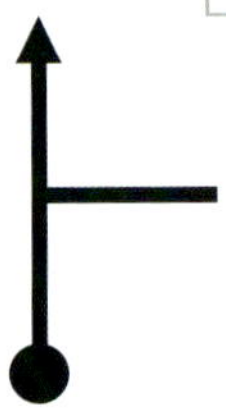

Entlang Jägerzaun

8.3 — 1,9

TEER

8.4 — 2,3

8.5 — 2,4

N 54 12 22
E 12 36 59

Ende: in Ort Tribohm

Ribnitz 3km
Neuhof 1,5km

09 Tour der Steine

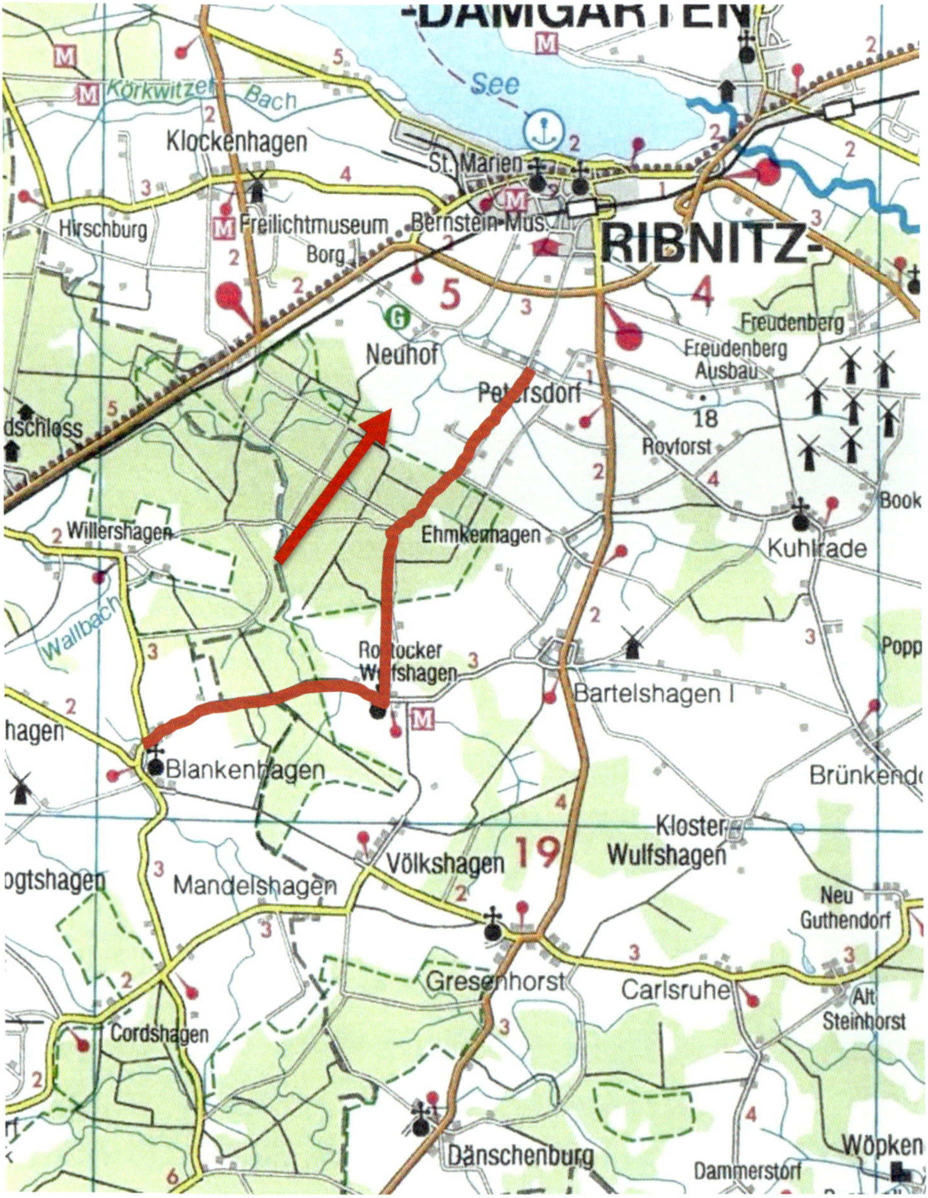

09

Die Gemeinde Marlow hat die jahrhundertealte Tradition, Strecken mit Wegsteinen statt Schildern zu markieren, wieder aufleben lassen.

Dieser Track folgt den historischen, in Abschnitten sehr schön sandigen Ortsverbindungsstraßen rund um den Ort Kloster Wulfshagen fast bis hinauf nach Ribnitz am Saaler Bodden. Er quert kleine Weiler, die in den letzten Jahren stark unter Landflucht gelitten haben und oft auf nur noch ein Viertel ihrer ursprünglichen Einwohnerzahl geschrumpft sind.

Ein Teil des Tracks ist auch Teil des Radwegenetzes der Region, bitte – so wie auch sonst – Radfahrer, Wanderer und Reiter rücksichtsvoll und staubarm passieren.

09 Tour der Steine

9.1 — 0,0

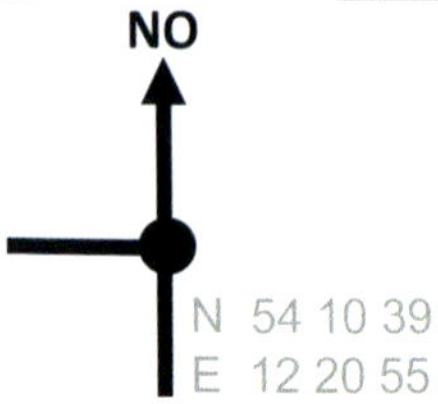

In Blankenhagen
TEER

9.2 — 0,4

Ortsausgang
Blankenhagen
BETONSPUR

9.3 — 1,0

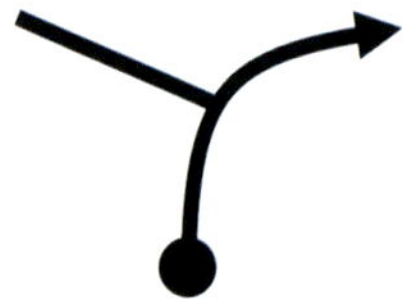

SCHOTTER
Achtung Bodenwellen

9.4 — 1,9

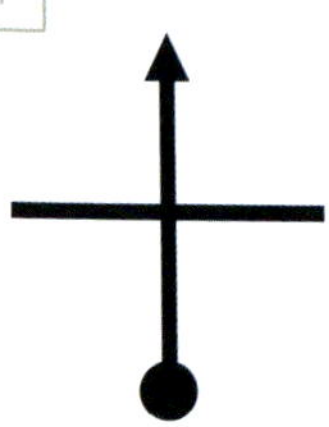

9.5 — 2,6

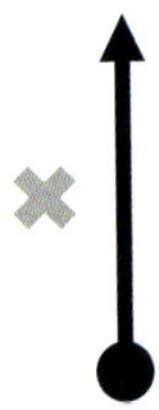

Picknickplatz

9.6 — 2,8

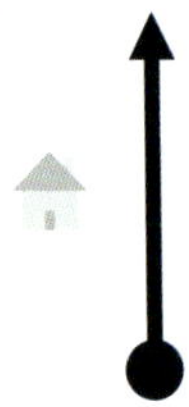

Wulfshagen
TEER

9.7 — 3,4

KOPFSTEIN

9.8 — 3,7

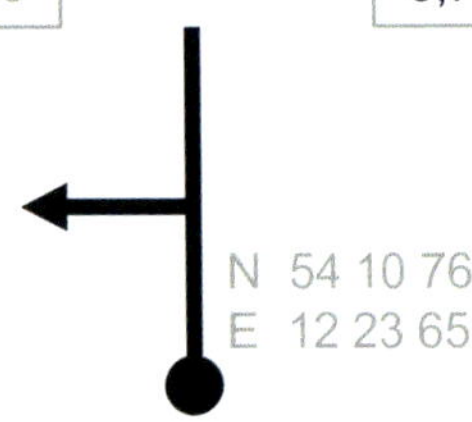

Auf Ribnitzer Landweg

9.9 — 4,7

Ri.: Wilmshagen
SAND

9.10 | 6,1

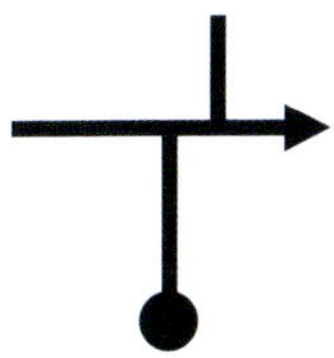

9.11 | 7,2

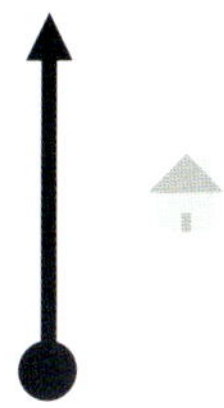

SCHOTTER, dann
TEER

9.12 | 7,6

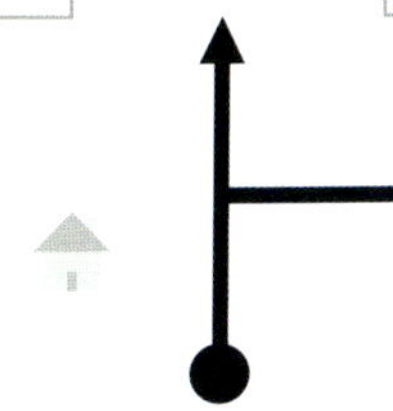

9.13 | 9,0

N 54 13 22
E 12 25 42

Ende: in Petersdorf

10 Kühlung

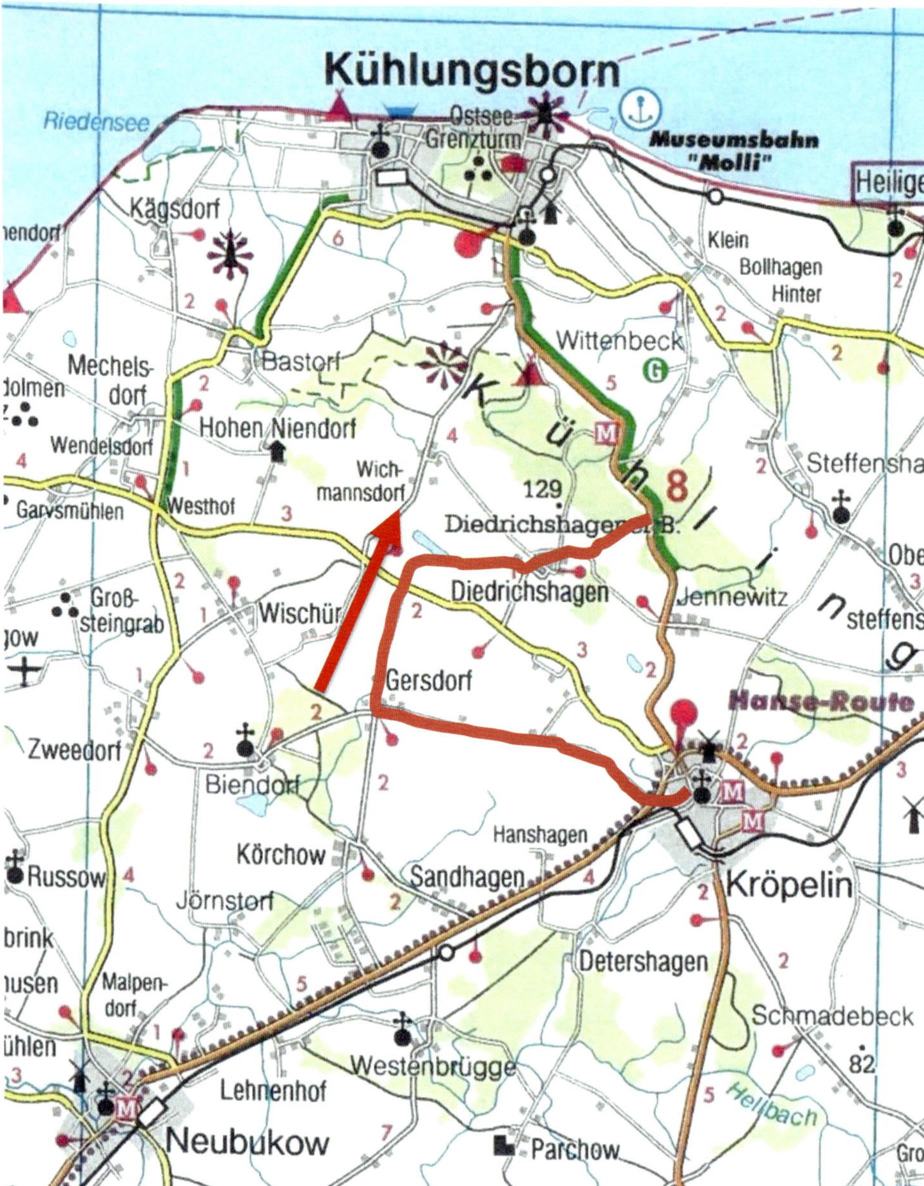
Kühlungsborn
Riedensee
Ostsee-
Grenzturm
Museumsbahn
"Molli"
Heilige
Kägsdorf
Klein
Bollhagen
Hinter
Wittenbeck
Bastorf
Mechels-
dorf
Hohen Niendorf
Wendelsdorf
Wich-
mannsdorf
129
Kühlung
Steffensha
Garvsmühlen
Westhof
Diedrichshagen b. B.
Groß-
steingrab
Wischür
Diedrichshagen
Jennewitz
Gersdorf
Hanse-Route
Zweedorf
Biendorf
Hanshagen
Körchow
Sandhagen
Russow
Jörnstorf
Kröpelin
Detershagen
Malpen-
dorf
Schmadebeck
82
Westenbrügge
Lehnenhof
Hellbach
Neubukow
Parchow

10

Manche nennen die Hügel der Kühlung „Berg“ und bescheinigen dem bewaldeten Höhenrücken sogar Mittelgebirgscharakter.

Tatsächlich ragt diese eiszeitliche Moränenstauchung fast 130 m über die weite Agrarlandschaft an der Küste hinaus und so sind die leichten Übertreibungen sicherlich der Begeisterung über die Aussicht zur Ostseeküste zuzuschreiben.
Aber zugegeben: Schön ist es schon. Leider wurden in diesem Gebiet die meisten Wege deutlich ausgebaut, um sie auch mit schwerem landwirtschaftlichem Gerät zu befahren. Dieser Track kombiniert die wenigen ursprünglichen Abschnitte und endet fast auf dem höchsten Punkt der Kühlung.

Wer der L11 nach Norden folgt, wird am Waldausgang bei dem seit 1990 zur Ruine verfallenden „Haus zur Kühlung“ mit toller Aussicht belohnt.

10 Kühlung

10.1 — 0,0

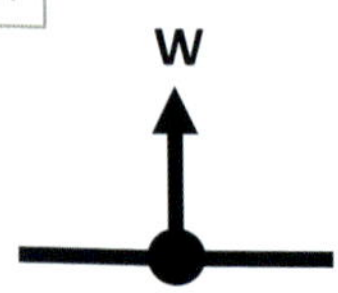

N 54 04 38
E 11 47 45

Start: Kröpelin
In Boldeshägerweg
TEER

10.2 — 0,4

10.3 — 0,6

BETONSPUR

10.4 — 2,3

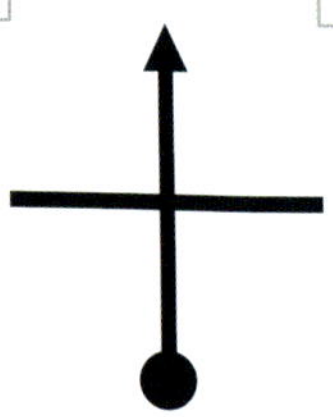

10.5 — 4,5

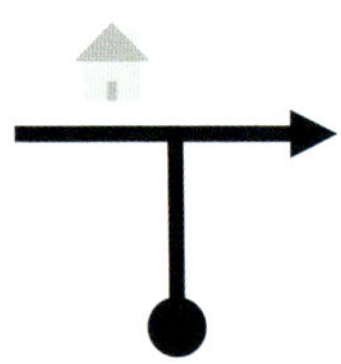

Gutshof
In Gersdorf
TEER

10.6 — 6,3

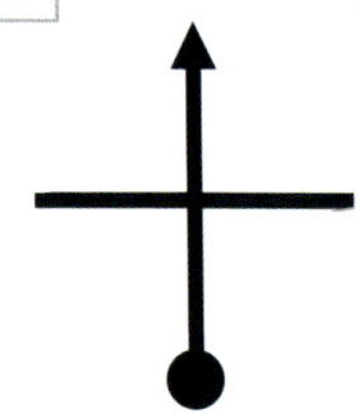

KOPFSTEIN
Ri.: Horst

10.7 — 6,6

Ort Horst
SCHOTTER

10.8 — 6,8

Apfelbaumplantage
NATURSPUR

10.9 — 7,7

SCHOTTER

Kühlung 10

10.10 | 8,0

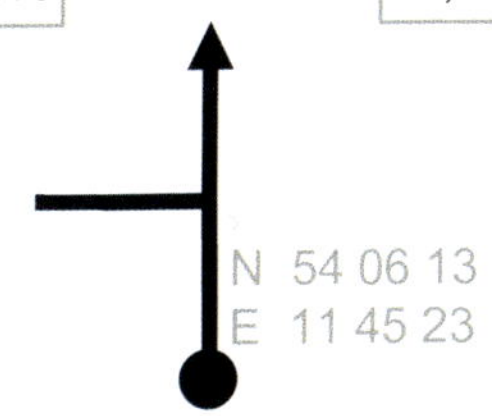

TEER

10.11 | 8,3

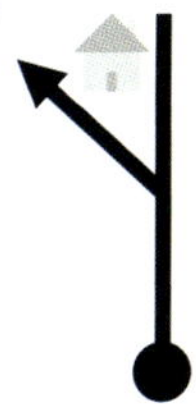

SCHOTTER

10.12 | 8,7

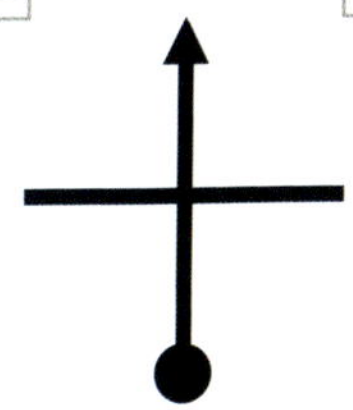

In Diedrichshagen
TEER

10.13 | 9,1

Ri.: Zur Kühlung
SCHOTTER

10.14 | 10,1

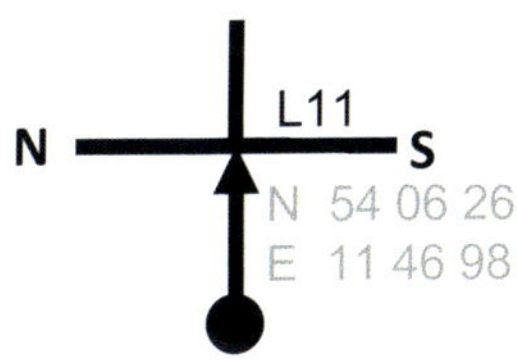

Ende
TEER

11 Leonorenwald

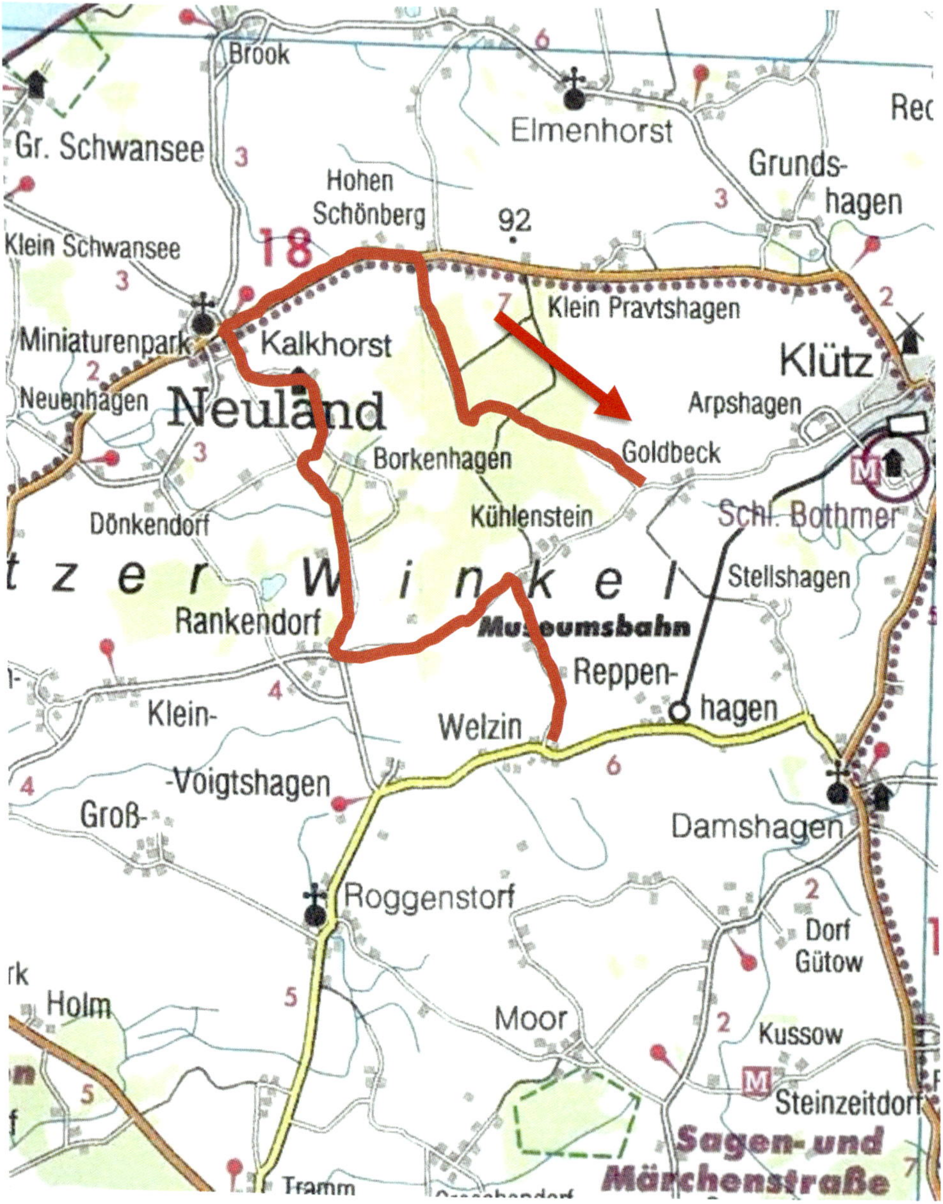

11

In trockenen Sommern kommt es regelmäßig zu Sandstürmen in dem von riesigen Monokulturen geprägten Gebiet nördlich der A20.

Wegen der hervorragenden Bodenqualität begann schon im 19. Jahrhundert die Abholzung der Wälder und mit der Industrialisierung der Landwirtschaft entstanden die bis zum Horizont reichenden Ackerflächen. Der Leonorenwald ist das größte noch bestehende Waldgebiet in dieser Region, da er sich wegen seiner vielen Moore nicht für die landwirtschaftliche Nutzung eignete. Dieser Track beschreibt einen Halbkreis auf den Sträßchen und Fahrwegen durch dieses noch sehr naturnahe Gebiet. Bitte unbedingt die Verbote beachten! Die Strecke passiert das Mitte des 19. Jh. errichtete Schloss Kalkhorst mit seinem als einer der schönsten Deutschlands prämierten Park.

Wer den vierrädrigen Untersatz stehen lässt, kann auf einem Spaziergang nicht nur die für diese Region ungewöhnlichen Mammutbäume, sondern vielleicht auch die scheue bauchige Windelschnecke aufspüren.

11 Leonorenwald

11.1 — 0,0

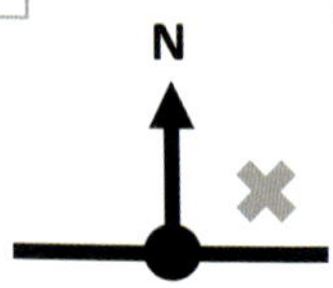

N 53 55 89
E 11 06 10

Start: in Welzin
Stromturm
TEER

11.2 — 0,8

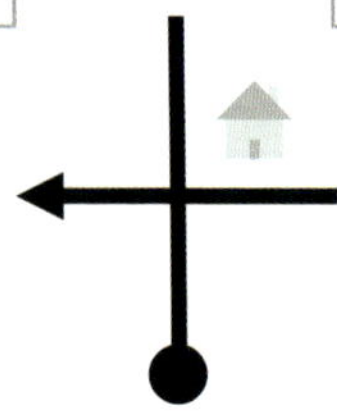

11.3 — 2,0

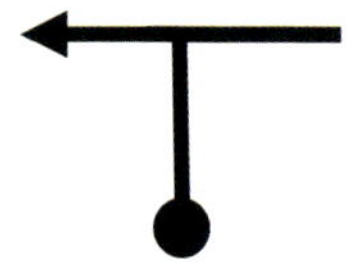

SCHOTTER

11.4 — 4,2

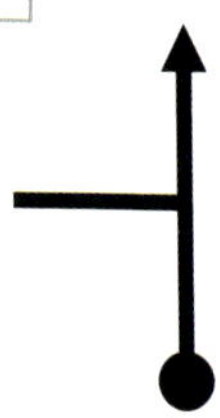

Ortseingang
Rankendorf
TEER

11.5 — 4,3

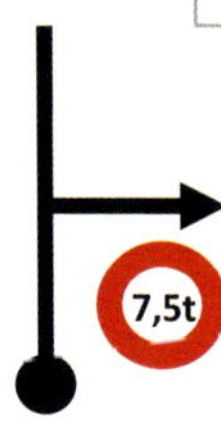

In Kalkhorster Weg

11.6 — 5,8

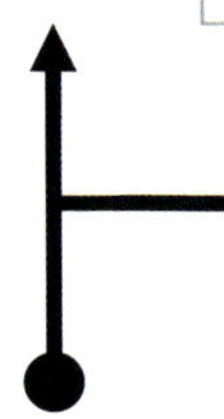

SCHOTTER

11.7 — 6,3

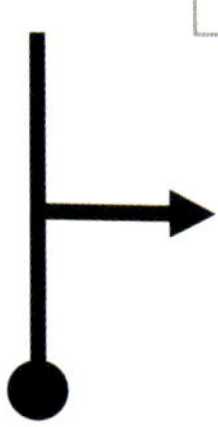

Ri.: Borkenhagen

11.8 — 6,7

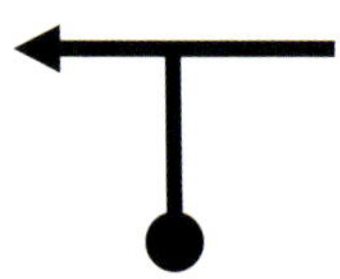

Ri.: Kalkhorst

11.9 — 7,0

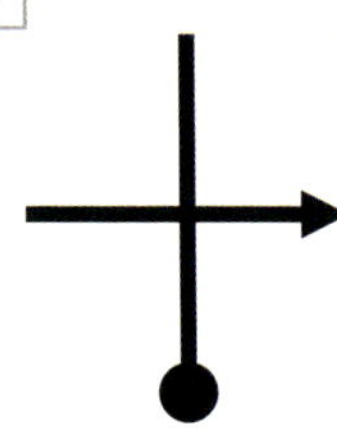

Leonorenwald 11

11.10 — 7,7

Eingang Schloss
Kalkhorst
KOPFSTEIN

11.11 — 8,1

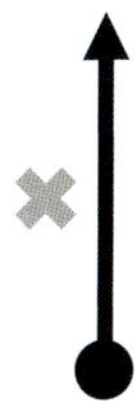

Landmaschinenhalle
TEER

11.12 — 8,4

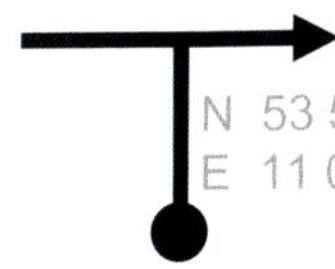

N 53 57 98
E 11 02 97

11.13 — 9,0

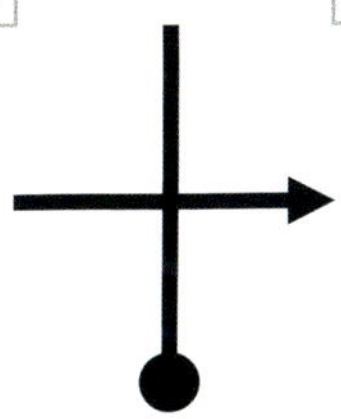

In Kalkhorst
Ri.: Klütz
Gerade zum Strand

11.14 — 11,4

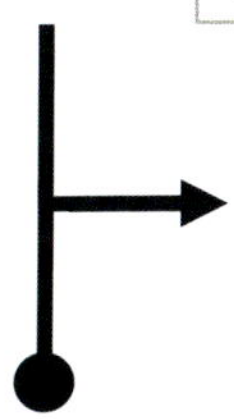

Hohen Schönberg
In Forstweg

11.15 — 11,5

BETONWEG, nach
600 m SCHOTTER

11.16 — 13,3

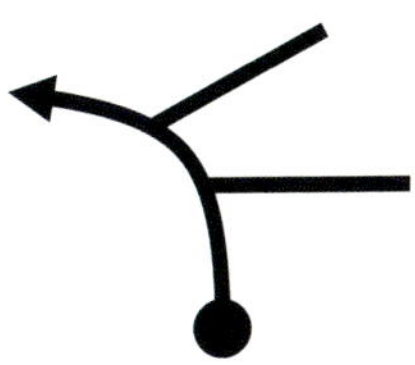

Ri.: Klütz

11.17 — 13,9

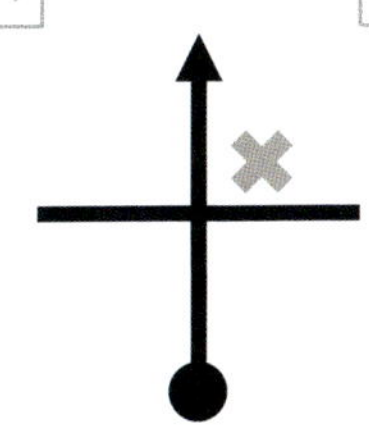

Picknickplatz
KOPFSTEIN

11.18 — 15,9

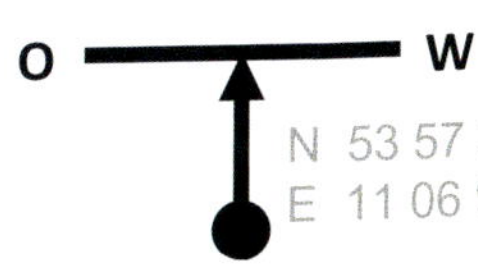

N 53 57 39
E 11 06 99

Ende:
bei Ort Goldbeck

12 Klostermühle

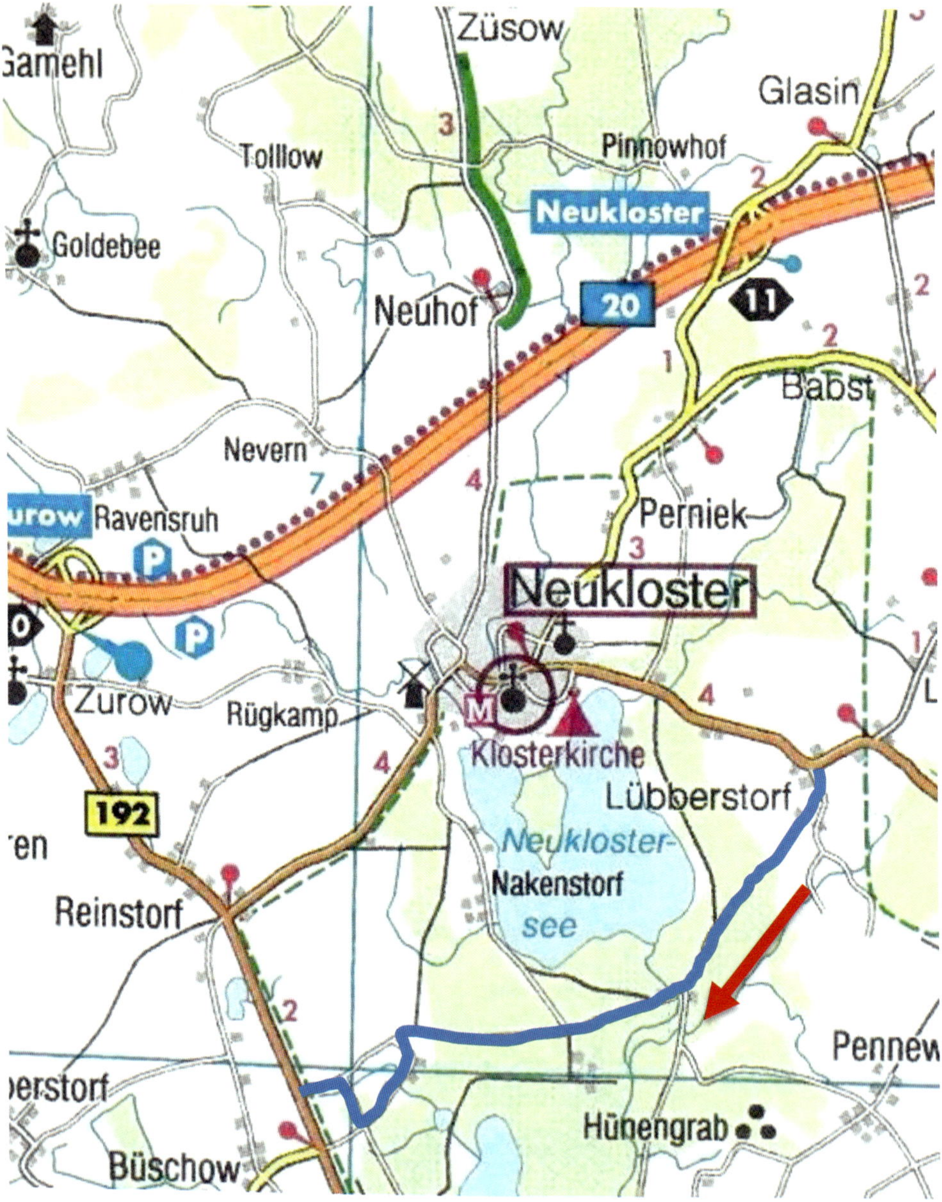

12

Mit 16 Einwohnern pro Quadratkilometer unterbietet die Gemeinde Lübberstorf sogar die Bevölkerungsdichte Schwedens (22 Einwohner), zu dem es von 1648 bis 1803 gehörte.

Dieser Track führt auf ursprünglichen Ortsverbindungswegen zum Standort einer ehemaligen Mühle am Klostersee und weiter in den Ort Klein Warin. Er ist eine kleine und entschleunigende Zeitreise durch eine der unaufgeregtesten Ecken der Republik.

Nur im Mai kann es auf der Strecke hektischer werden, wenn die Ausfahrt des Trekkertreffens diese Route nutzt.

12 Klostermühle

12.1 | 0,0

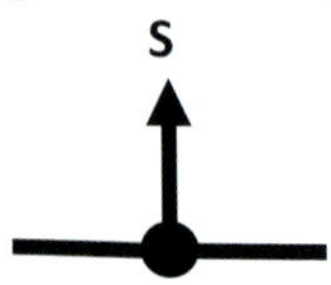

N 53 51 49
E 11 43 90

Start: In Lüberstorf
KOPFSTEIN

12.2 | 0,4

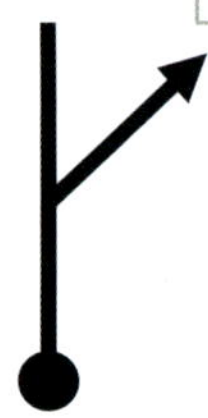

SCHOTTER

12.3 | 1,0

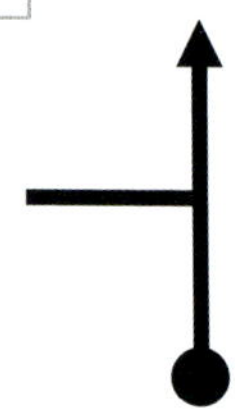

12.4 | 1,9

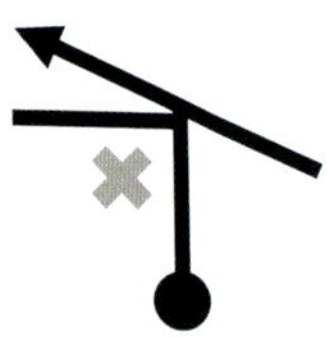

Picknickplatz

12.5 | 2,4

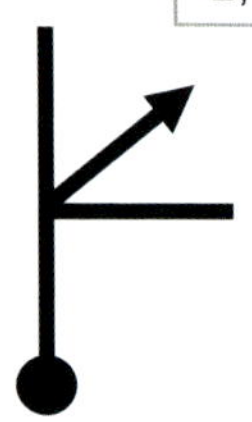

KOPFSTEIN
Ri.: Neumühle

12.6 | 2,7

SCHOTTER

12.7 | 3,7

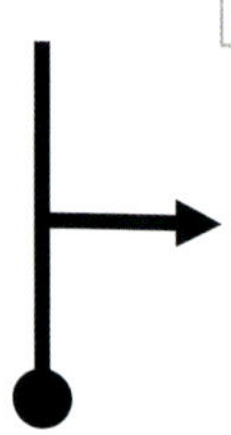

Ri.: Klein Warin
KOPFSTEIN

12.8 | 5,2

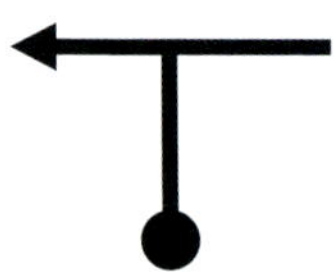

Ri.: Klein Warin

12.9 | 5,9

Ausgang Klein Warin
TEER

Klostermühle 12

12.10 | 6,2

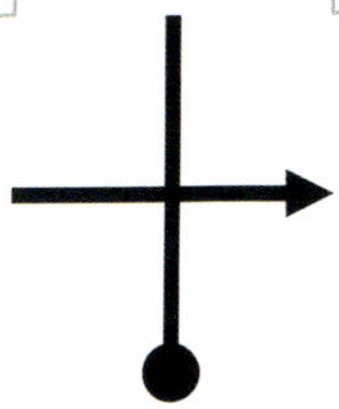

12.11 | 6,6

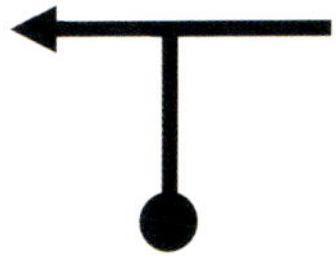

KOPFSTEIN

12.12 | 7,2

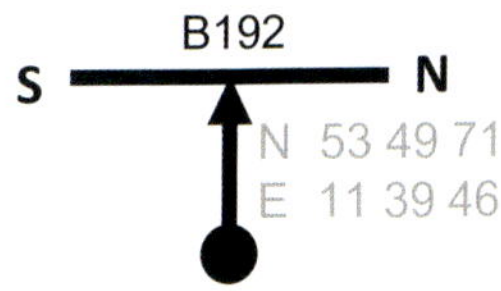

Ende: auf B 192

13 Hagensruhm

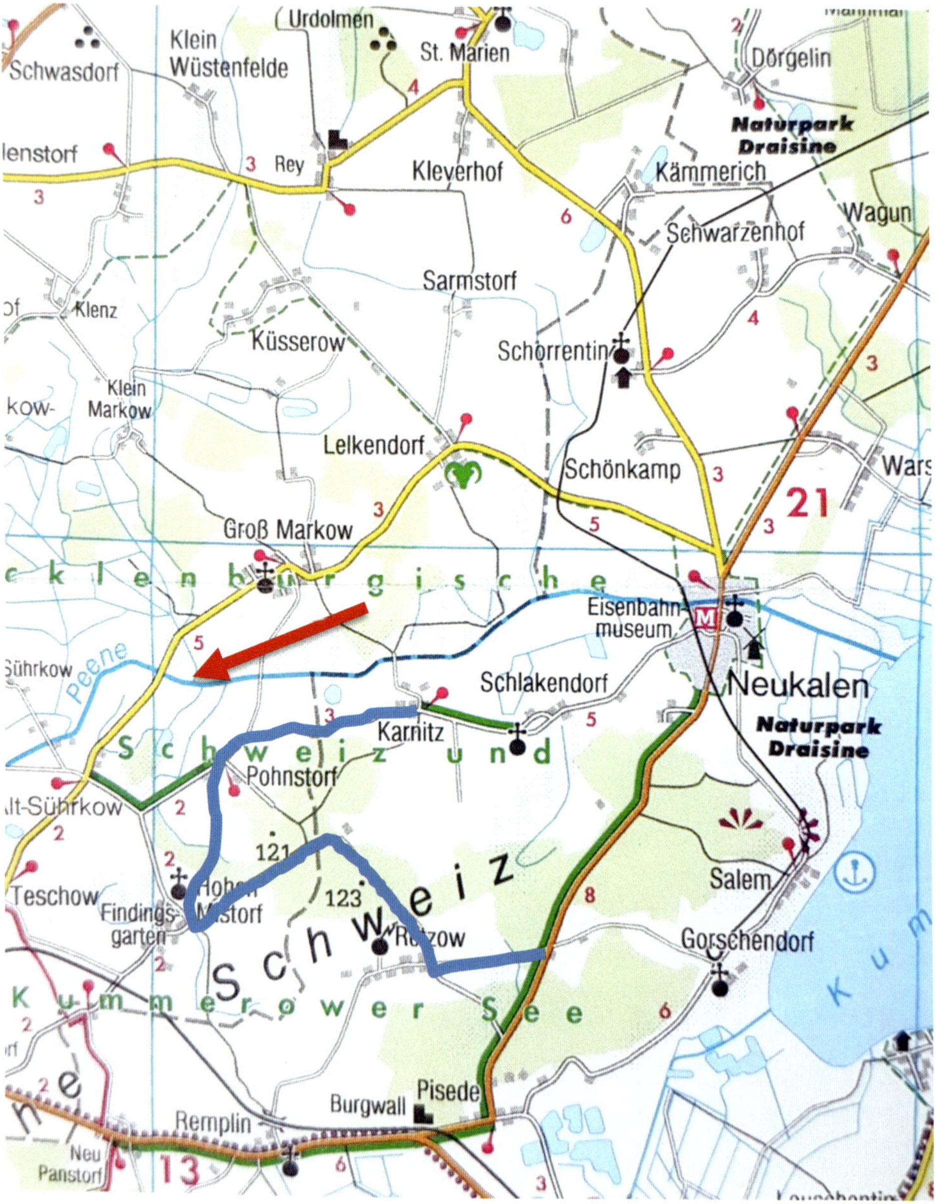

5,5t

13

300 years of fame and counting. Wenn das Andy Warhol wüsste – hier gehen die Uhren noch deutlich langsamer und Ruhm ist nicht eine Sache von Minuten.

1704 rettete der Hund Hagen einem Jäger vor den Angriffen eines riesigen Ebers das Leben. Er rehabilitiert damit nicht nur den seit des etwas feigen Mordes an Siegfried angeschlagenen Ruf des Namens, sondern sichert sich bis heute einen Gedenkstein. Irgendwie passt dies auch zum Rest dieses Tracks: Wegführungen wie in einem Grimms Märchen, einsame Gutshöfe, ein etwas deplatziertes Mausoleum und ein schöner Aussichtspunkt garantieren ein stimmiges Backroad-Erlebnis.

Unsere Empfehlung: Am Picknickplatz eine gute Dosentomatensuppe genießen!

13 Hagensruhm

13.1 — 0,0

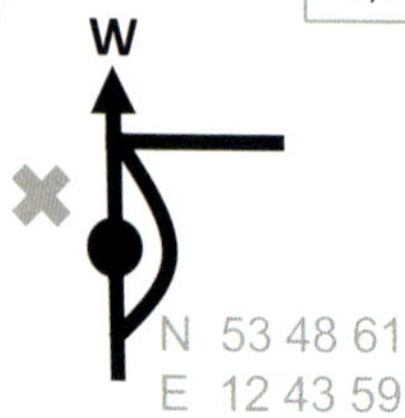

Start: Bushaltestelle
Ortseingang Karnitz
TEER

13.2 — 0,3

SCHOTTER

13.3 — 1,5

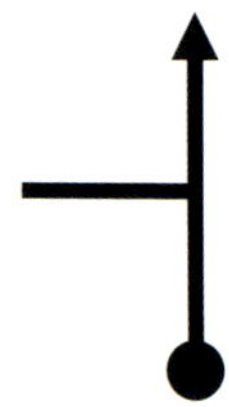

13.4 — 2,8

TEER

13.5 — 3,2

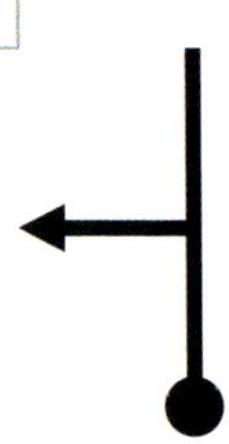

In Ponsdorf
KOPFSTEIN
Ri.: Hagensruhm

13.6 — 3,4

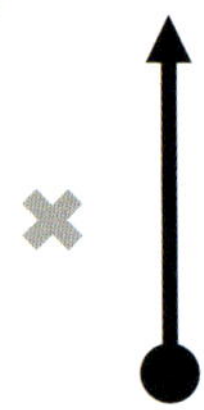

Gutscafé

13.7 — 3,5

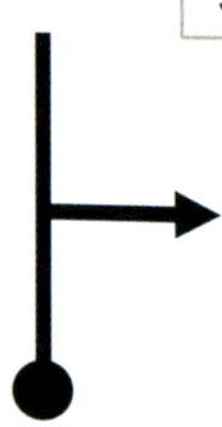

SCHOTTER
Ri.: Hohenmistorf
Gerade: zu Funkturm

13.8 — 3,7

Mausoleum
BETONSPUR

13.9 — 4,1

Picknickplatz und
Aussicht rechts

Hagensruhm

13.10 | 5,6

SCHOTTER
Ri.: Hagensruhm

13.11 | 7,5

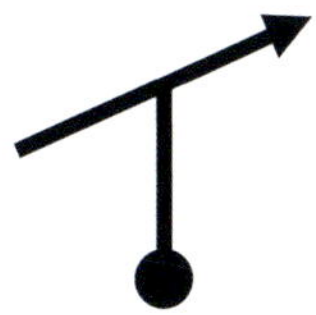

13.12 | 7,7

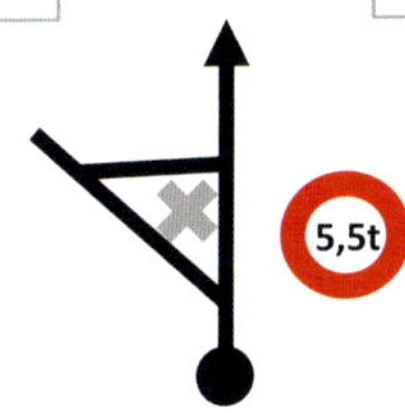

Hagensruhm
BETON

13.13 | 10,3

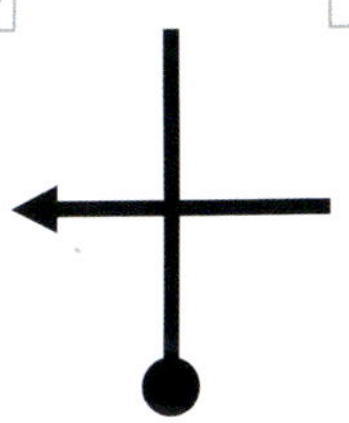

SCHOTTER+NATUR-BELAG
Ri.: Retzow

13.14 | 11,8

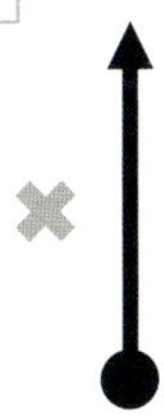

Picknickplatz

13.15 | 11,9

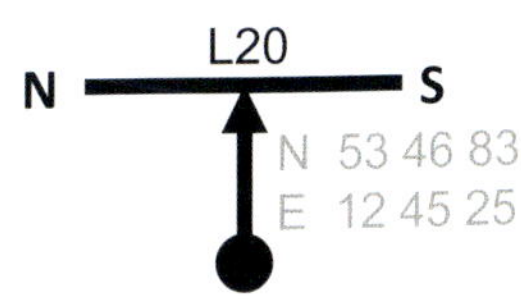

Ende: auf L20

14 Peenetal

Ziemitz
Gnitz
Lütow
Achterw
Hohensee
Seckeritz
Bauer
Zemitz
Wehrland
Waschow
Klein Jasedow
Pulow
Buggow
Lassan
Papendorf
Krenzow
Zarrentin
Lentschow
Buggenhagen
Murchin
Libnow
Jamitzow
Pinnow
Klotzow
Warthe
Reestow
Grüssow
Liepe
Rankwitz
Krienke
Usedom
Gellenthin
Zecherin
Wilhelmsfelde
Westklüne
Usedomer See
Karnin
Mönchow
Peene
ANKLAM
Gnevezin

14

Der „Amazonas des Nordens" ist ein ungewöhnlich artenreiches Naturparadies und einer der letzten unverbauten Flüsse Deutschlands.

Mit einem äußerst geringen Gefälle können bei Hochwasserständen der Ostsee noch weit im Hinterland der Peene Überschwemmungen auftreten. So entstand eines der größten Niedermoorgebiete Europas mit einer für eine Industrienation vielfältigen Tierwelt. Drei verschiedene Adlerarten, Fischotter, Biber und seltene Fische wie Neunaugen und Steinbeißer haben hier ihren Lebensraum.

Der Track verläuft auf einer sandigen Moräne oberhalb des Peenetals, das als Schmelzwasserkanal unter den Gletschern der letzten Eiszeit seinen Ursprung hat. Neben der Aussicht auf das Tal und Usedom sind der lange, sandige Streckenteil und die liebevoll renovierten Ortschaften Höhepunkte dieser Tour.

14 Peenetal

14.1 | 0,0

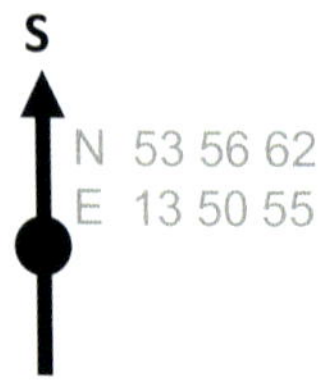

Ortsausgang Lassan
BETONSPUR

14.2 | 0,4

SAND

14.3 | 0,8

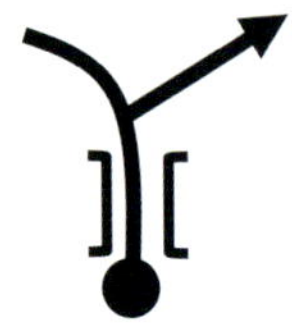

GRASWEG

14.4 | 3,0

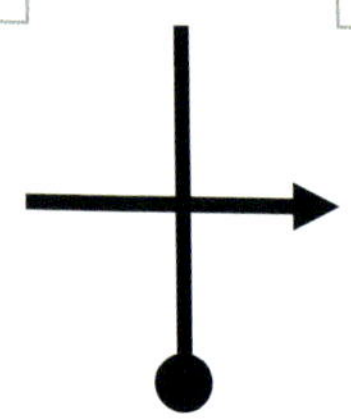

SAND

14.5 | 3,8

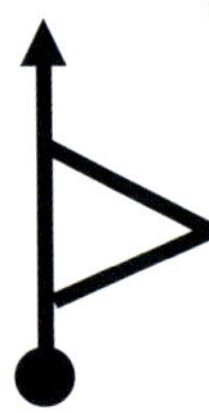

14.6 | 4,0

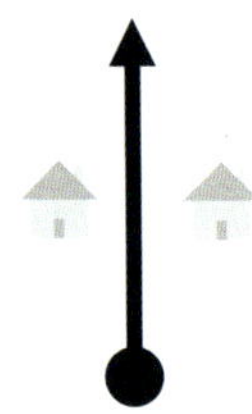

Weiler Wangelkow

14.7 | 4,2

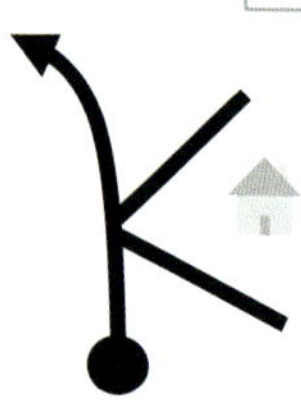

Ortsausgang
Ri. Klotzow
(See Re. + Li.)

14.8 | 6,5

Ortseingang Klotzow
Abwechslungsreiche
Architektur

14.9 | 6,7

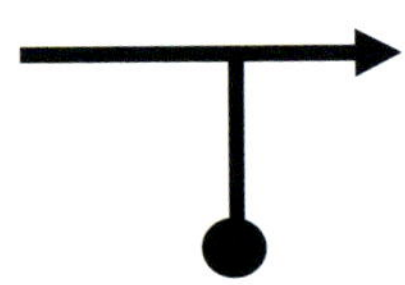

TEER

14.10 | 7,0

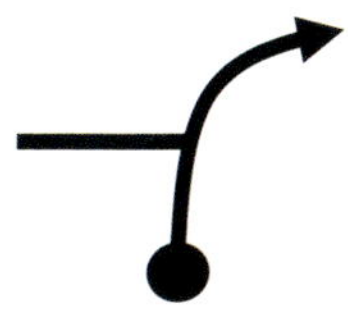

14.11 | 7,2

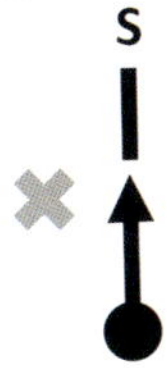

N 53 53 51
E 13 49 78

Ende
Ortsausgang Klotzow
Aussicht Peenetal

15 Schloss Badow

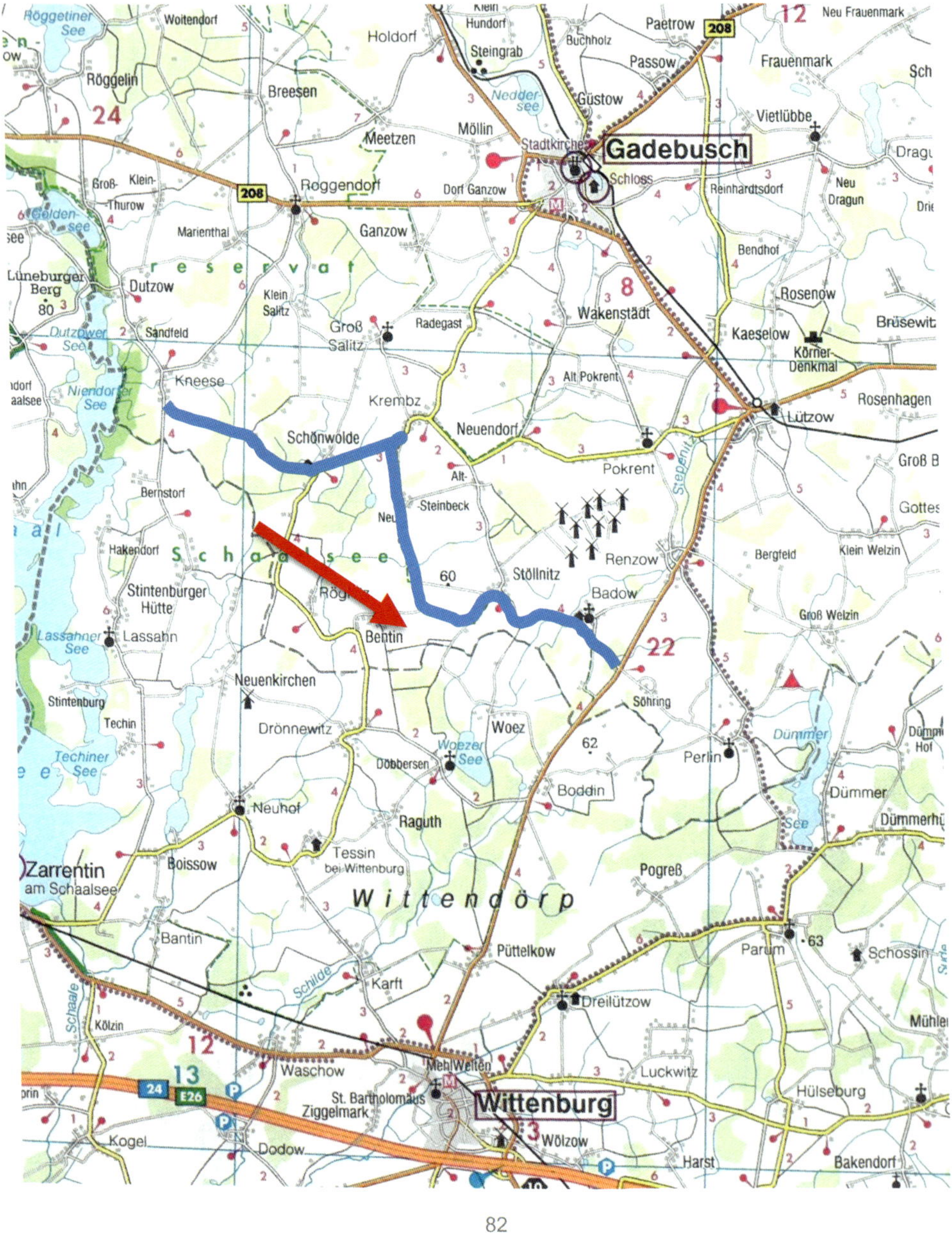

15

Ausgangspunkt dieses Tracks ist das Naturreservat Schaalsee an der Grenze zu Schleswig-Holstein. Er taucht ein in die feudale Vergangenheit dieser Region, mit einzelnen, von einem Gutshof verwalteten Gehöften.

Die Tracks entlang des Schaalsees sind Wanderern und Radfahrern vorbehalten, es handelt sich um eines der artenreichsten Gebiete Deutschlands. Besonders im Frühjahr und Herbst ist der Zwischenstopp von tausenden Zugvögeln ein beeindruckendes Schauspiel. Unsere Route folgt malerischen historischen Verbindungsstraßen sowie Wegen durch Buchenwälder und Kulturlandschaft bis zum Gutshof – manche sagen sogar Schloss – Badow, das seine Ursprünge im 13. Jahrhundert hat.

Da selbst die Schotterabschnitte auf diesem Track gut befestigt sind, sollte er auch mit PKW ganzjährig befahrbar sein.

15 Schloss Badow

15.1 | 0,0

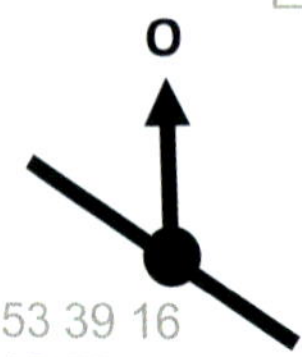

N 53 39 16
E 10 58 19

Im Ort Kneesedorf

15.2 | 0,1

SCHOTTER

15.3 | 1,6

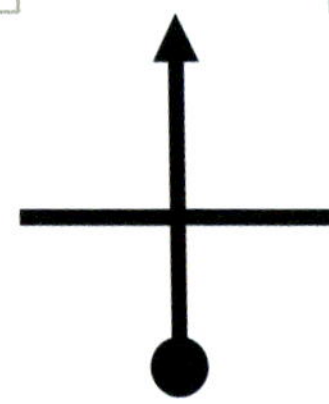

15.4 | 2,3

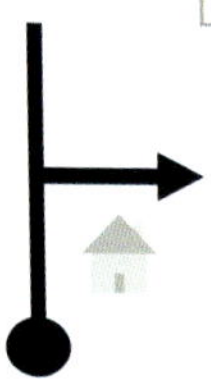

Bauernhof
BETONSPUR

15.5 | 4,4

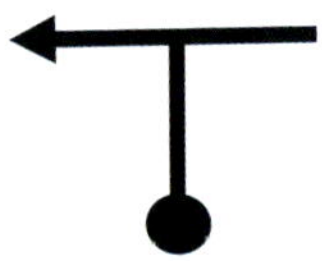

TEER

15.6 | 6,7

Ri.: Neu Steinbeck
KOPFSTEIN

15.7 | 8,1

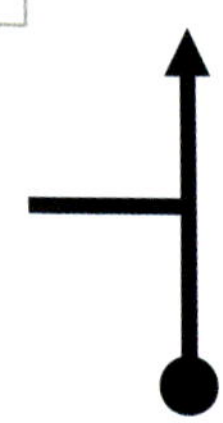

TEER

15.8 | 8,6

Ortsausgang: Neu Steinbeck
Ri.: Stöllnitz

15.9 | 10,2

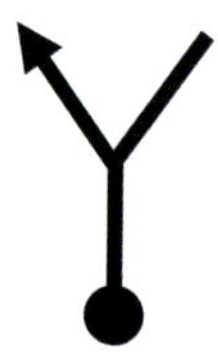

Ri.: Stöllnitz

Schloss Badow

15

15.10 | 12,0

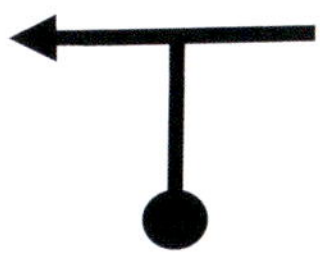

Ri.: Alt Steinbeck

15.11 | 12,3

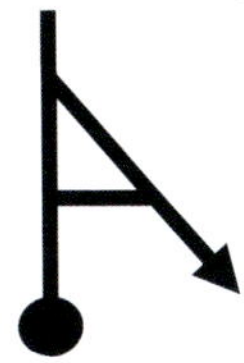

TEER

15.12 | 13,2

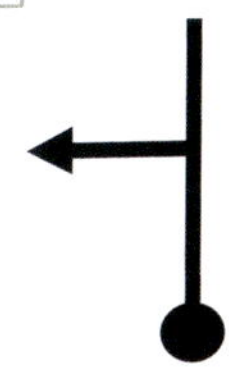

Ri.: Badow
Vorfahrtstr. folgen

15.13 | 14,6

Schloss Badow
Ri.: Lützow

15.14 | 16,2

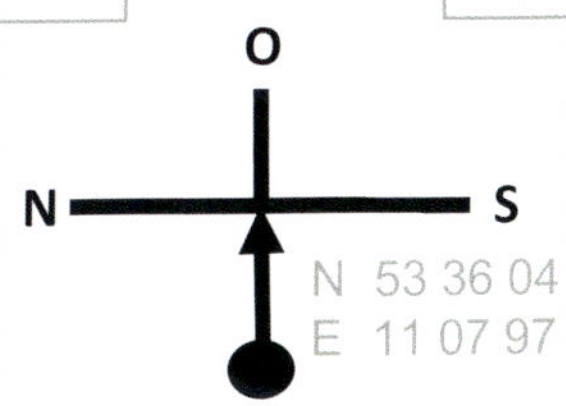

Ende (Gerade: Zum Badesee und Camping Dümmer)

16 Frachtweg

16

Nachdem diese Strecke schon mehrere Jahrhunderte als Verbindung von Wittenburg nach Osten diente und den Fuhrleuten mit ihren grundlosen Schlammpassagen das Leben schwer machte, wurde vor knapp 100 Jahren eine Alternativstrecke befestigt.

Dies führte dazu, dass dieser – obwohl mittlerweile auch etwas zahmer gewordene – Ortsverbindungsweg einiges seiner Ursprünglichkeit in die Moderne hinübergerettet hat. Besonders nach langen Regenphasen ist so zumindest für Unterhaltung, bei unvorsichtiger Spurwahl manchmal jedoch auch für Schaufelei oder Kontakt zu den Einheimischen (idealerweise in Besitz eines Traktors) gesorgt.
Der Verlauf ist dafür recht simpel – er verläuft durchgängig entlang des Waldrandes, meist durch eine schattenspendende Reihe Bäume von den Weiden getrennt.

Fun-Fact: Das sehenswerte Wittenburg ist Deutschlands nördlichstes, ganzjähriges Wintersportgebiet – dank Skihalle.

16 Frachtweg

16.1 | 0,0

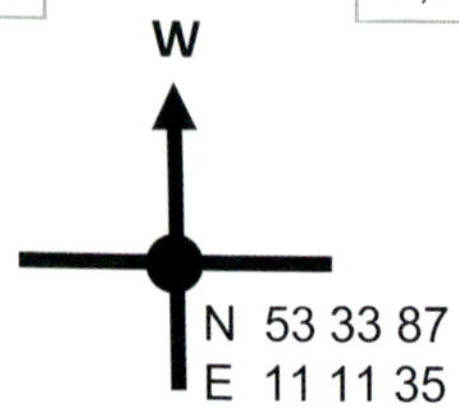

Start: SAND

16.2 | 1,8

Ortseingang Pogreß
BETONSPUR / TEER

16.3 | 3,2

NATURBELAG

16.4 | 3,9

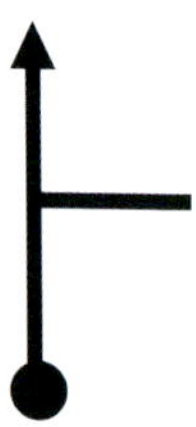

16.5 | 4,5

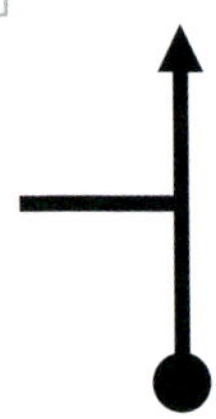

16.6 | 6,5

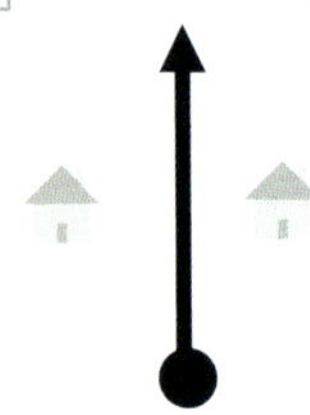

Ort: Kleinlützow
TEER

16.7 | 6,7

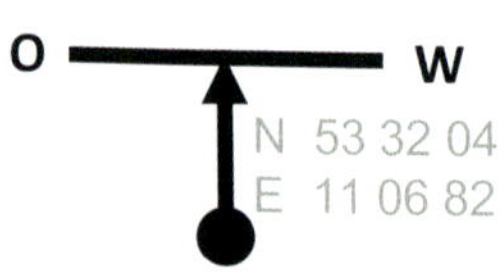

Ende

BUSCH MECHANIK
BUSCHMECHANIK.DE
Die markenunabhängige Geländewagen Meisterwerkstatt
Motor- und Getriebeinstandsetzung
Wartung und Reparatur
Fahrzeugaufbauten
Hauptuntersuchung, Sondereintragungen
Karosseriearbeiten und Restauration
Buschmechanik
Benjamin Krenzer
97653 Bischofsheim
buschmechanik.de
Tel: 09772 / 1290
Buschmechanik

17 Alter Postweg

17

Was heute das Internet ist, war früher die Post – der organisierte Informationsaustausch war nicht nur sehr hip, sondern veränderte auch die sehr regional geprägte Infrastruktur.

Schließlich bestehen die meisten Weiler entlang dieses Tracks schon seit dem 12. Jh. und die einfachen Wege führten nur zum nächsten Marktflecken. Lief dann plötzlich eine Postroute durch den Ort, war man plötzlich mehrere Tagesritte schneller mit der Kreisstadt oder sogar dem Rest der Welt verbunden.

Dieser Track folgt in Teilen einer der alten Postverbindungsrouten in den Elbauen und erlaubt sich ein paar Ausreißer auf kleinere, unbefestigte Verbindungswege.

17 Alter Postweg

17.1 | 0,0

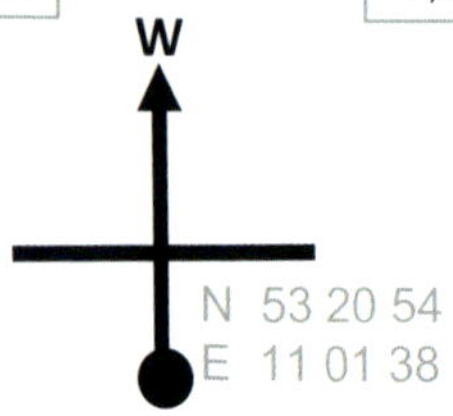

Auf Postweg
KOPFSTEIN

17.2 | 0,7

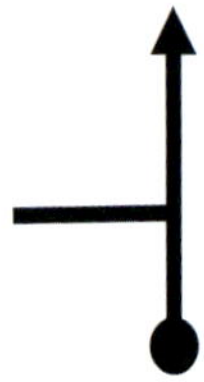

Ortsausgang:
Langenheide

17.3 | 1,6

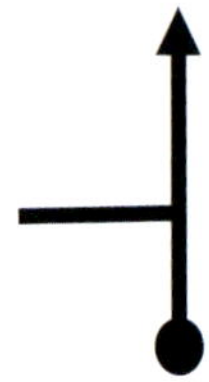

SCHOTTER

17.4 | 2,8

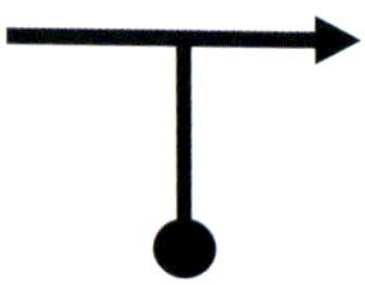

17.5 | 5,3

TEER

17.6 | 5,7

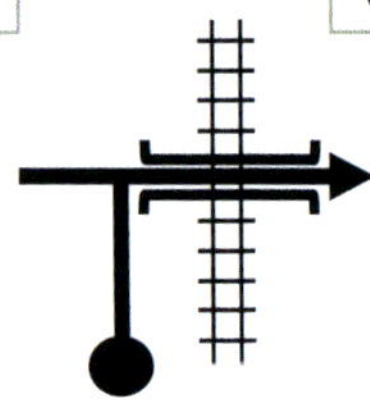

Über Bahnbrücke

17.7 | 6,6 → 0,0

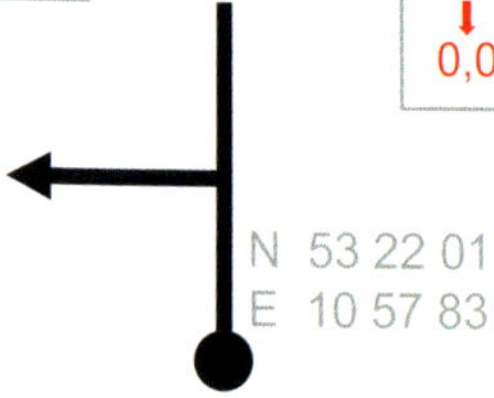

Ri.: Dammereez

17.8 | 0,4

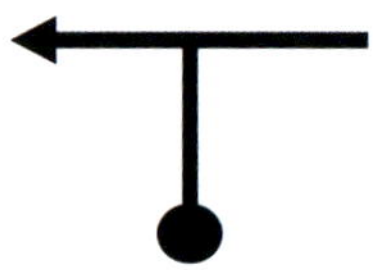

17.9 | 0,9

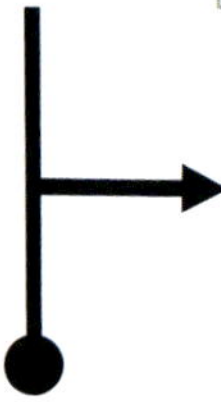

(Gerade: Unterführung
2,4 m)

Alter Postweg

17

17.10 | 3,1

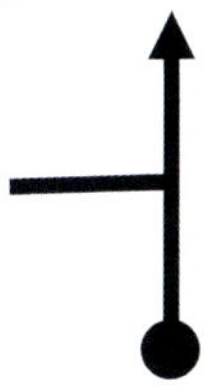

In Ort Dammereez

17.11 | 4,1

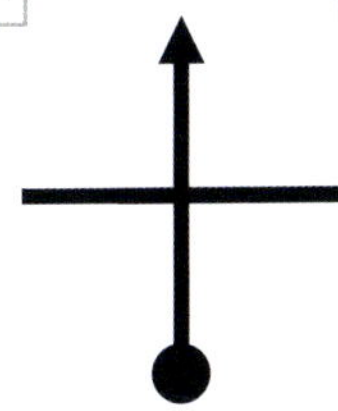

17.12 | 6,7

In Vellanerweg

17.13 | 7,1

KOPFSTEIN

17.14 | 10,0

Ortseingang: Vellahn

17.15 | 10,5

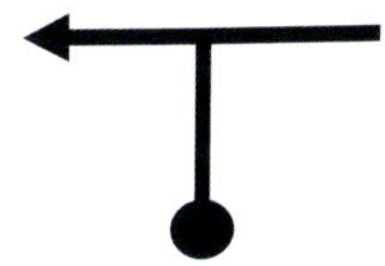

17.16 | 10,7

17.17 | 11,0

In Am Töpferteich

17.18 | 11,2

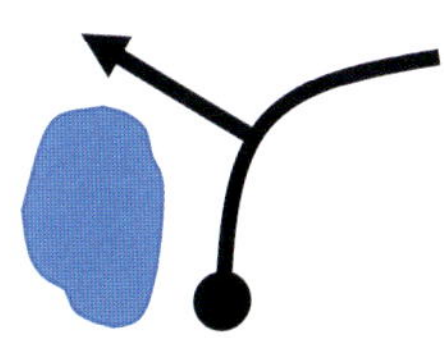

Picknickplatz am Teich

17 Alter Postweg

17.19 | 11,3

Ortsausgang:
Vellahn

17.20 | 11,8

Sportplatz

17.21 | 12,0

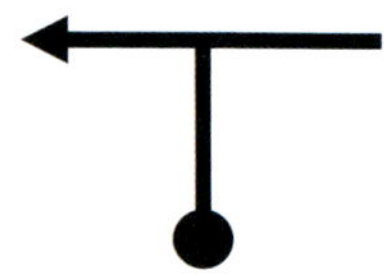

TEER

17.22 | 12,3 → 0,0

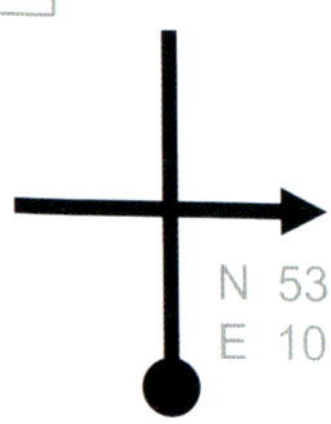

N 53 24 40
E 10 59 09

Ri.: Klodram

17.23 | 1,7

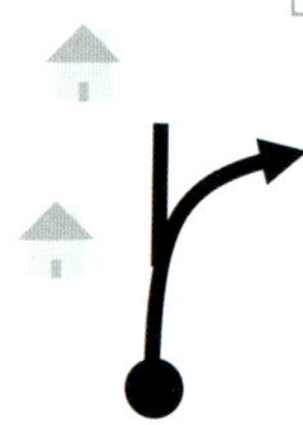

In Sackgasse

17.24 | 2,0

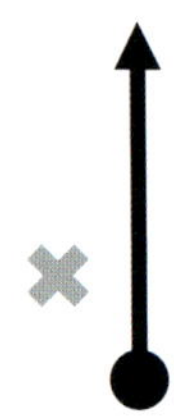

Stall
NATURBELAG

17.25 | 5,3

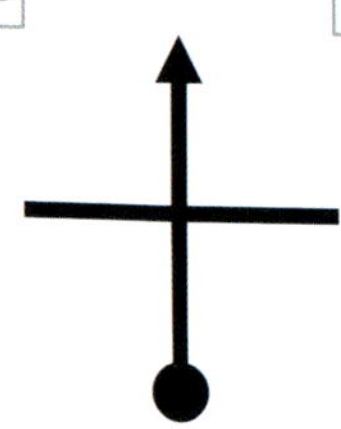

17.26 | 6,3

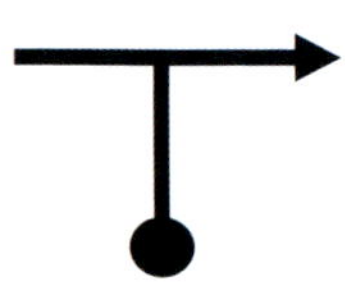

TEER

17.27 | 6,8

NATURBELAG

Alter Postweg 17

17.28 — 7,9

Wenig befahren

17.29 — 8,5

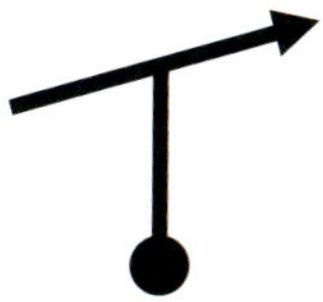

TEER

17.30 — 9,1

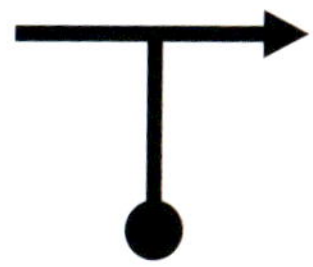

17.31 — 11,0

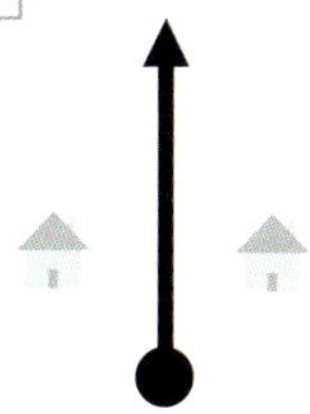

Ortseingang: Perdöhl

17.32 — 11,3

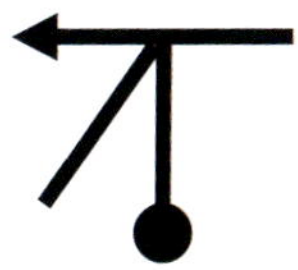

17.33 — 13,2

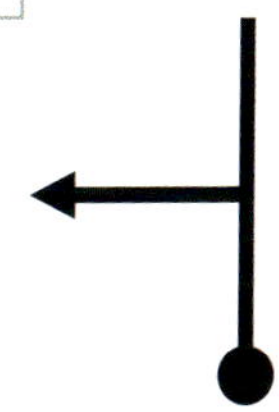

17.34 — 15,0

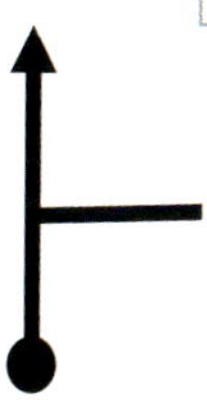

17.35 — 15,9

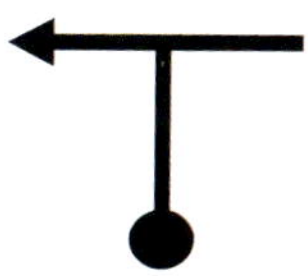

Ortsmitte Lehsen
TEER

17.36 — 16,4

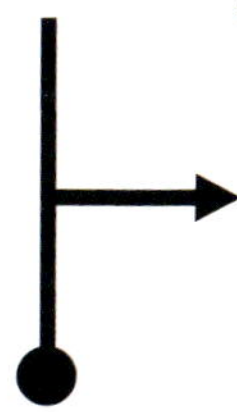

Ri.: Dodow

17 Alter Postweg

17.37	17.38	17.39
16,5	16,9	18,8
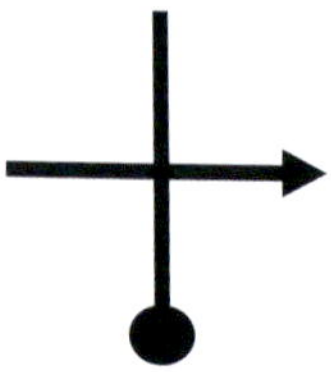		 N 53 30 10 E 11 02 57
In Ziggelmarkerweg	SCHOTTER	Ende: auf Brücke über A24

CRUISER
4x4 Technik für Profis
SEIKEL
#geseikelt
Gerüstet für Abenteuer
www.seikel.de
seikel_official
Youtube, Motomovie
SEIKEL

18 Heuweg

Frauenmark
Friedrichsruhe
Großsteingrab
Grebbin
Tramm
Dorf Friedrichsruhe
Severin
Wozinkel
Klinken
Schlieven
Dargelütz
Rusch
Raduhn
Domsühl
Bergrade Dorf
Alt Damerow
Zieslübbe
Neuhof
Garwitz
Möderitz
Müritz-Elde-Wasserstrasse
Malchow
Matzlow
PARCHIM
Damm
Regionalflughafen Schwerin-Parchim
Parrk. St. Marien
Parrk. St. Georgen
Dütschow
Neu Klockow
Spornitz
Slater
Neuhof
Langer Berg
Slate
Sagen- und Märchenstraße
Klekindemark
Neu Brenz
Alt Brenz
Primank
Tannen
Steinbeck
Stolpe
Blievenstorf
Groß Godems
Zachow
Stolpe
Tessenow
Barkow
Parchim
Karrenzin
Poltnitz
Burgwall
Jarchow
Herzfeld
Dorf Poltnitz
Neu Herzfeld
Wulfsahl
Repzin
Muchow
Stresendorf
Meierstorf

18

Vor Jahrhunderten diente dieser Weg zur Erntezeit Kleinbauern der Region als Transportweg, um mit ihren Ochsenkarren zurück zu den Gehöften bei Groß Godems zu gelangen.

Der Trackverlauf versucht dieser traditionellen Strecke am Fuß der Sonnenberge auf Landstraßen und Verbindungswegen durch diesen, auch heute noch von Viehzucht und Weidewirtschaft geprägten, Landstrich nach Osten zu folgen.
Am Endpunkt liegt die sehenswerte Fachwerkkirche Groß Godems mit ihrem separaten Glockenstuhl.

Bodenfreiheit und bei Nässe 4WD sind beruhigend.

18 Heuweg

18.1 | 0,0

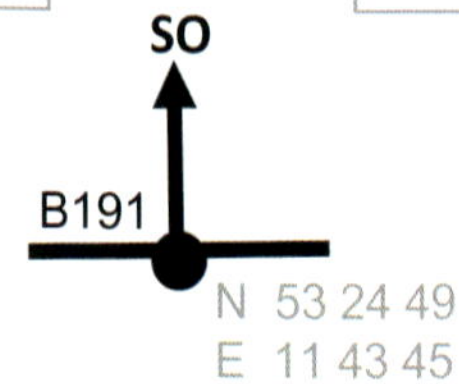

In Godemser Weg
TEER

18.2 | 0,4

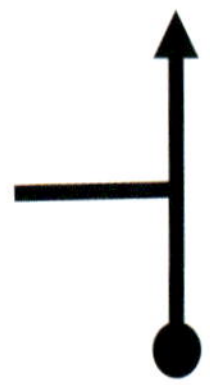

18.3 | 1,2

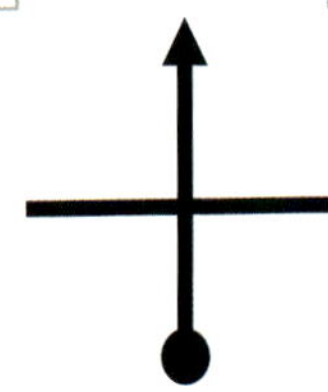

SCHOTTER

18.4 | 2,3

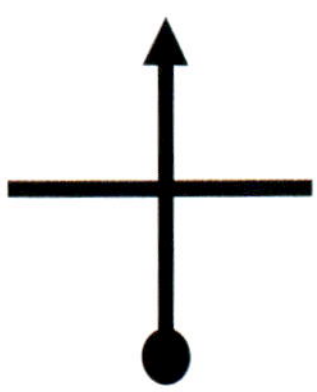

18.5 | 4,4

TEER

18.6 | 6,3

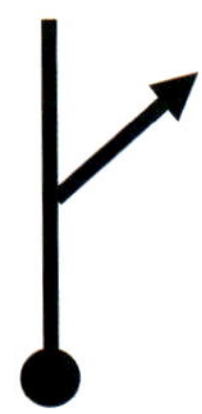

NATURBELAG

18.7 | 6,5

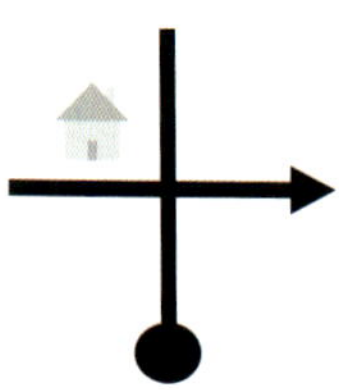

Forsthaus

18.8 | 7,7

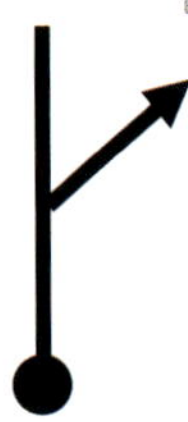

18.9 | 8,5

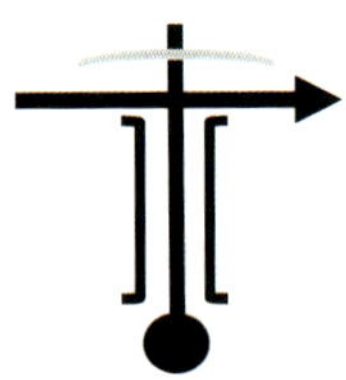

Gerade: Tor und
Gestüt Godems

Heuweg 18

18.10 | 9,1

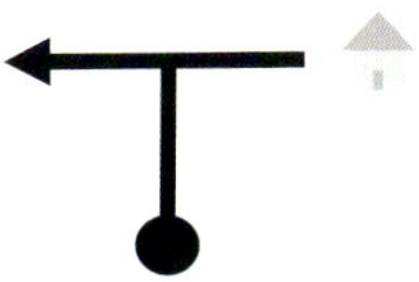

BETONSPUR

18.11 | k.m

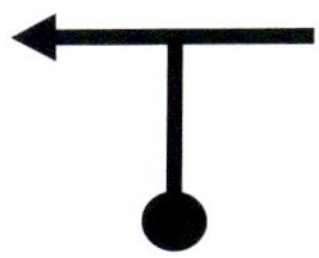

In Ort Groß Godem
TEER

18.12 | 10,5

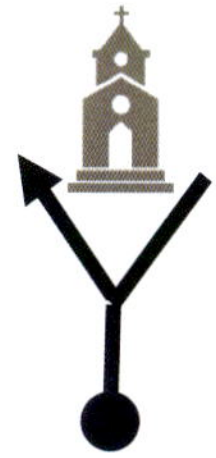

18.13 | 10,6

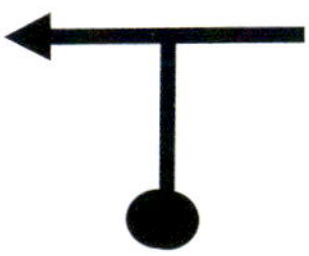

18.14 | 10,8

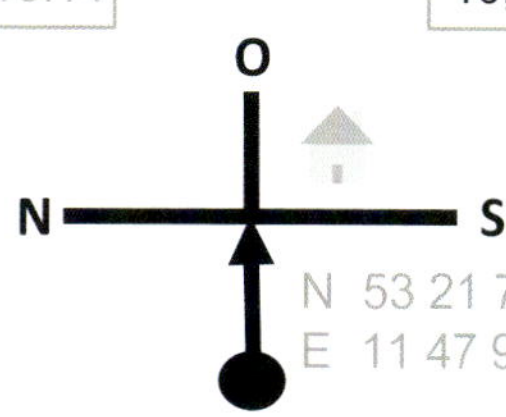

N 53 21 78
E 11 47 96

Ende
Gegenüber:
Rasthaus Sonnenberg

19 Treptow See

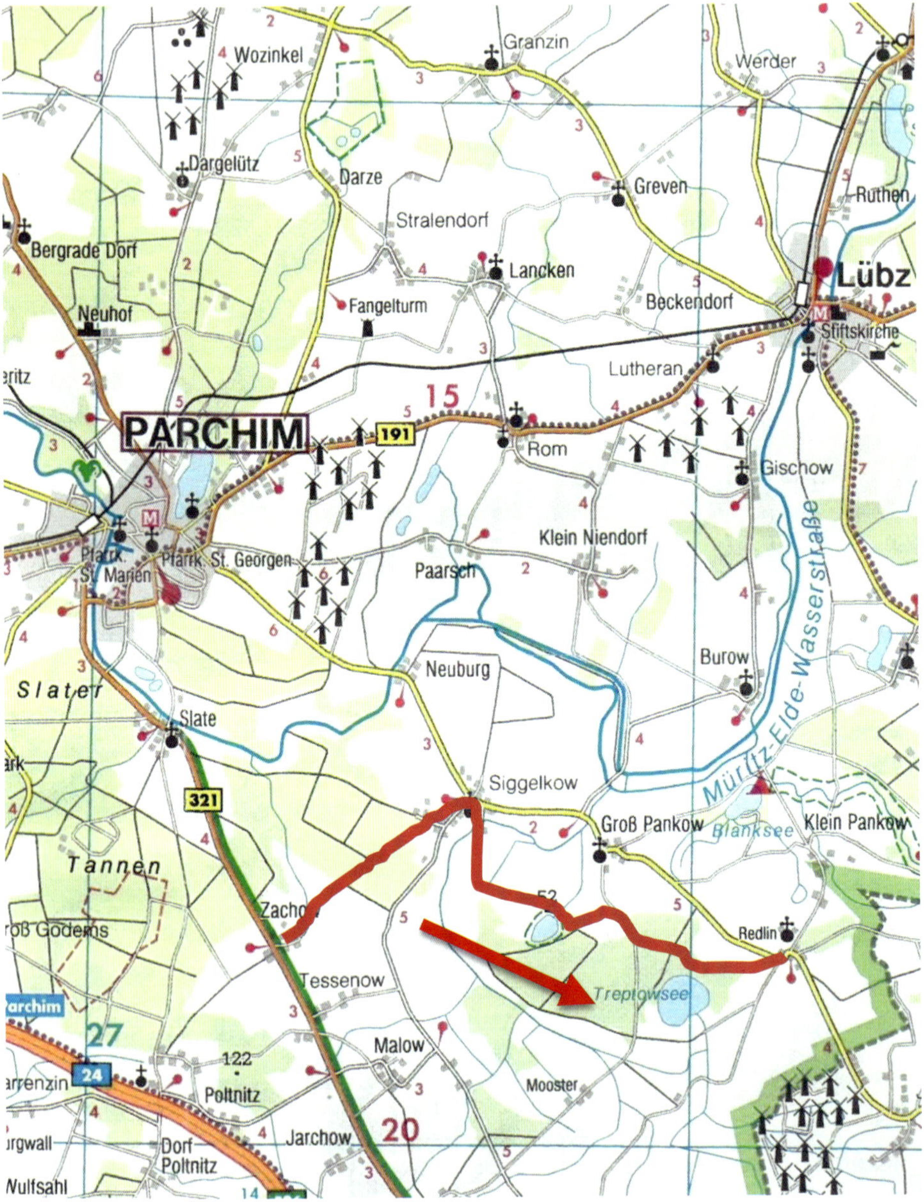

19

Für einen See recht ungewöhnlich liegt der Treptow See höher als seine unmittelbare Umgebung. Er ist ein Relikt aus der letzten Eiszeit, als sich Schmelzwasser vor der Endmoräne aufstaute.

Dieser Track führt abwechslungsreich über Landwege und öffentliche Waldwege zu einem Badesee inmitten der Natur. Dieser ist bei den Einheimischen seit über 100 Jahren wegen des großen Sandstrandes sehr beliebt. Heute ist das Gebiet um den See Landschaftsschutzgebiet. Noch in den 80er-Jahren jedoch benutzen die Sowjets den See als Badeplatz für Panzer und – wie die Nazis vor ihnen – die Umgebung als Übungsgebiet. Wenn man am Ende des Tracks nach Süden Richtung Jännersdorf abbiegt, kann man noch die zum Flugplatz verbreiterte Landstraße erahnen.

An sonnigen Wochenenden tummeln sich oft bis zu 2000 Menschen am See, außerhalb der Saison ist dies ein sehr idyllischer und ruhiger Ort. Geschlossene Absperrungen bitte unbedingt beachten.

19 Treptow See

19.1 — 0,0

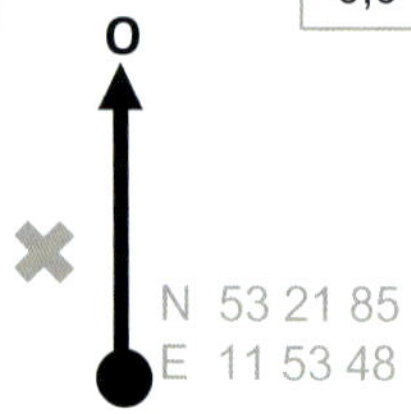

Ortsausgang: Zachow
Ri.: Siggelkow
SCHOTTER + KOPFST.

19.2 — 1,2

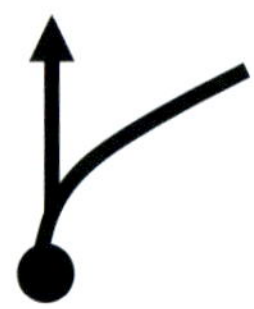

In Wald
NATURBELAG

19.3 — 3,3

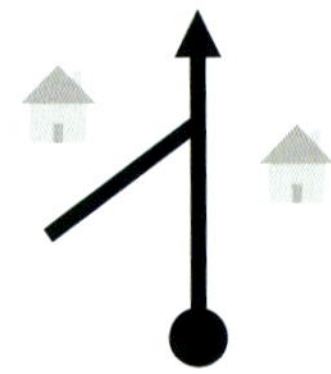

Ortseingang: Siggelkow
TEER

19.4 — 3,6

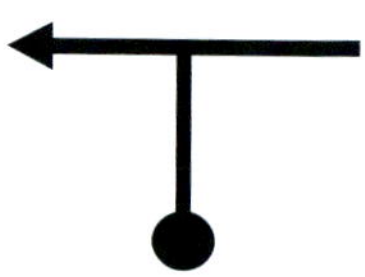

19.5 — 4,1

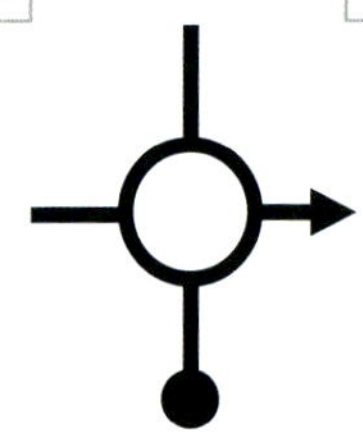

Ri.: Meyenburg

19.6 — 4,3

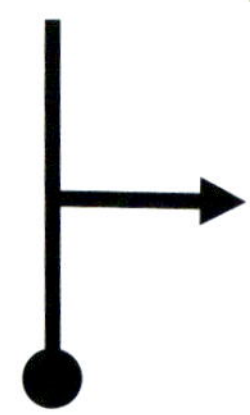

Ri.: Sportplatz

19.7 — 4,8

Wendeplatz
Es folgt breite
SANDPISTE

19.8 — 5,8

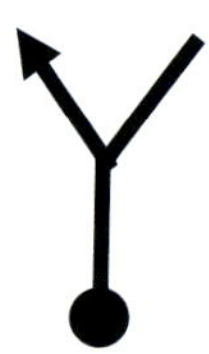

Ri.: Treptow See

19.9 — 6,4

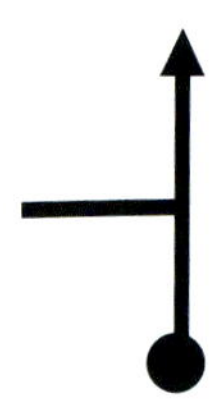

Treptow See 19

19.10 — 7,7

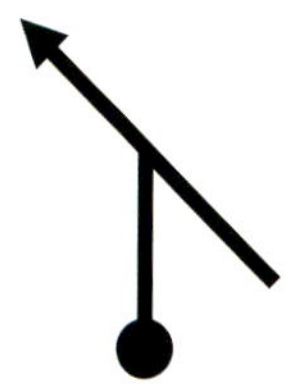

19.11 — 8,7

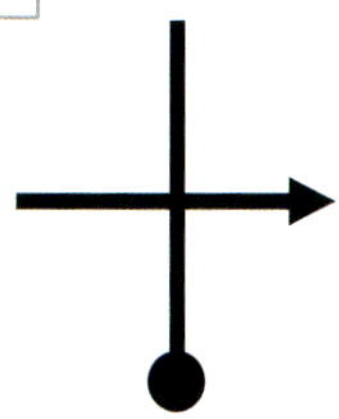

BETONSPUR

19.12 — 9,5

In Wald
SAND

19.13 — 9,9

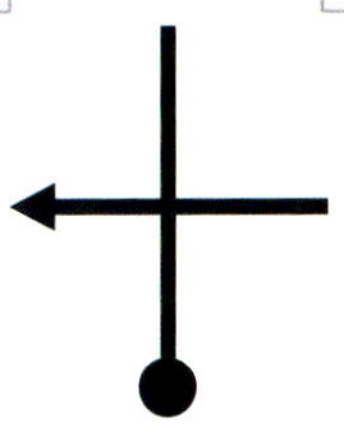

19.14 — 10,5

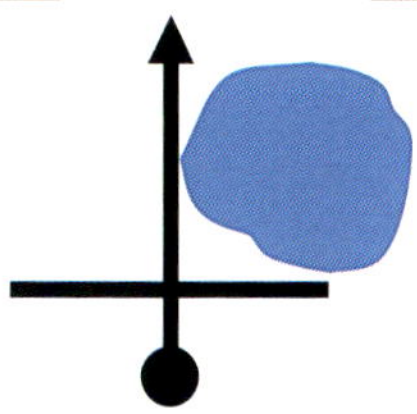

Rechts: 200 m zum Strand

19.15 — 10,7

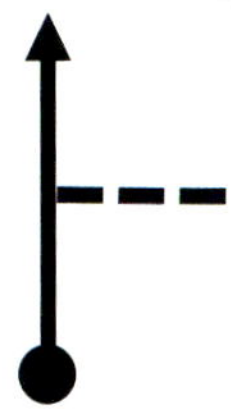

Mehrere Seezugänge

19.16 — 10,9

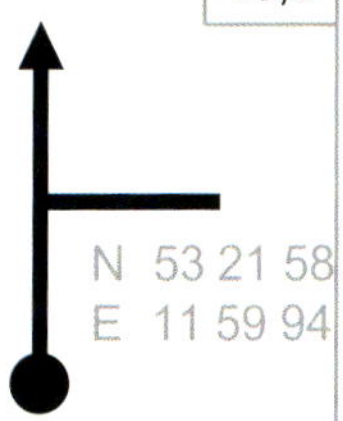

Rechts: zu FKK-Strand

19.17 — 12,4

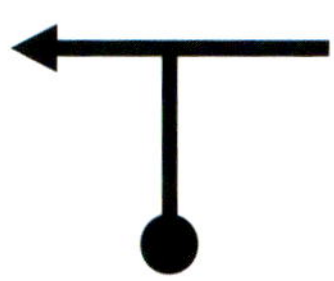

19.18 — 12,6

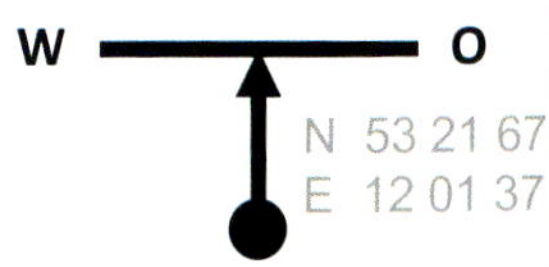

Ende
TEER

20 Bobziner Schleuse

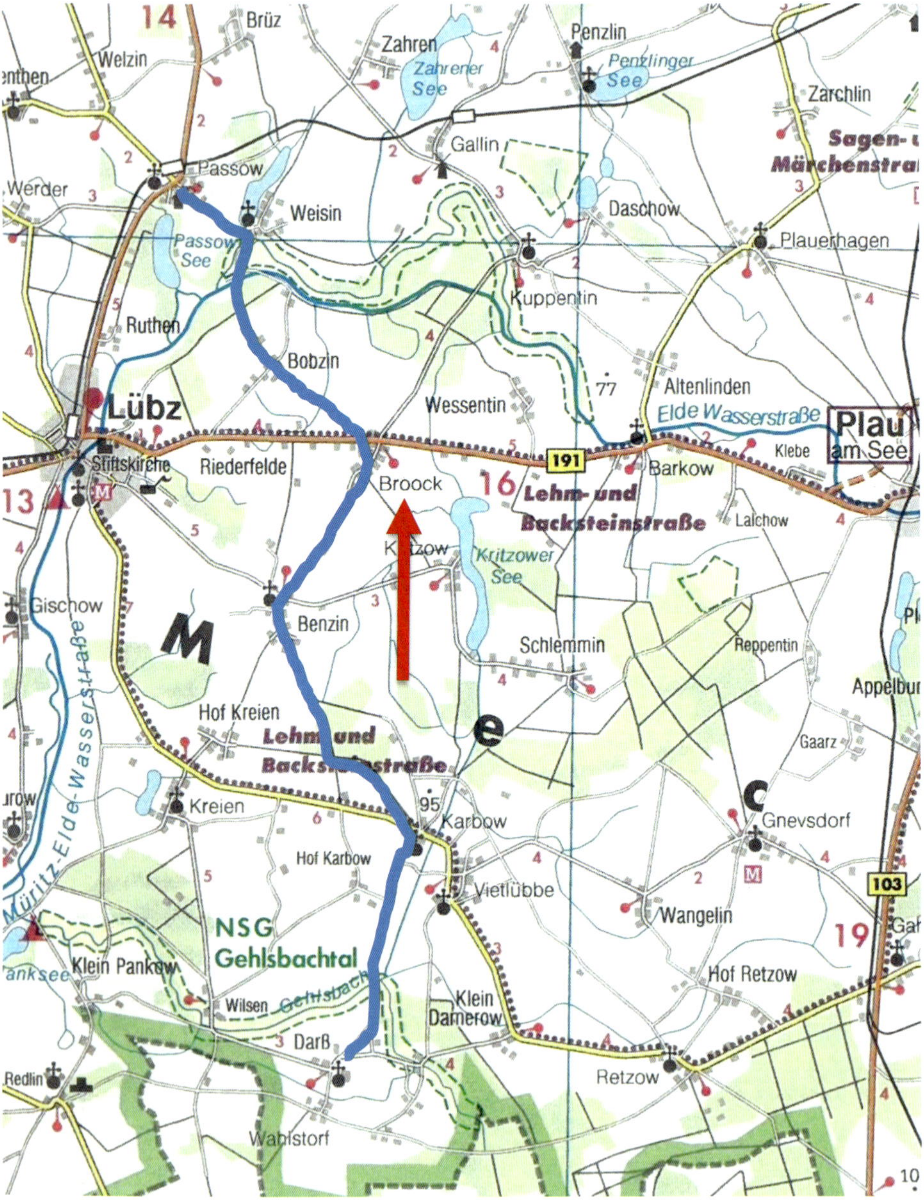

20

Energiewende ist wirklich nichts Neues – schon vor 100 Jahren, als am Ende des Ersten Weltkriegs die Kohle knapp war, wurde an der Schleuse ein Wasserkraftwerk eingerichtet.

Die Stelle war dazu prädestiniert, schließlich ist die Bobziner Schleuse mit 6,80 m die höchste Schleuse in Mecklenburg. Noch einmal fast 100 Jahre früher – also so um 1830 – diente die Schleuse dem Ausbau des Flüsschens Elde zum schiffbaren Wasserweg und ermöglichte so die Einleitung der Industrialisierung in dieser Region. Sowohl Kraftwerk als auch Schleuse sind noch in Betrieb. In dem kleinen Museum kann man in die Details der Technik eintauchen.
Von solcher Bedeutung bleibt dieser gemütliche Track mit einer Mischung von gut fahrbarem Sand, Schotter und etwas Teer sowie kurzen Kopfsteinpflastereinlagen unbeeindruckt. Recht entschlossen Nord-Süd ausgerichtet bietet er kurzweilige Passagen durch diese gewachsene Kulturlandschaft.

Den Staub der Überlandfahrt kann man sich an der Badestelle am Passower See abwaschen. Wer die Fenster geschlossen hatte, kann sich als alternativen Zeitvertreib von dem erstaunlich monumentalen, schlossartigen Gutshaus Passow beeindrucken lassen.

20 Bobziner Schleuse

20.1 — 0,0

N 53 22 14
E 12 06 03

Ortsausgang: Darß
SCHOTTER

20.2 — 1,7

SCHOTTER

20.3 — 3,8

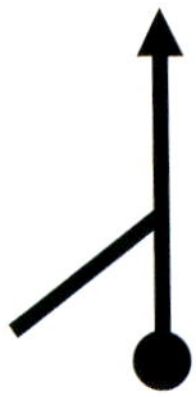

In Ort Karbow
TEER

20.4 — 4,0

SCHOTTER

20.5 — 4,5

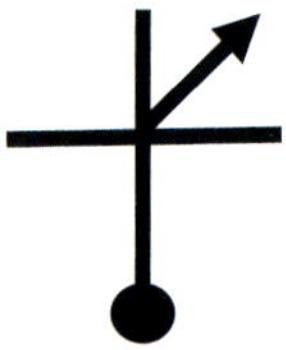

20.6 — 4,7

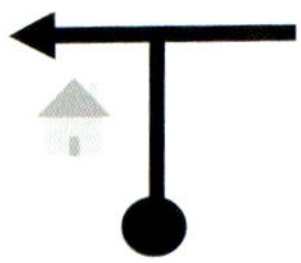

Forsthaus

20.7 — 4,8

SCHOTTER

20.8 — 6,2

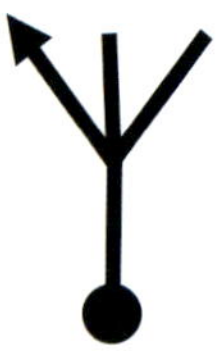

Am Waldrand entlang

20.9 — 6,8

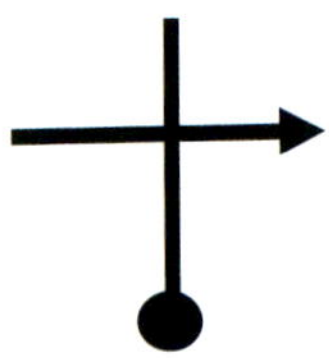

In den Wald

Bobziner Schleuse 20

20.10 | 7,1

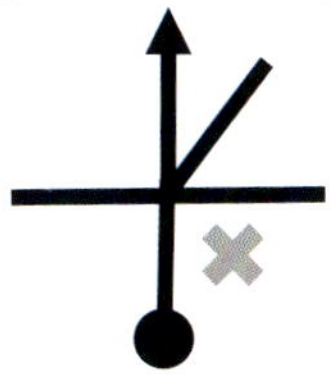

Bildstock

20.11 | 9,0

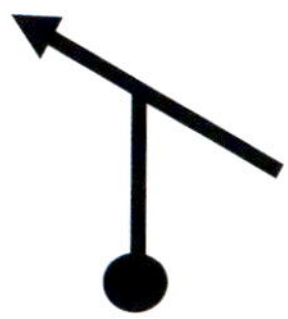

Ortseingang: Benzin
TEER

20.12 | 9,3

20.13 | 9,8 ↓ 0,0

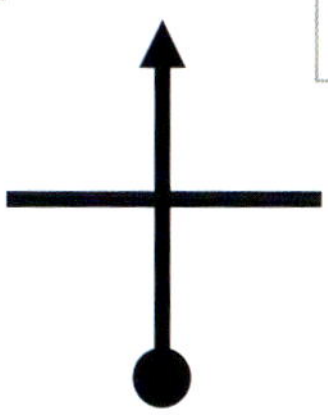

In Ziegeleiweg

20.14 | 2,7

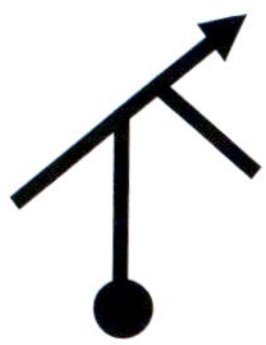

In Ortschaft Brook

20.15 | 3,4

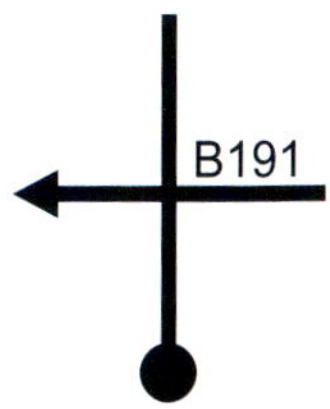

20.16 | 3,7

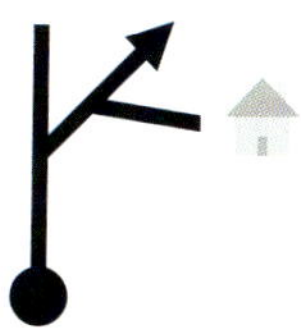

Ri.: Weisin
SAND
(Rechts: Hotel)

20.17 | 4,7

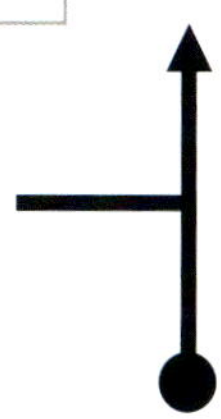

20.18 | 5,8

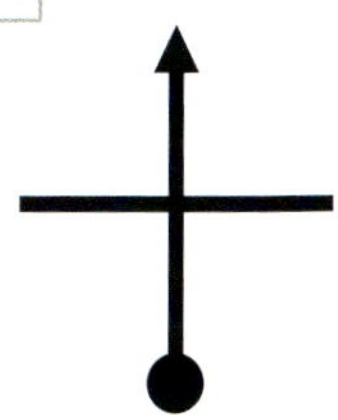

Ri.: Bobziner Schleuse

20 Bobziner Schleuse

20.19 — 5,9

20.20 — 7,6

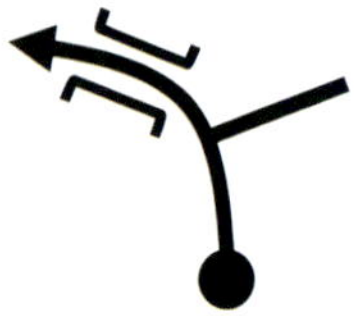

Über Schleuse

20.21 — 8,5

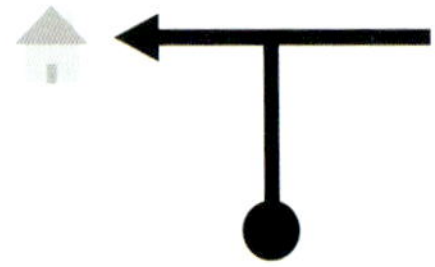

In Ort Weisin

20.22 — 8,7

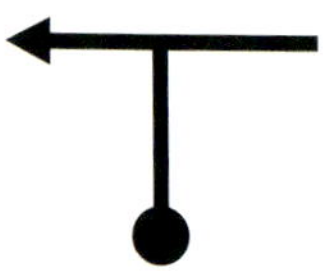

20.23 — 10,0

Ortseingang: Passow

20.24 — 10,3

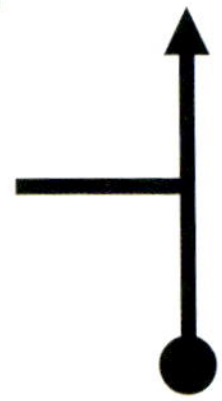

(Links: Zu Naturbad
Passower See)

20.25 — 10,5

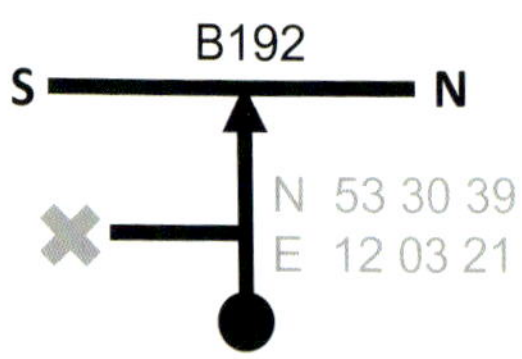

Ende
(Links: Schloss 200 m)

21 Hallalit

Steinbeck
Striggow
Bansow
Rothspalk
Nienhagen
Dersentin
Tabaksberg
106
Carlsdorf
Görzhausen
Klein Grabow
Koppelow
Hinzenhagen
Marienhof
Groß Grabow
Langhagen
Ahrenshagen
Mühlen-
museum
Barz
Charlottenthal
Kuchelmiß
Krakow
102
Klein Luckow
Großen
Luckow
Groß Tessin
Megalithgräber
Nebel
Binnen-
see
Serrahn
Großdolmen
Kretstein
104
Krakow
am See
Buchdruck-
museum
Kirch
Grubenhagen
Peenhäuser
Westpeene
Alt Sammit
Hallalit
Vollrathsruhe
33
Groß
Bäbelin
Langsee
Zietlitz
81
Klocksin
Möllen
Liepen
Krakower See
Dobbin
Linstow
Linstow
Hohen
Wangelin
Blücherhof
Bossow
Nebel
Orthsee
Lütgendorf
69
Linstower
See
Europäische Route
der Backsteingotik
Hofsee
Wooster
Teerofen
Glave
Malkwitzer
See
Tiefer See
Alt Gaarz
Sandhof
Naturpark Nossentiner
Bergsee
80
Drewitz
Drewitzer See
29
Schwinzer Heide
Deutsche
Alleenstr.
Loppin
Loppiner
See
Kleín Wangelin
Karow
Mönchbusch
Nossentiner
Hütte
Jabel
Großsteingrab
(Grab des Wendenkönigs)
Zarchlin
Leisten
AGRONEUM
Sparow
Nossentin
Jabelscher See
Silz
Sagen- und
Märchenstraße
Alt Schwerin
Fleesensee
Burgwall
Plauerhagen
Malchow
Quetzin
Malchow
Unter
Göhren
Sommer-
rodelbahn
95
Plauer Werder
Burgwall
Göhren-
Lebbin
Malchower
See
Laschendorf
Kloster
Malchow
Orgelmuseum
Schloss
Fleesensee
Lenz
Plau
am See
Klebe
Petersdorfer
Penkow
Mecklenburgische

21

Orientierung: 1
Länge: 21,8 km
Dauer: 40 min

Lage, Lage, Lage... Schlechten Geschmack bei der Standortwahl für ihre mondänen Jagdresidenzen kann man der DDR-Führung wirklich nicht vorwerfen.

Die Welt ist für die DDR-Oberen scheinbar noch sehr in Ordnung, als Honecker diese bescheidene Jagdhütte am Drewitzer See 1982 in einem für Normalgenossen weithin abgeriegelten Waldgebiet zum 70. Geburtstag geschenkt bekam. Den Begriff Jagdhütte sollte man dabei größer denken – Baukosten 40 Mio., Kino, eigene Autobahnabfahrt und 30 Personen für 365 Tage in Bereitschaft, falls spontan die Jagdlust rief ...
Aber zurück zur Lage: Ausgedehnte Wälder mit uraltem Buchenbestand, idyllische Seen am Ostrand des Müritz-Nationalparks und kleine Weiler in uraltem Kulturland. Dieser Track folgt kleinen Verbindungswegen durch das ehemalige Staatsjagdgebiet und weiter durch die Ländereien des einstmals feudalen Gutes Vollrathsruhe. Der Track endet direkt auf dem Platz vor dem Gutshaus, wo die wechselvolle Geschichte der Region in einem wilden Architekturensemble sichtbar wird.

Heutzutage kann man in der zum Hotel umgebauten Residenz eine Pause einlegen oder übernachten (sogar in der Honecker-Suite). Eine urigere Pause bietet die Kneipe Postille ein paar Kilometer weiter.

21 Hallalit

21.1 | 0,0

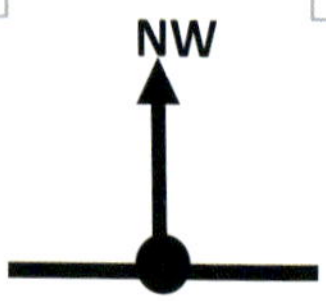

N 53 32 19
E 12 25 58

In Ortschaft:
Nossentiner Hütte

21.2 | 2,5

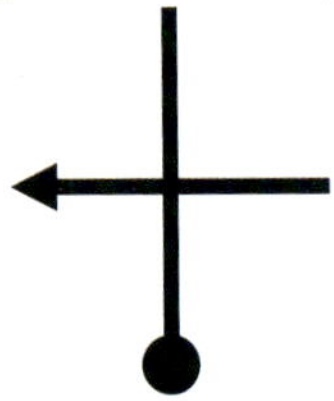

SCHOTTER

21.3 | 4,3

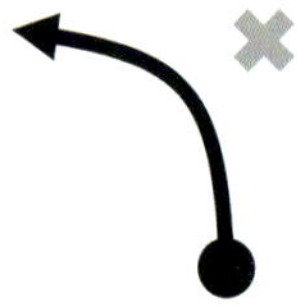

Picknickplatz

21.4 | 2,5

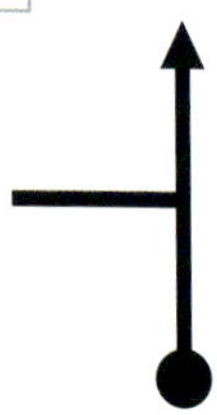

(Links: 900 m zu ehemalige Jagdresidenz Honeckers, jetzt Hotel)

21. 5 | 10,4 → 0,0

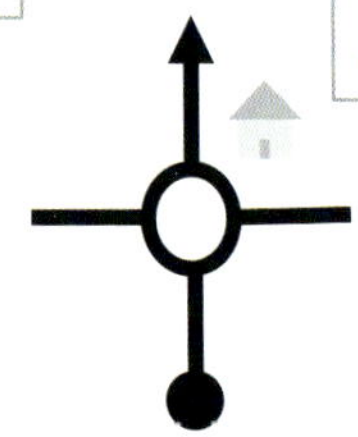

In Ort: Bornkrug
SCHOTTER
Gasthaus Postille

21.6 | 0,6

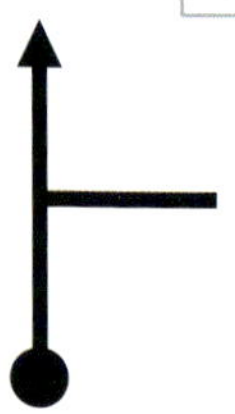

21.7 | 1,3

21.8 | 2,3

Ortseingang:
Hohen Wangelin
TEER

Hallalit 21

21.9 | 2,6

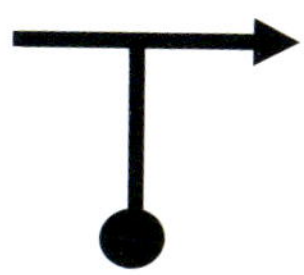

21.10 | 3,1

Ri.: Liepen
(Gerade: 500 m
Badestelle)

21.11 | 4,1

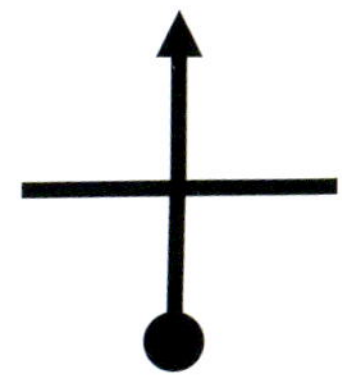

Ri.: Liepen

21.12 | 5,5

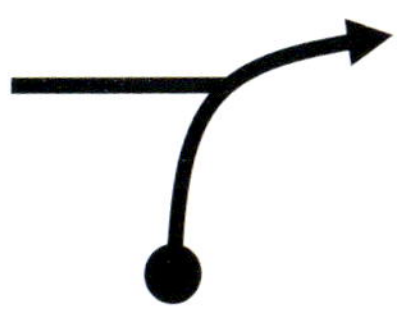

21.13 | 5,9

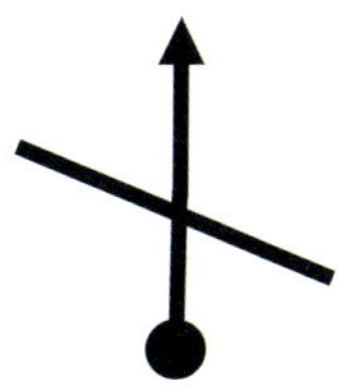

Ri.: Hallalit

21.14 | 7,2

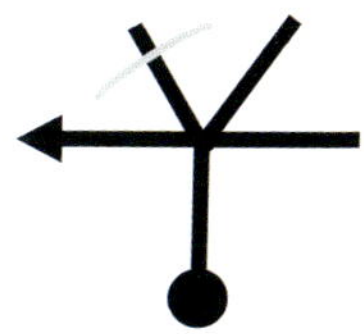

TEER
(Gerade: Tor)

21.15 | 8,9

Bei Ort Hallalit
Ri.: Kirche Gubenhagen
SAND, in Allee

21.16 | 11,3

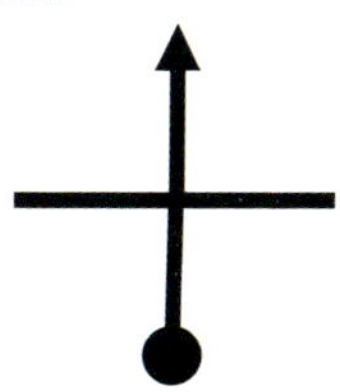

Über Straße des
Friedens

21.17 | 11,4

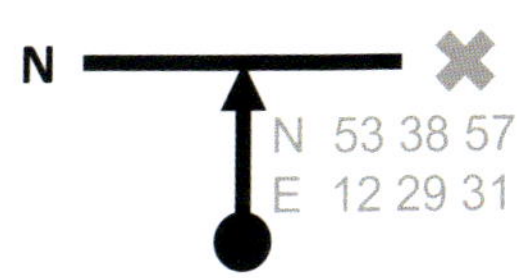

Ende
Schloss Vollrathsruhe

22 Zollhaus

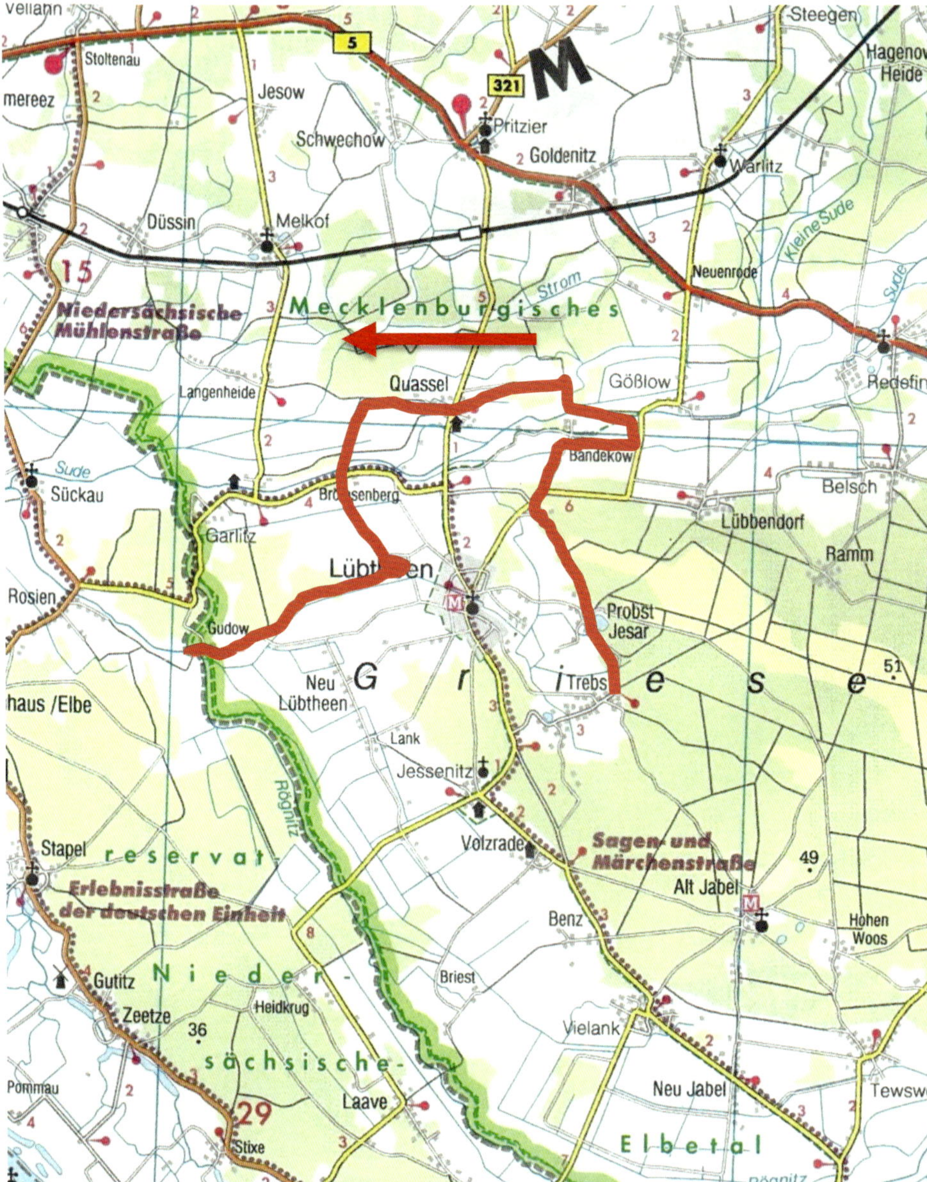
Steegen
Hagenow Heide
Stoltenau
Jesow
Schwechow
Pritzier
Goldenitz
Warlitz
Düssin
Melkof
Kleine Sude
Neuenrode
Strom
Sude
Niedersächsische Mühlenstraße
Mecklenburgisches
Redefin
Langenheide
Quassel
Gößlow
Bandekow
Sückau
Brömsenberg
Belsch
Lübbendorf
Garlitz
Ramm
Rosien
Probst Jesar
Gudow
Neu Lübtheen
Trebs
G r i e s e
Lank
Jessenitz
Stapel
Volzrade
Sagen- und Märchenstraße
reservat
Erlebnisstraße der deutschen Einheit
Alt Jabel
Benz
Hohen Woos
Gutitz
Nieder-
Briest
Zeetze
Heidkrug
Vielank
sächsische-
Pommau
Laave
Neu Jabel
Teswo
Stixe
Elbetal
Rögnitz

22

Zu DDR-Zeiten zählte ein Großteil des Gebiets, durch das dieser Track verläuft, zu dem nur für ausgewählte Personen zugänglichen Grenzstreifen.

Aber schon seit dem 16. Jh. verlief hier am Bächlein Rögnitz die Grenze zwischen den Fürstentümern Mecklenburg und Lauenburg. Erstaunlich, wie lange sich manche Strukturen über die Jahrhunderte halten. Auf diesem Abschnitt bildet das UNESCO-Biosphärenreservat der Flusslandschaft Elbe ein Urstromtal in seiner ganzen Vielfalt.
Dieser Track mäandert zwischen der begrenzenden Endmoräne und dem von kleinen Kanälen durchzogenen, fruchtbaren Flusstal.

Er bietet die ganze Vielfalt verschiedenster Untergründe, die Passage zwischen T22.24 und T22.28. kann bei Nässe 4WD erfordern.

22 Zollhaus

22.1 — 0,0

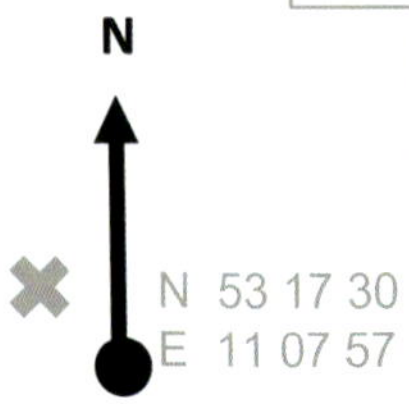

Ortsausgang: Trebs
SCHOTTER

22.2 — 1,3

Ortseingang:
Probst Jesar

22.3 — 1,4

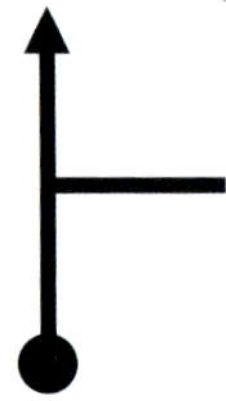

TEER

22.4 — 1,8

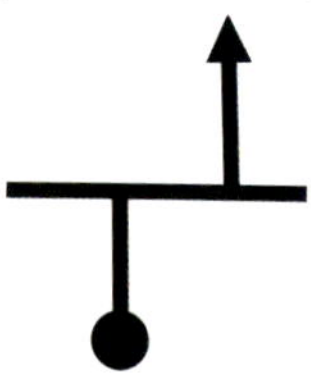

(Rechts: Zum Waldbad)

22.5 — 4,2

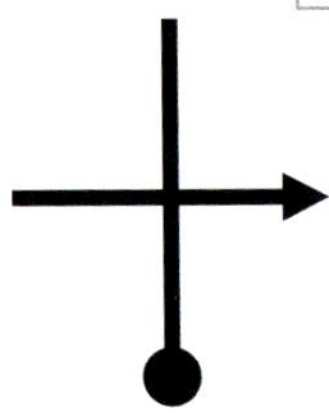

22.6 — 4,6

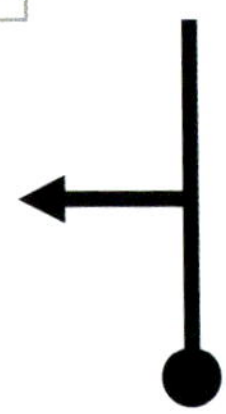

Ri.: Bandekow
BETONSPUR

22.7 — 5,8

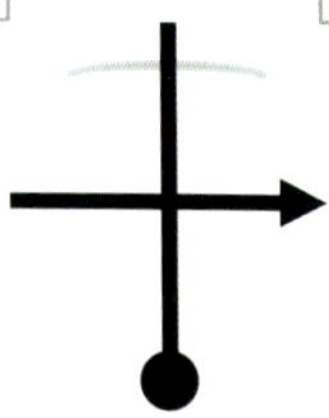

(Gerade: Tor)

22.8 — 6,1

SAND

22.9 — 6,9

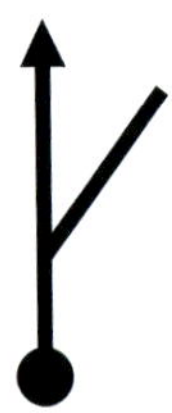

Zollhaus 22

22.10 | 7,2

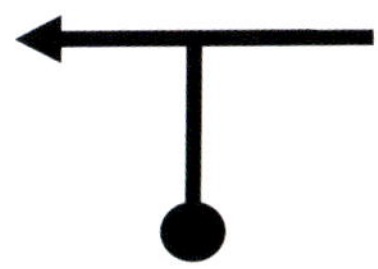

TEER

22.11 | 7,4

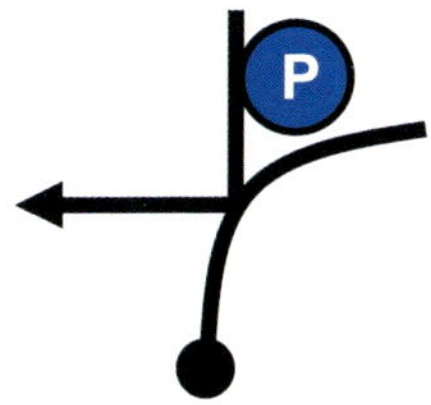

SAND

22.12 | 8,4

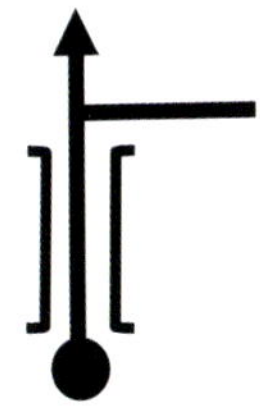

22.13 | 9,0

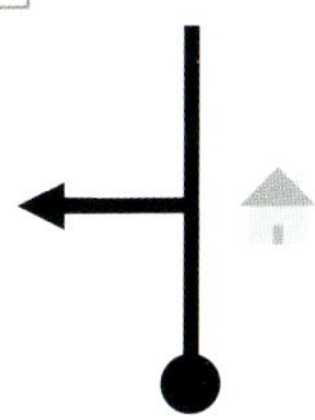

Bauernhof
BETONSPUR

22.14 | 11,1

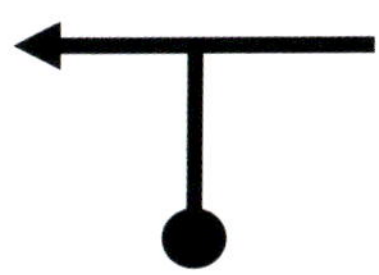

TEER

22.15 | 11,3 → 0,0

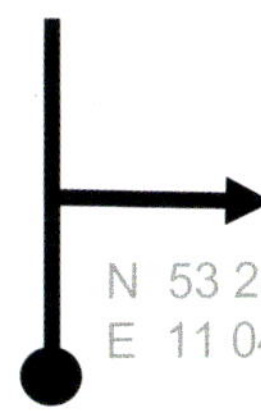

N 53 20 15
E 11 04 66

Ortseingang: Quassel
In Lindenweg

22.16 | 0,6

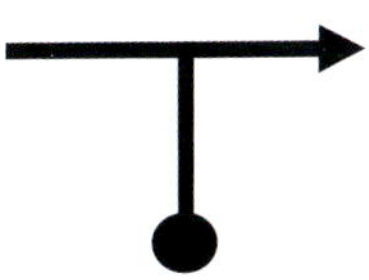

SCHOTTER

22.17 | 1,1

22.18 | 2,6

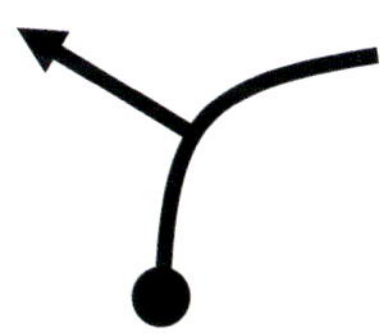

22 Zollhaus

22.19 — 3,2

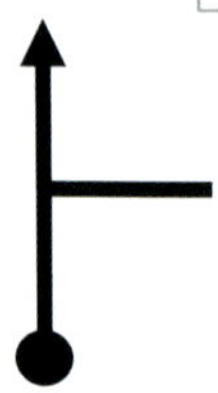

22.20 — 4,0

22.21 — 4,2

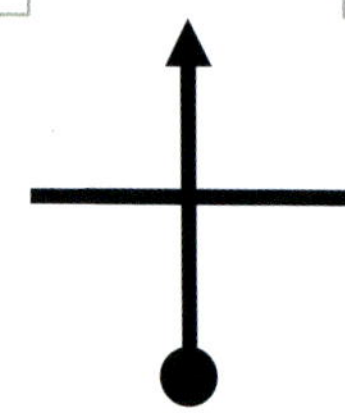

Über Straße

22.22 — 5,9

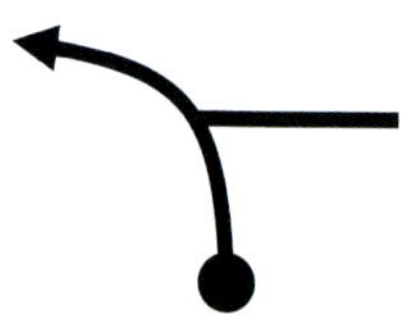

22.23 — 6,3

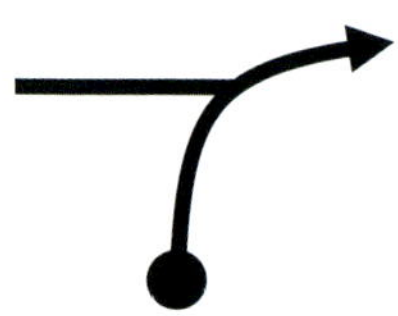

BETONSPUR

22.24 — 6,5

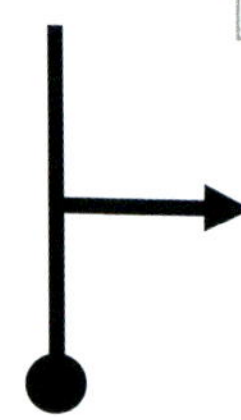

SAND

22.25 — 7,9

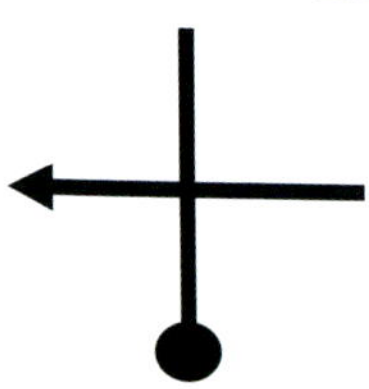

22.26 — 8,2

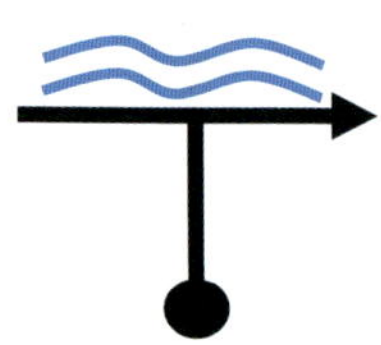

Am Kanal

22.27 — 8,5

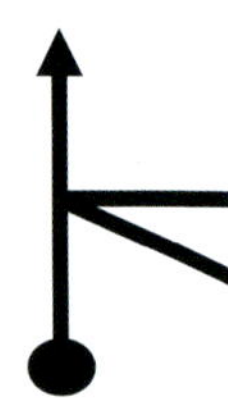

22.28 | 9,0

22.29 | 9,9

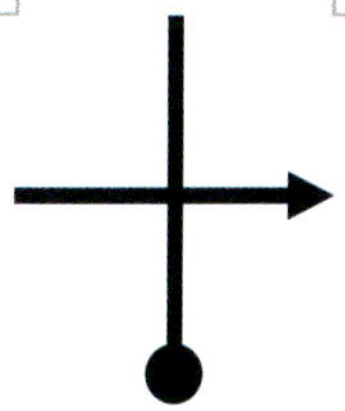

BETONSPUR

22.30 | 10,9

Ortseingang: Gudow

22.31 | 11,2

22.32 | 11,3

N 53 17 55
E 11 00 38

Ende: auf Brücke = Grenze zu Niedersachsen

23 Elbtaldüne

23

Mit Superlativen spart diese Region nicht. Dieser Track führt entlang der größten Heidelandschaft und der größten Binnendüne Deutschlands.

Die letzte Eiszeit formte über zehntausende von Jahren die Landschaft und hinterließ nach dem Abschmelzen des Eises weite Sandfelder, die tatsächlich so etwas wie eine Bilderbuchwüste mit einem Meer aus Dünenkämmen formten. Dass dies heute nicht sofort ins Auge sticht, liegt nicht nur an der Tatsache, dass seitdem auch schon wieder mehrere tausend Jahre vergangen sind und ein dichter Pflanzenteppich die Dünen bedeckt, sondern auch daran, dass die Kernzone von verschiedenen Regimes als Truppenübungsplatz genutzt wurde und nachhaltig mit Munition verseucht ist.

Es ist geplant, die Heide in den nächsten Jahren für Besucher zu öffnen, bis dahin bleibt nicht nur eine unterhaltsame Fahrt auf schöner Naturstrecke, sondern auch ein kleiner Eindruck von Dünensand direkt neben dem Track am Ortsausgang von Alt Jabel.

23 Elbtaldüne

23.1 | 0,0

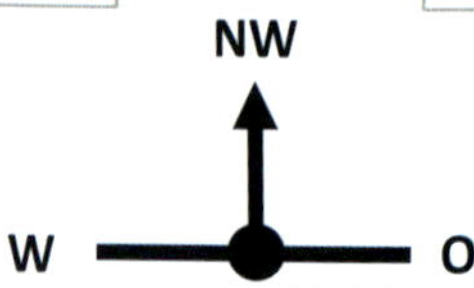

N 53 14 41
E 11 13 08

Start:
Ri.: Töpferhof

23.2 | 0,1

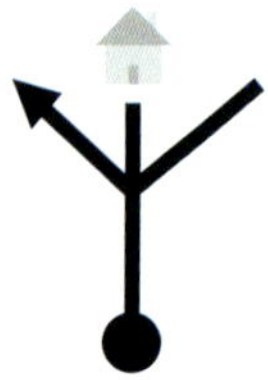

(Gerade:
Café Töpferhof)
NATURBELAG

23.3 | 0,9

23.4 | 1,4

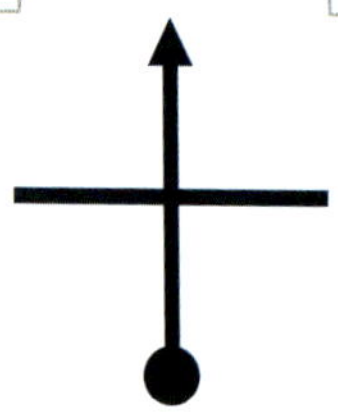

23.5 | 2,4

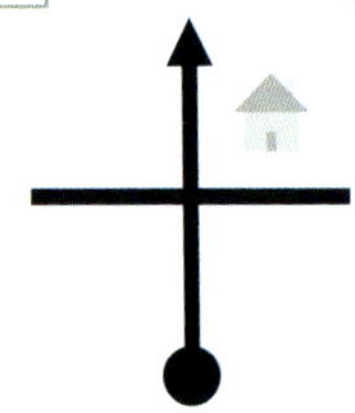

150 m TEER

23.6 | 3,5

23.7 | 4,0

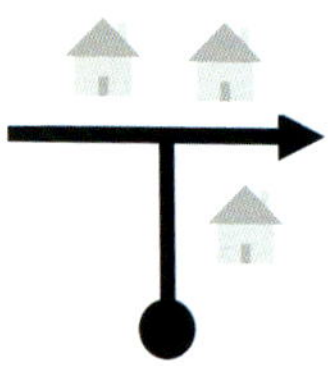

In Ort Alt Jabel
TEER

23.8 | 4,2

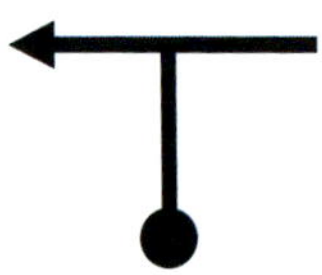

23.9 | 4,4

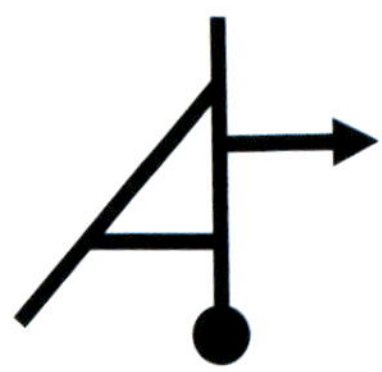

In Vielanker Weg
(Gerade: Zum
Waldbad)

Elbtaldüne 23

23.10 — 4,6

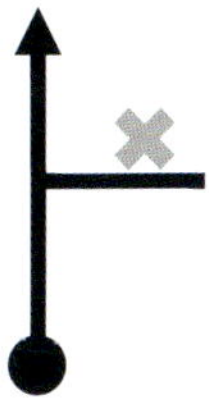

Ortsausgang
SCHOTTER
(Re.: Kleine Elbtaldüne)

23.11 — 6,4

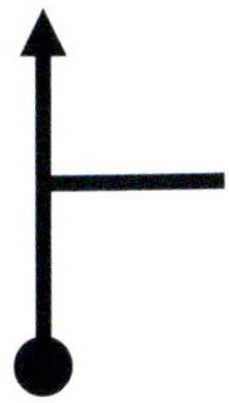

23.12 — 6,7

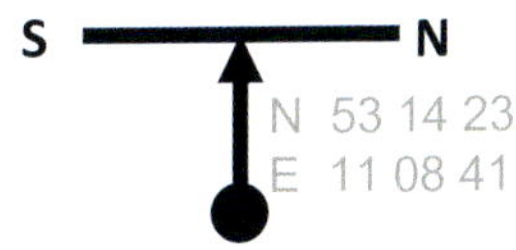

Ende: in Ort Vielank

24 N.P. Müritz

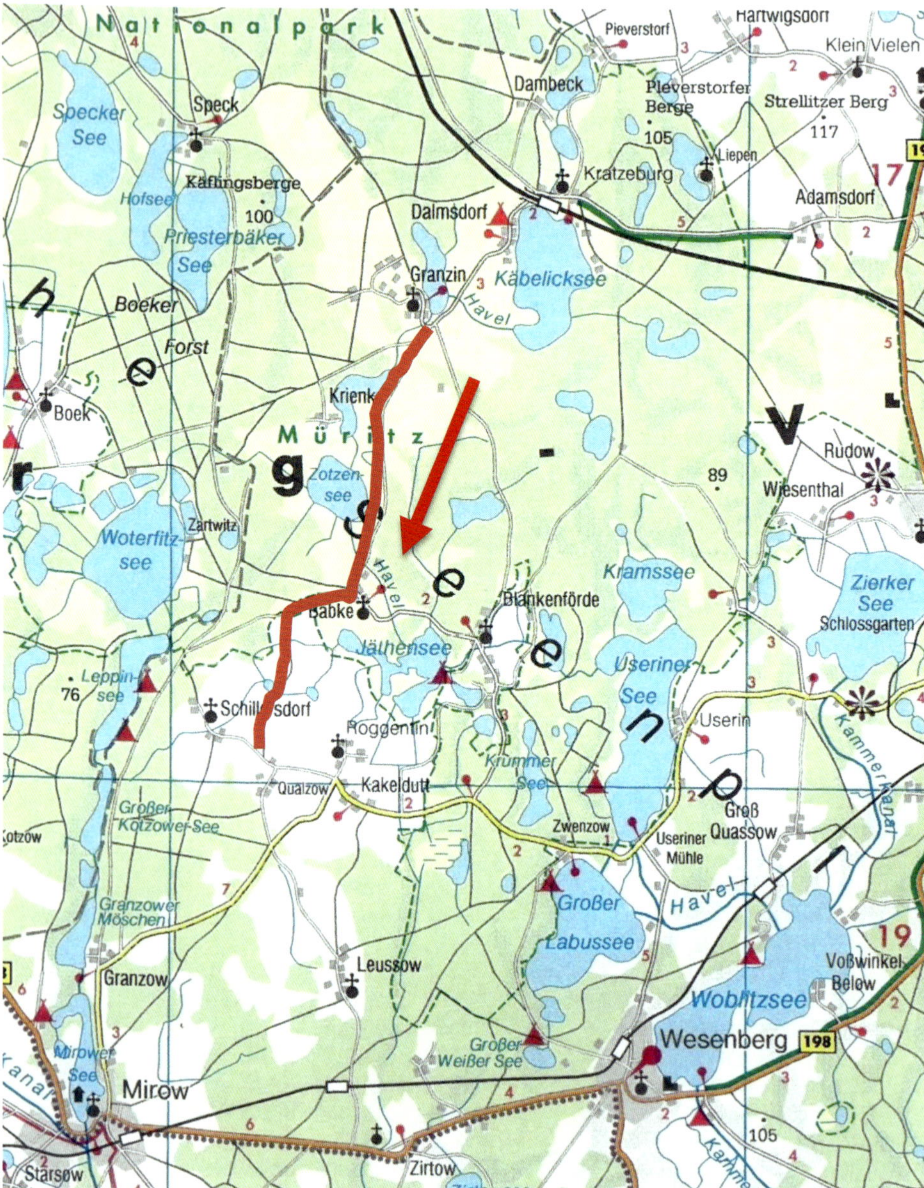
Nationalpark
Müritz
Specker See
Speck
Käflingsberge
100
Hofsee
Priesterbäker See
Boeker Forst
Boek
Woterfitz-see
Zartwitz
Zotzen-see
Krienk
Granzin
Dalmsdorf
Kratzeburg
Dambeck
Pieverstorf
Hartwigsdorf
Klein Vielen
Pieverstorfer Berge
105
Strellitzer Berg
117
Liepen
Adamsdorf
Käbelicksee
Havel
Babke
Jäthensee
Blankenförde
Kramssee
Useriner See
Userin
Rudow
Wiesenthal
89
Zierker See
Schlossgarten
Leppin-see
76
Schillersdorf
Roggentin
Qualzow
Kakeldutt
Krummer See
Zwenzow
Useriner Mühle
Groß Quassow
Kammerkanal
Großer Kotzower See
Granzower Möschen
Großer Labussee
Woblitzsee
Voßwinkel
Below
Leussow
Granzow
Mirower See
Mirow
Großer Weißer See
Wesenberg
198
Starsow
Zirtow
Zirtowsee
105

24

Ehrlich gesagt: Die wahre Schönheit des größten deutschen terrestrischen Nationalparks lässt sich am besten mit dem Kanu oder auf einer ausgedehnten Wanderung erleben. Zu wenige legale Strecken führen durch das Gebiet – und das ist gut so.

Jahrzehntelang waren riesige Areale dieser erst vor 12.000 Jahren nach der Eiszeit entstandenen Landschaft nur für Mitglieder der Politprominenz der SED zugänglich oder für Militärzwecke gesperrt. So konnte sich die Natur in dieser Region relativ ungestört entwickeln und das Gebiet wurde zum Rückzugsort bedrohter Tierarten.
Unser Track verläuft anfänglich auf einem einfach befahrbaren gepflasterten Weg durch den Park. Den Abschluss bildet jedoch ein historischer Landweg außerhalb des Parks, der bei Nässe mit einem 2WD-Fahrzeug wahrscheinlich die ein oder andere Herausforderung bereithält.

Alternativ kann man bei T24.7 auch geradeaus weiter der befestigten Straße durch den Park folgen.

24 N.P. Müritz

24.1 — 0,0

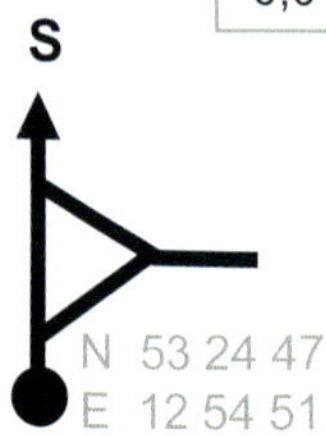

Start: Einfahrt
Nationalpark Müritz

24.2 — 0,1

Ri.: Krienke

24.3 — 1,2

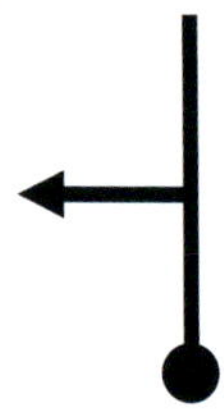

Ri.: Babke
PLATTEN + BETONSP.
Durchfahrtverbot LKW

24,4 — 4,9

Durchfahrtverbot LKW

24.5 — 5,1

Ortseingang Babke
TEER
(Li. Fischerei + Café)

24.6 — 5,6

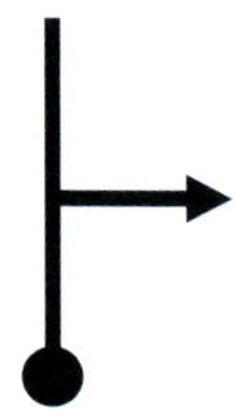

Ri.: N.P. Müritz
Eingang Schillerdorf
Durchfahrtverbot LKW

24.7 — 6,8

SAND

24.8 — 7,4

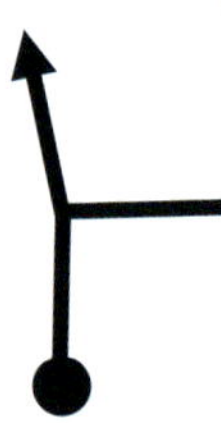

In Jungbaumallee
GRASWEG

24.9 — 10,2

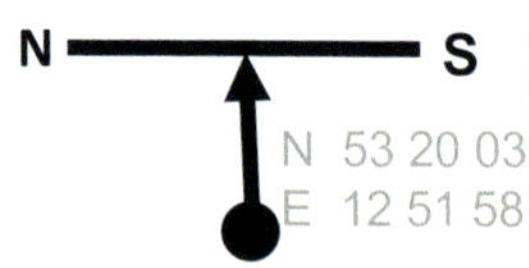

Ende
Ortseingang Qualzow

25 Kleiner Mann was nun?

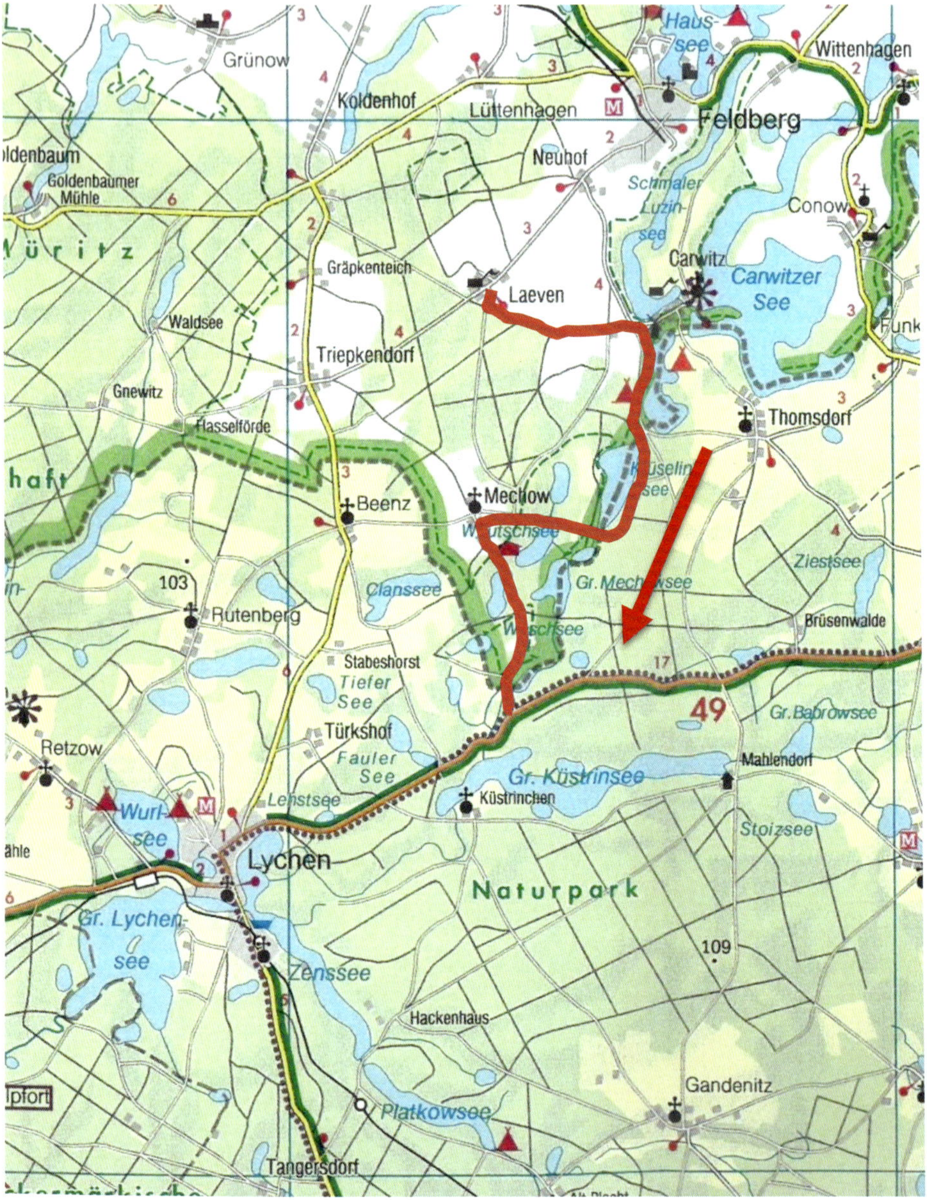

25

Spätestens seit klar ist, dass die sehenswerte, aus Feldsteinen gebaute Dorfkirche in Mechow gar keine Wehrkirche ist, fällt auch die letzte Illusion einer aktionsgeladenen Vergangenheit ab.

Die Feldberger Seenlandschaft ist ein Idyll aus alten Wäldern, klaren Seen und einsamen Mühlen – genau der richtige Ort, um entspannt die Seele baumeln zu lassen. Wahrscheinlich war dies auch der Grund, warum sich einer der schillerndsten und bedeutendsten deutschen Literaten des letzten Jahrhunderts mehrere Jahre in das Örtchen Carwitz zurückzog.
Mit Drogensucht, Alkoholismus, Affären, Exzessen und einer ambivalenten Rolle im dritten Reich lebte der für seine Romane aus dem kleinbürgerlichen Milieu bekannte Hans Fallada eine frühe Form des Rock 'n' Roll Lifestyles. Die Jahre im beschaulichen Carwitz verfehlten übrigens die erwünschte Wirkung.

Der Track ist ein abwechslungsreicher Streifzug durch die Seenlandschaft. Zwei Mühlen-Gasthäuser laden zum Entspannen ein. Nach langen Regenfällen können Abschnitte im ersten Teil des Tracks für PKW unbefahrbar sein.

25 Kleiner Mann was nun?

25.1 — 0,0

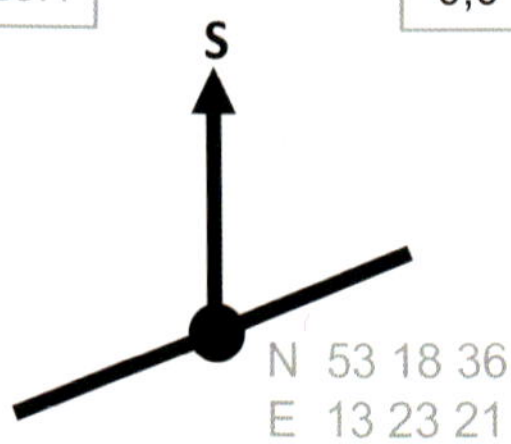

Start: Im Ort Laeven
Ri.: Carwitz

25.2 — 0,3

SCHOTTER

25.3 — 0,4

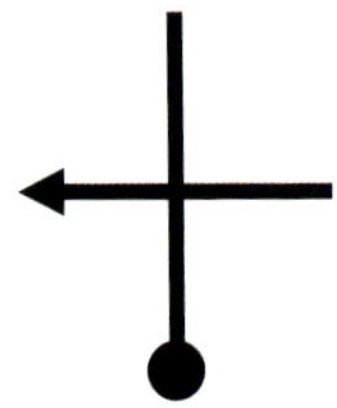

Ri.: Carwitz

25.4 — 0,6

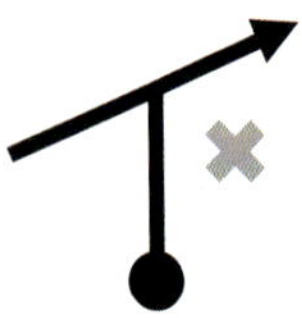

Durchfahrtverbot LKW

25.5 — 2,6

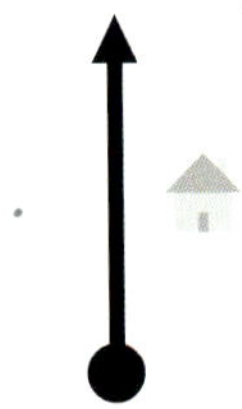

Ortseingang Rosenhof
TEER

25.6 — 3,2

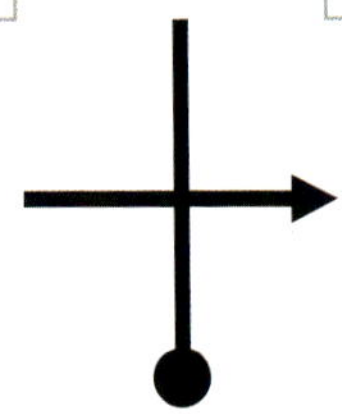

25.7 — 3,6

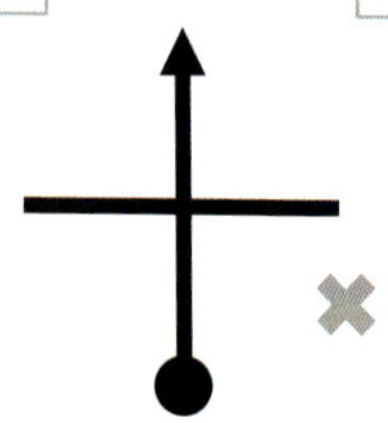

Findlingsgarten
(Links: nach Carwitz +
Hans-Fallada-Haus)

25.8 — 5,1

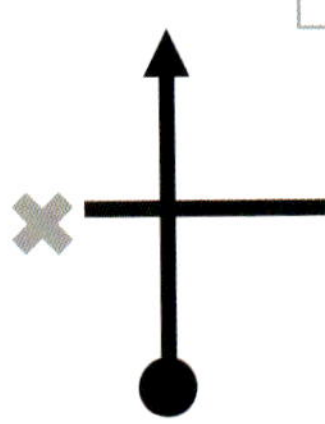

Campingplatz
Grenze Brandenburg

25.9 — 5,4

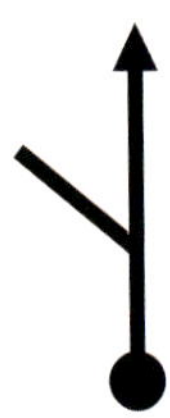

Ri.: Krüseliner Mühle
SCHOTTER

Kleiner Mann was nun? 25

25.10 | 6,0

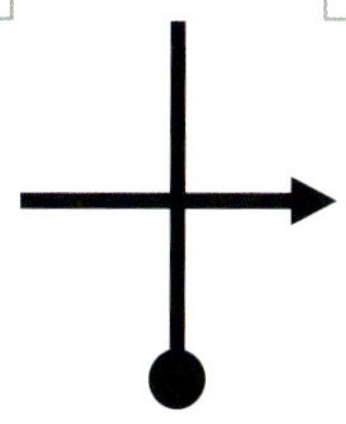

Ri.: Krüseliner Mühle

25.11 | 7,7

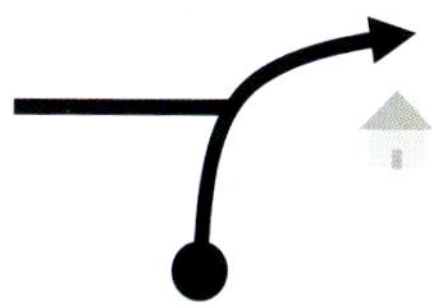

Gasthaus Krüseliner Mühle

25.12 | 7,9

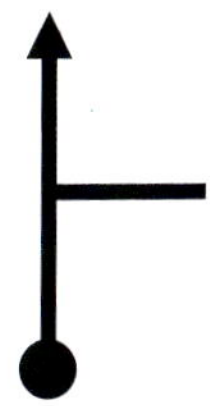

Ri.: Carwitz

25.13 | 9,4

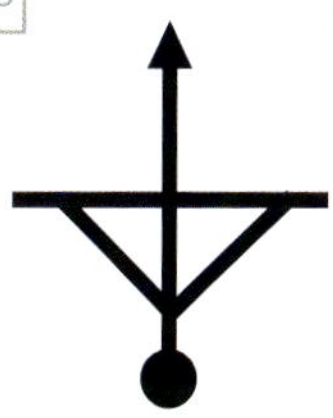

Durchfahrtverbot LKW

25.14 | 9,9

Ort und Wehrkirche Mechow

25.15 | 10,1

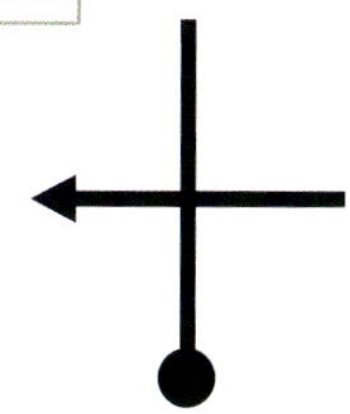

Bei Wendestelle BETON

25.16 | 10,8

Ri.: Tackmannhof
SCHOTTER

25.17 | 11,1

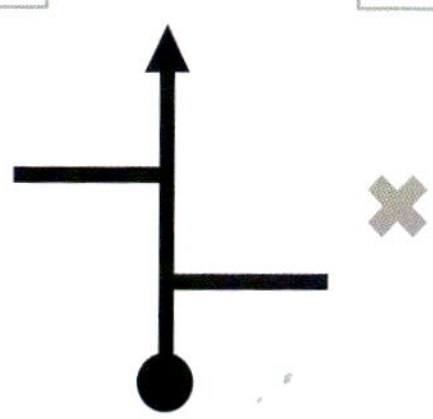

Badestelle

25.18 | 12,5

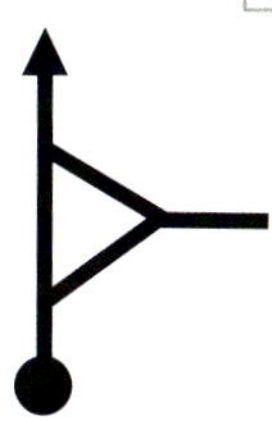

SCHOTTER

25 Kleiner Mann was nun?

25.19 | 13,3

Tackmannshof

25.20 | 13,4

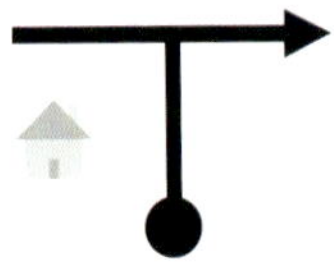

Ri.: Lychen
Gasthaus Kobatzer Mühle

25.21 | 13,9

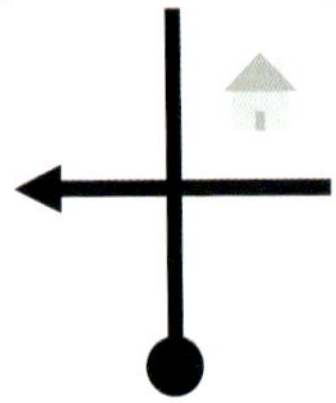

25.22 | 14,1

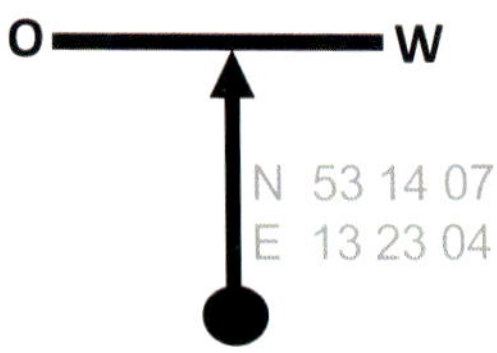

Ende

26 Himmelpfort

26

Das ehemalige Kloster Himmelpfort liegt sehr malerisch auf einer Landzunge zwischen zwei Seen. Doch auch bei Sakralbauten steckt der Teufel oft im Detail.

Obwohl die Zisterzienser vor 700 Jahren zur Gründung des Klosters umfangreiche Liegenschaften von Marktgraf Albrecht spendiert bekommen hatten, prosperierte die Anlage nicht wie gewünscht. Die Lage in direkter Grenznähe zu Mecklenburg und der ein oder andere Raubzug behinderten die Entwicklung und so wurde Himmelpfort schon vor 450 Jahren säkularisiert. Dies hindert jedoch den Weihnachtsmann nicht daran, jedes Jahr bis zu 300.000 Briefe von hier aus zu beantworten.

Schon in den 1920er-Jahren entwickelte sich Himmelpfort zu einem Ausflugsort und bietet auch heute stimmungsvolle Cafés und Einkehrmöglichkeiten. Dieser Track durchquert mit einem hohen Anteil von Sandwegen und unbefestigten Ortsstraßen die ehemaligen Latifundien des Klosters.

Bitte bei der Durchquerung des Weilers Tangersdorf besonders langsam und rücksichtsvoll fahren – die Dorfstraße ist nicht geteert und es staubt sonst gewaltig.

26 Himmelpfort

26.1 — 0,0

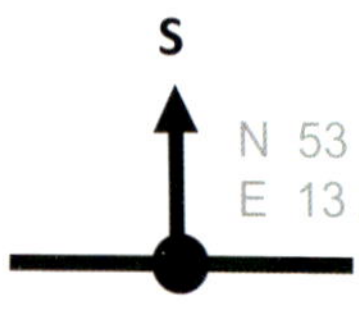

N 53 13 27
E 13 22 93

Start: Ortsausgang Küstrinchen, Ri.: Gandenitz, SCHOTTER

26.2 — 0,6

26.3 — 0,7

(Rechts: zum See)

26.4 — 3,9

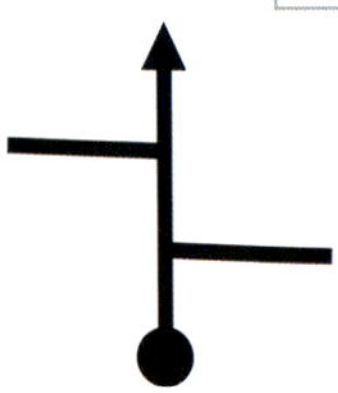

26.5 — 4,0

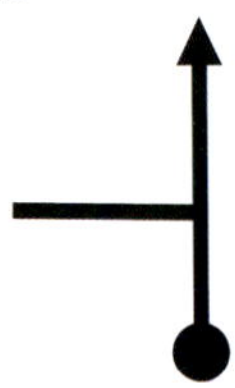

26.6 — 4,4

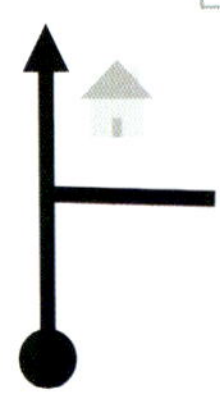

(Rechts: Ferienanlage Wuppgarten)

26.7 — 4,8

Forsthaus Wildfleischverkauf

26.8 — 5,1

Zwischen Platkow- und Zenssee
TEER

26.9 — 5,2

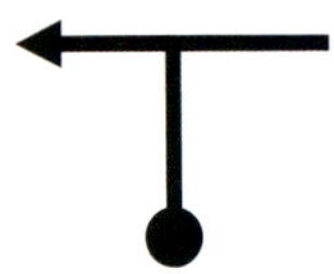

Ri.: Alt Placht

Himmelpfort 26

26.10 | 5,6

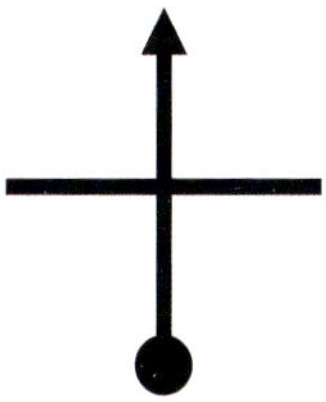

SCHOTTER

26.11 | 7,1 ⬇ 0,0

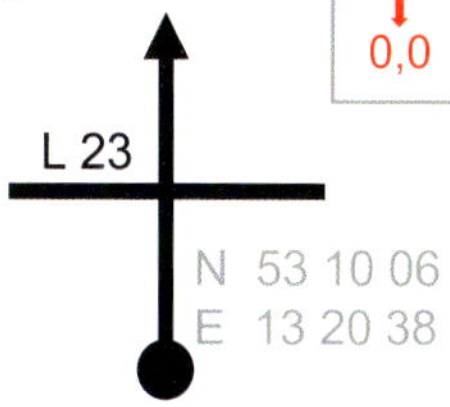

TEER

26.12 | 0,9

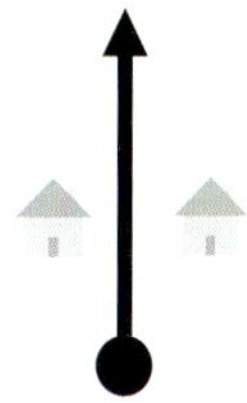

Ortseinfahrt Tangersdorf
SAND, langsam wegen
Staubentwicklung

26.13 | 1,1

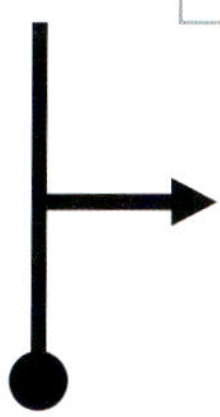

26.14 | 1,5

Ri.: Himmelpfort

26.15 | 2,1

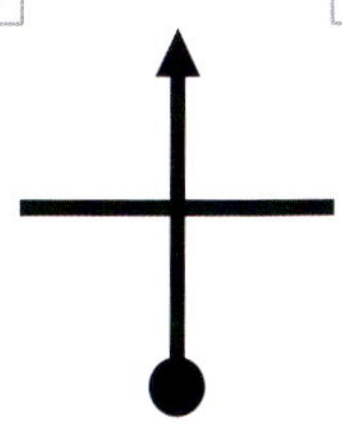

(Rechts: Ferienanlage
Wuppgarten)

26.16 | 2,6

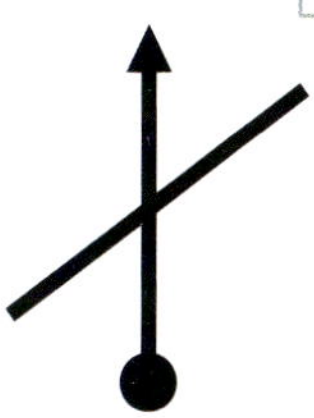

26.17 | 2,9

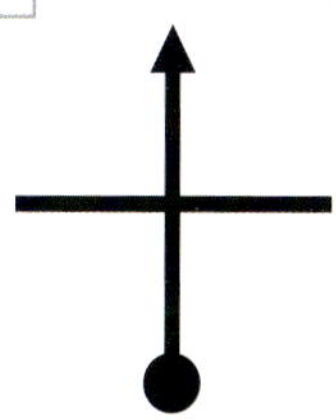

26.18 | 3,7

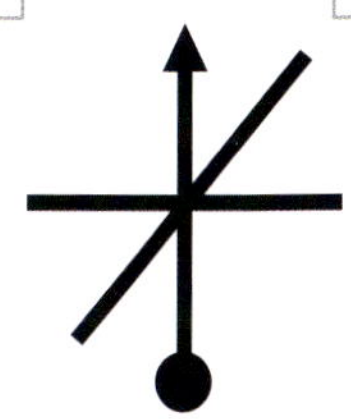

26 Himmelpfort

26.19 — 4,5

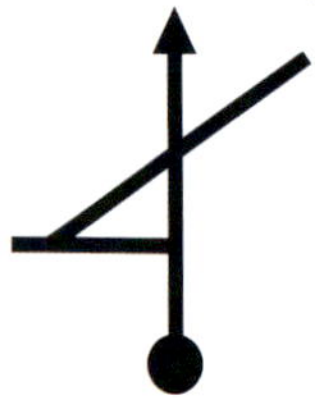

26.20 — 4,8

26.21 — 5,4

26.22 — 5,9

KOPFSTEIN auf
500 m

26.23 — 7,1

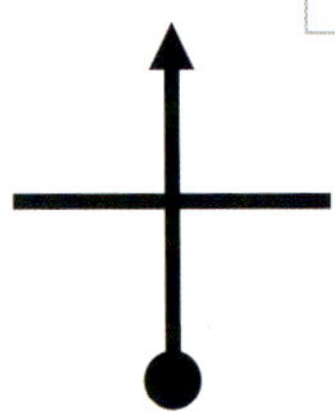

Ortseingang
Himmelpfort
TEER

26.24 — 16,6

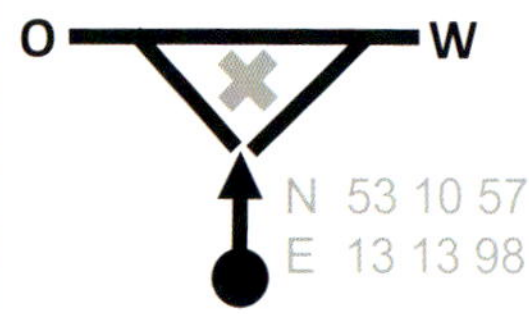

Ende: Denkmal
Rechts zum Kloster

27

Prenzlauer Berg

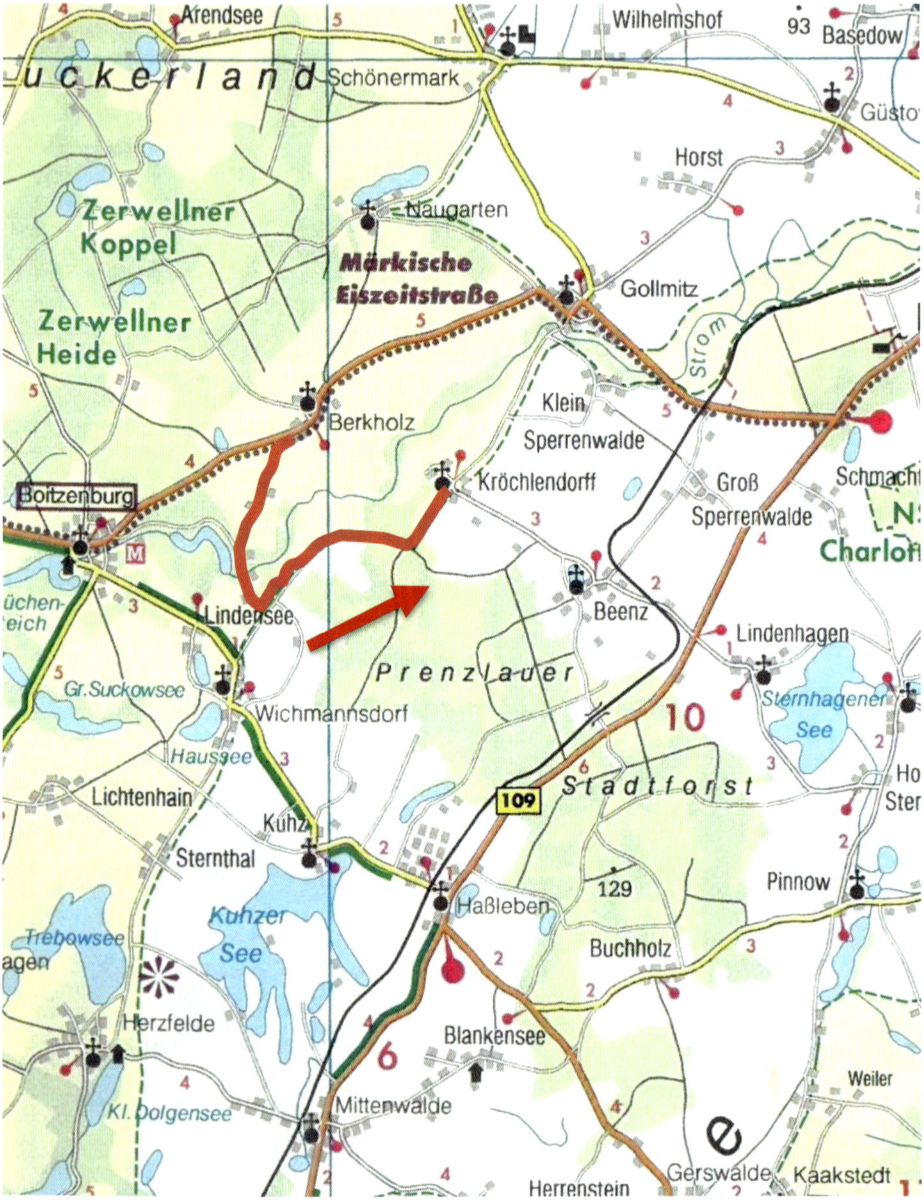

27

Orientierung: 2
Länge: 7,3 km
Dauer: 20 min

Willkommen in der Toskana des Nordens, mit sanften Hügeln, langen Pappelalleen und herrschaftlichen Landgütern. Wenn dann noch die weichgezeichnete Nachmittagssonne die Landschaft verzaubert, ist dies sicher kein ganz unpassender Vergleich.

Und auch die Streckenführung bietet genug Adventure Lifestyle, die vollbärtige Hipster in ihre Flanellhemden schlüpfen und den Defender in die wilde Uckermark lenken lässt. Der Track führt meist unbefestigt und bei Nässe sogar mit einigen schlammigen Passagen durch die Weite der Mark. Umso beeindruckender ist am Ende der Route das, in dieser ländlichen Umgebung überraschend prunkvolle, Schloss Kröchlendorff, in dem schon der ebenfalls bärtige Bismark Erholung suchte.

Dass nur wenig südlich der Route der Prenzlauer Berg (Original oder Fälschung?) liegt, sollte auch den letzten Skeptiker überzeugen, der am Lifestylepotenzial dieses Tracks zweifelt – allerdings sagen sich hier nur Fuchs und Hase gute Nacht.

27 Prenzlauer Berg

27.1 | 0,0

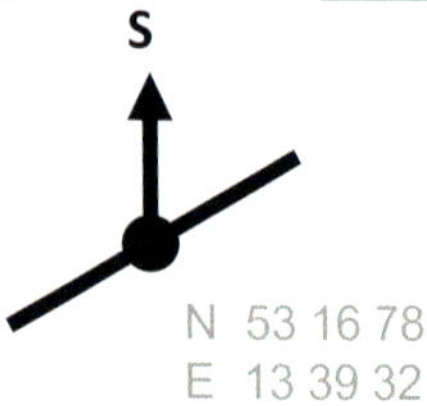

Start: SCHOTTER

27.2 | 1,0

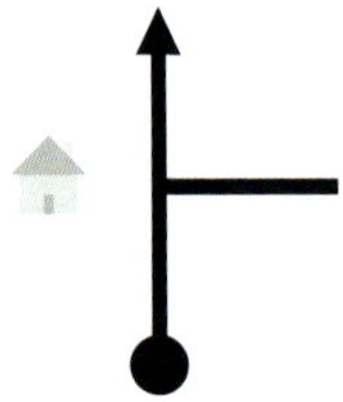

27.3 | 1,5

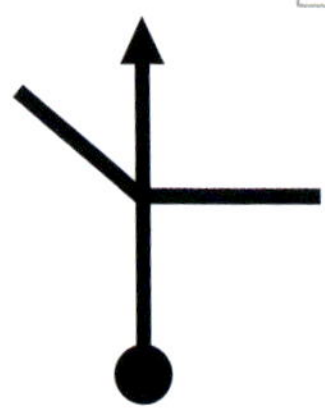

27.4 | 2,4

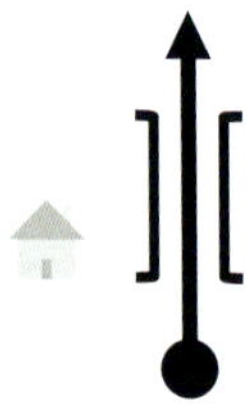

Rummelsdorfer Mühle

27.5 | 3,2

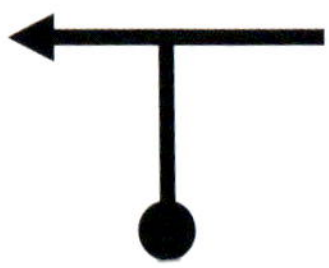

Ri.: Kröchlendorff

27.6 | 4,8 - 5,8

Eventuell schlammig

27.7 | 5,8

27.8 | 6,0

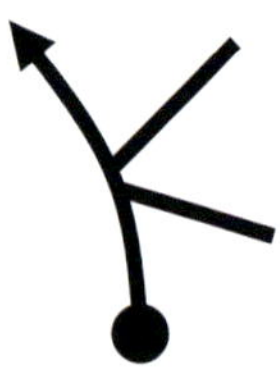

27.9 | 6,4

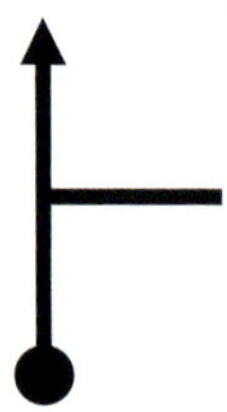

27.10 | 7,1

27.2 | 7,3

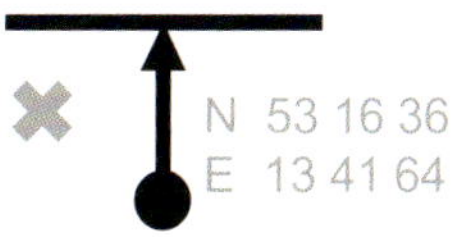

Ende: in Kröchlendorf
Kirche/ Schloss

28 Troja

Karbow
Kambs
Friedrichshof
Retzow
Vietzen
Zepkow
Wredenhagen Siedlung
Augusthof
Melz
Priborn
Müritzarm
Sumpfsee
Neu Gaarz
Müritz
Wredenhagen
Melzer See
Alt Gaarz
Lärz
82
Müritzsee
Mönchsee
Thüren
Neukrug
NSG Mönchsee
Kieve
Buchholz
Elde
Krümmel
Gr. Kiever S.
Nebel
Wittstocker
Heide
Sewekow
Langhagen-see
Buschhof
Heinrichsdorf
Eichenfelde
Kuhlmühle
Berlinchen
Gr. Baalsee
Zempow
Daberburg/ Heldenturm
Alt Daber
Dranse
Randow
Biesen
Dranser See
Klein Haßlow
Groß Haßlow
Babitz
Schweinrich
Flecken
WITTSTOCK /DOSSE
Neu Lutterow
Alt Lutterow
Zootzen
Goldbeck
Scharfenberg
Dossow
Gadow
118

28

Heinrich Schliemann wuchs nur 30 km entfernt dieses kleinen Weilers auf. Der erfolgreiche Geschäftsmann und Hobby-Archäologe war fasziniert von Homer und dem antiken Griechenland.

Lange galt er als Entdecker des historischen Troja und wurde dafür gefeiert. Heutzutage wird er nicht nur wegen seiner doch recht rabiaten Grabungsmethoden kritisiert, sondern es steht fest, dass er mit seinen Funden des immerhin prächtigsten Goldschatzes der Antike, nicht das antike Troja, sondern die Überreste einer über 1000 Jahre älteren Kultur entdeckt hat. Auch das Örtchen Troja hat seinen Namen nicht von Schliemann, sondern hieß schon vor Schliemanns Geburt so. Dr. Freud – bitte übernehmen Sie …

Nachdem das antike Troja immer noch seiner Entdeckung harrt – auf diesem kurzen, aber schönen Track lässt sich für Hobby-Forscher wenigstens ein echtes Troja entdecken.

28 Troja

28.1 | 0,0

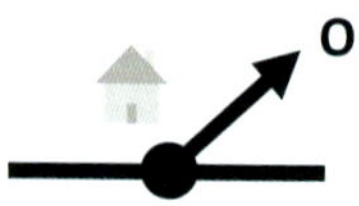

N 53 14 87
E 12 40 73

Start: an Seehotel Ichlim
NATURBELAG

28.2 | 0,3

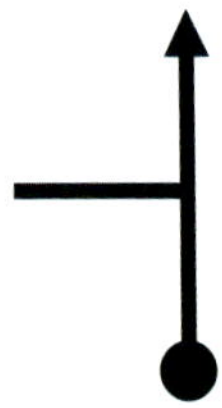

28.3 | 1,5

28.4 | 1,9

28.5 | 1,9

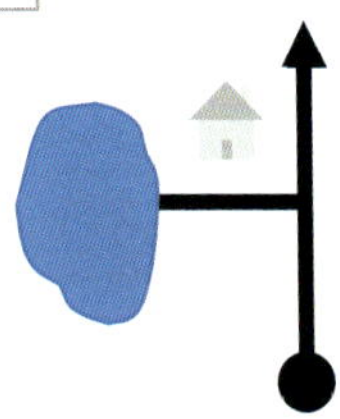

Bootshaus Anlage

28.6 | 2,0

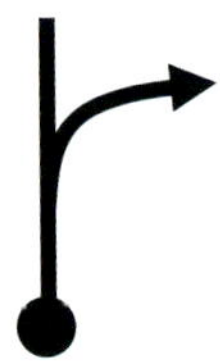

(Gerade: Sackgasse)

28.7 | 2,4

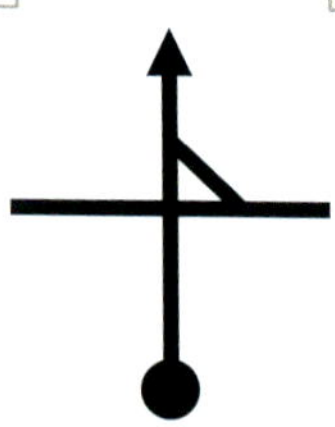

28.8 | 2,9

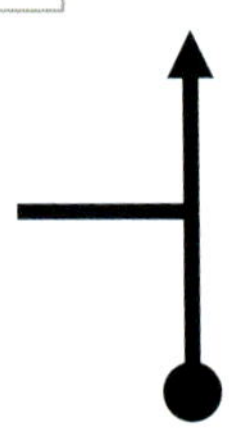

28.9 | 3,0

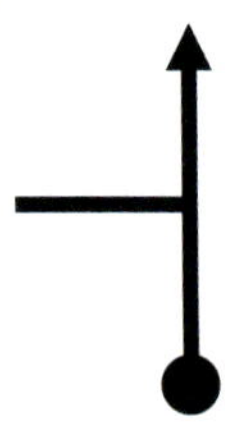

28.10 | 3,4

28.11 | 3,9

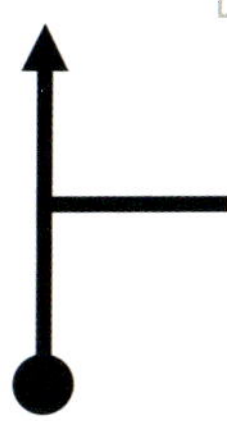

Ortseingang Troja

28.12 | 4,0

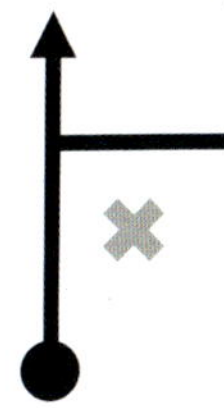

Picknickplatz
KOPFSTEIN

28.13 | 4,2

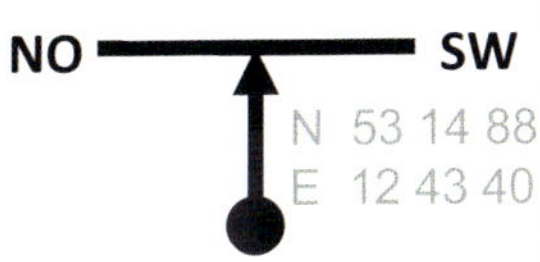

Ende

29 Es fährt kein Zug…

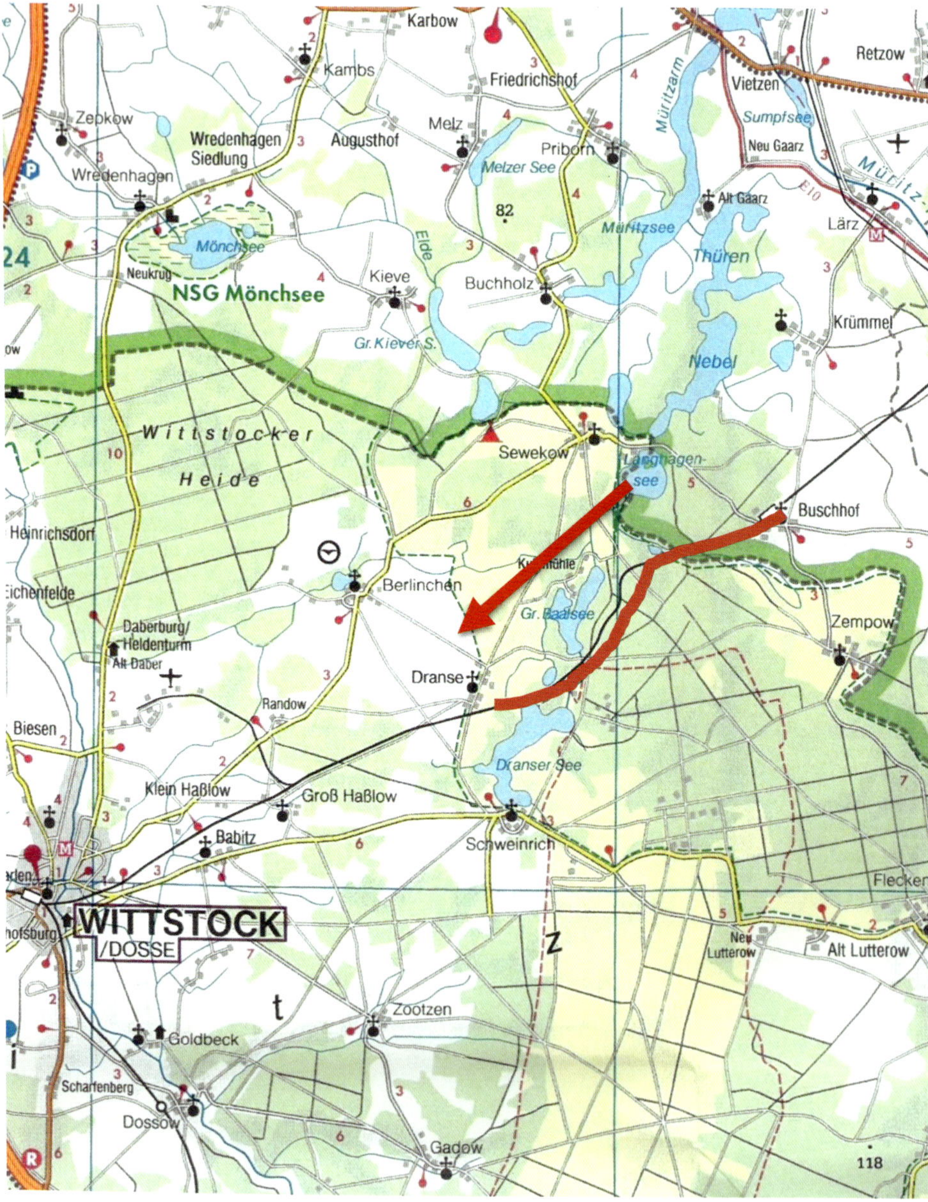

29

Der Niedergang dieser Überlandstrecke begann wahrscheinlich schon nach Kriegsende, als Teile der Strecke zu Reparationszwecken abgebaut wurden.

Noch bis ins Jahr 2000 fuhren Personenzüge auf dem die Grenze zwischen Mecklen- und Brandenburg querenden Abschnitt nach Mirow, nun wird seit 20 Jahren um die Nutzung der Trasse gerungen. Planungen für einen Radweg oder eine multifunktionale Nutzung liegen seit Jahren in den Schubladen.
Bis aus einer dieser Projektideen etwas wird, ist dies ein ungewöhnlicher Track, der auf dem sandigen Bahndamm durch dichten Wald führt. Mit etwas Aufmerksamkeit kann man nicht nur Überbleibsel der alten Strecke finden, sondern entdeckt den alten Grenzgraben aus dem 18. Jh., der die Mark Brandenburg und Mecklenburg trennte.

Die letzten Kilometer des Tracks (nach Überqueren der Teerstraße) sind deutlich weichsandiger und für 2WD-Fahrzeuge sehr wahrscheinlich ungeeignet. Die Abfahrt von der Teerstraße hinunter auf diesen Abschnitt erfordert etwas Fahrtechnik, um Aufsetzen zu vermeiden.

29 Es fährt kein Zug…

29.1 | **0,0**

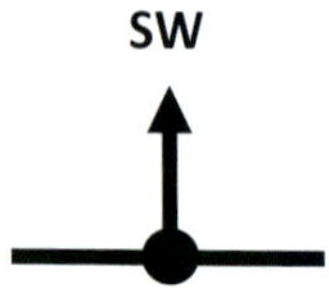

N 53 13 95
E 12 42 58

Start: entlang Waldrand
SAND

29.2 | **1,3**

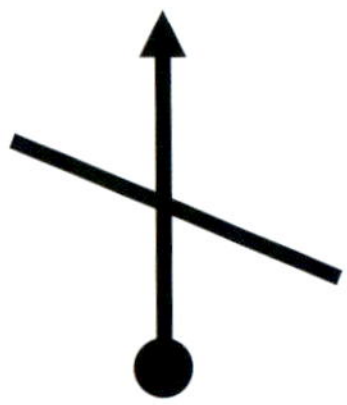

Gleisreste

29.3 | **2,3**

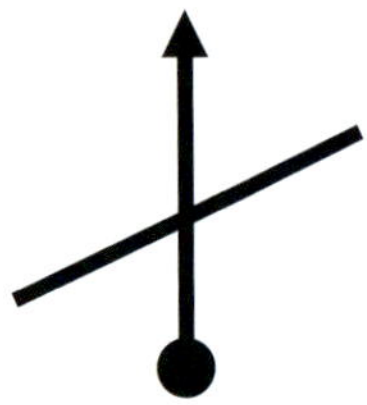

Ehemaliger
Bahnübergang

29.4 | **5,0**

Ehemalige Bahnbrücke
Ausstiegsmöglichkeit

29.5 | **5,4**

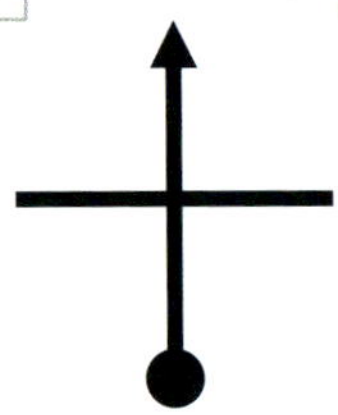

29.6 | **5,8**

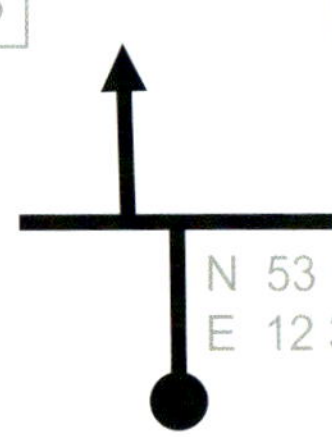

N 53 12 41
E 12 38 72

Querung Teerstraße
Achtung! Aufsetzgefahr
SAND ab hier weicher

29.7 | **6,6**

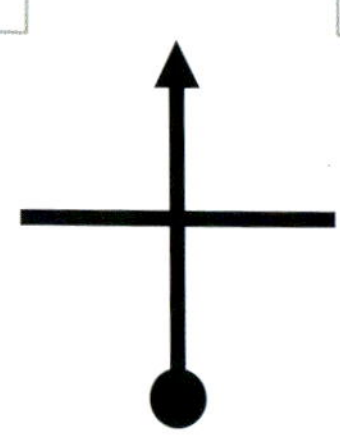

29.8 | **7,0**

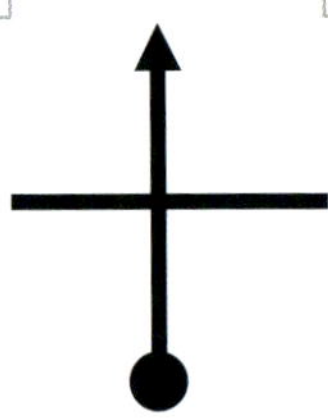

Über befestigten Weg

29.9 | **7,7**

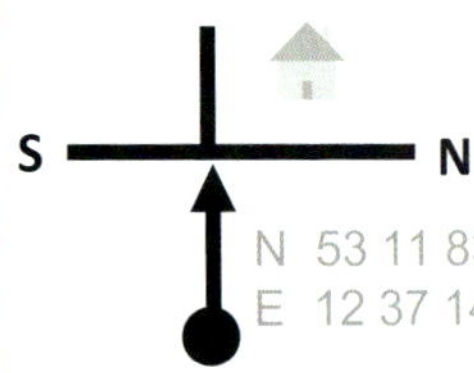

N 53 11 83
E 12 37 14

Ende: an Teerstraße
Ortseingang Qualzow
Ex. Bhf. Dranse

30 Bombodrom

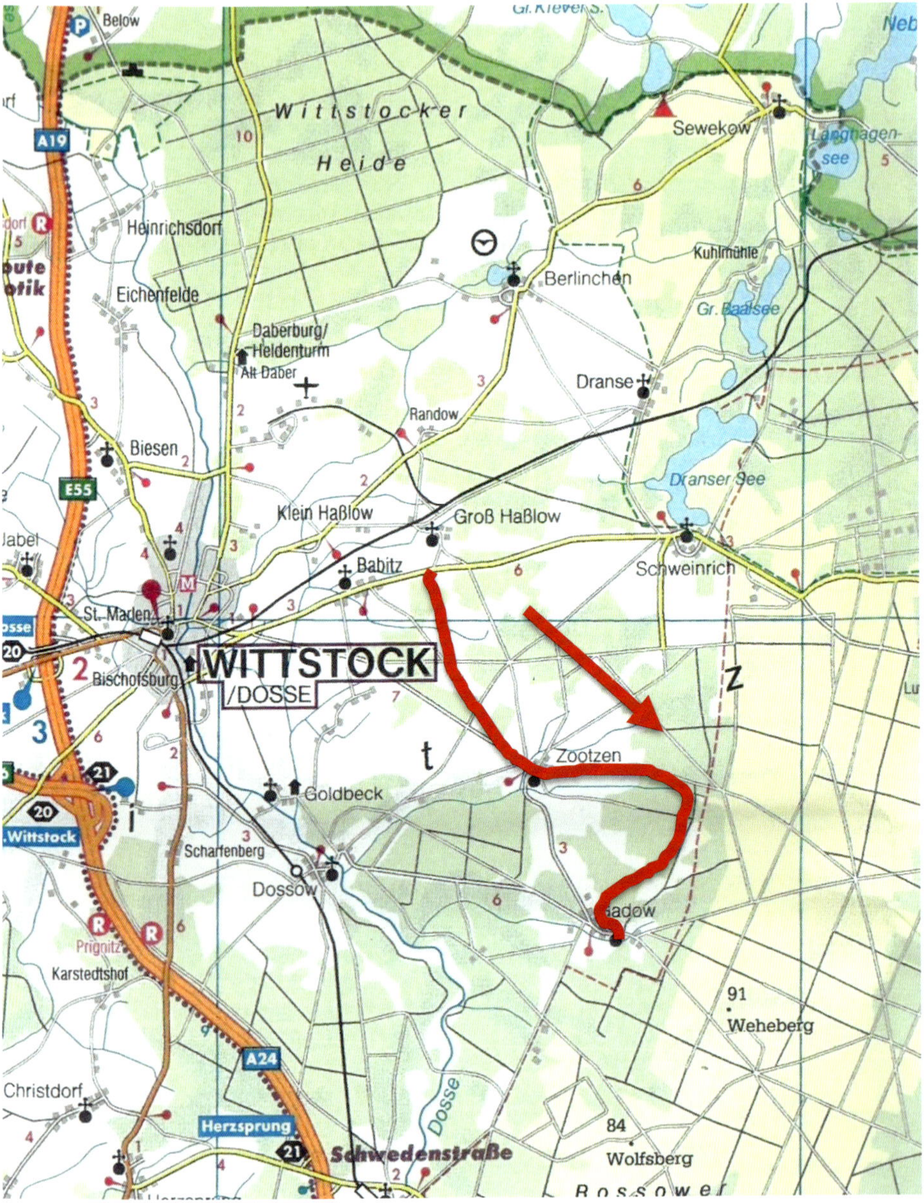

30

Die Wittstocker Heide ist eine der größten Heideflächen Europas – ideal, um über Jahrzehnte ungestört den Bombenabwurf zu trainieren.

In den 1950er-Jahren wurden die Grundbesitzer des Gebietes quasi enteignet, um einen riesigen Truppenübungsplatz entstehen zu lassen. Nach dem Abzug der russischen Armee 1993 plante auch die Bundeswehr dieses 12.000 ha Gebiet zu nutzen. Doch nach Protesten und Klagen untersagte das Oberverwaltungsgericht die militärische Nutzung und die Bundeswehr zog 2011 endgültig ab. Trotzdem ist das munitionsverseuchte Gebiet bis auf einen 14 Kilometer langen Wanderweg weiterhin für die Öffentlichkeit gesperrt. Selbst mit vielen Millionen Euro wird es nicht möglich sein, die explosiven Hinterlassenschaften komplett zu räumen.

Lokale Endurofahrer und 4x4-Gruppen drehen regelmäßig und illegal in dem Gebiet ihre Runden und haben Umfahrungen der Schranken angelegt (Achtung bis zu 5.000 € Strafe). Der beschriebene Track führt lediglich an der Ostgrenze des Sperrgebiets entlang. Auf den Sandpisten bekommt man auch so einen Eindruck der Landschaft und der Ausmaße des Areals.

30 Bombodrom

30.1 — 0,0

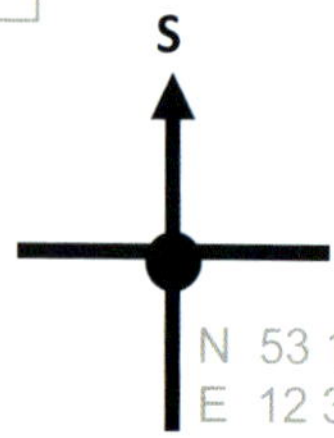

N 53 10 29
E 12 33 34

Start: Gegenüber von Abzweig nach Gross-Haslow, SAND

30.2 — 0,9

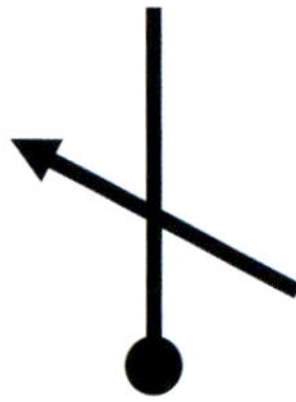

30.3 — 1,7

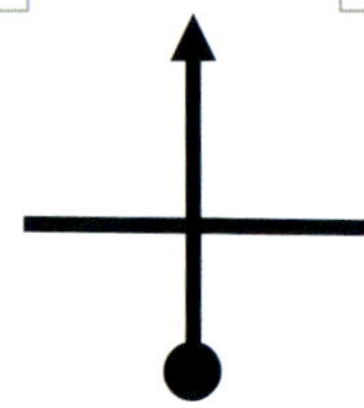

30.4 — 2,8

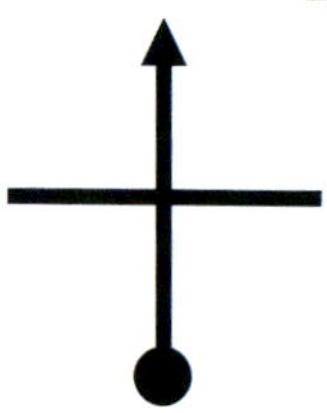

GRASWEG

30.5 — 3,6

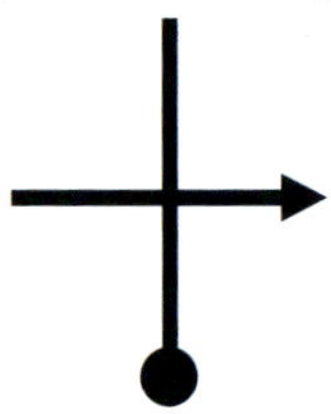

30.6 — 3,7

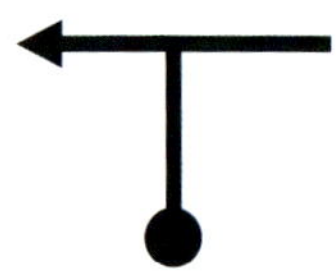

TEER

30.7 — 4,6

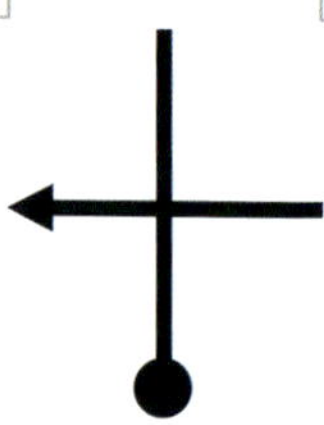

Auf Wallitzerweg
Im Ort Zootzen

30.8 — 4,9

SAND

30.9 — 6,8

Bombodrom 30

30.10 | 7,7 ↓ 0,0

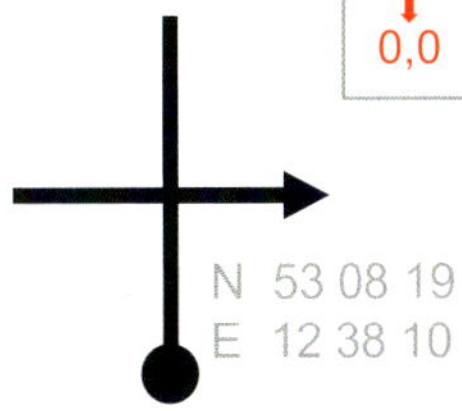

Gerade:
Ins Sperrgebiet

30.11 | 0,5

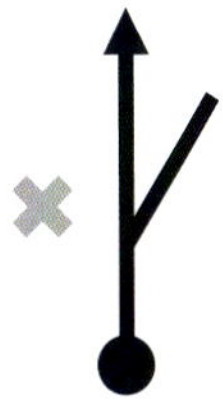

Stein 408

30.12 | 1,1

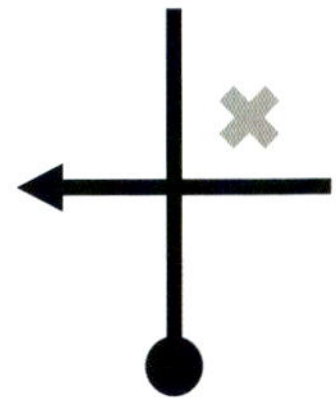

Stein 402

30.13 | 1,3

30.14 | 1,9

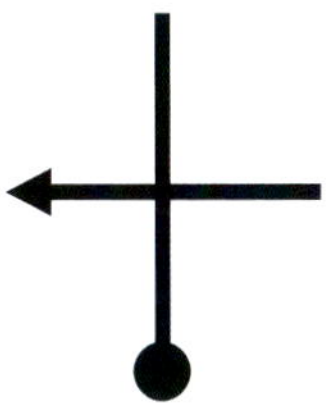

30.15 | 2,7

30.16 | 3,9

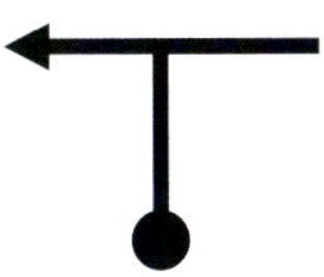

30.17 | 4,2

Gepflastert

30.18 | 4,4

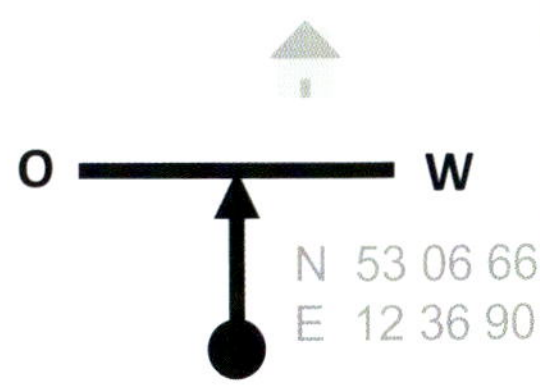

Ende: Ort Gadow
(Links 800 m ins
Sperrgebiet)

31 Zechliner Hütte

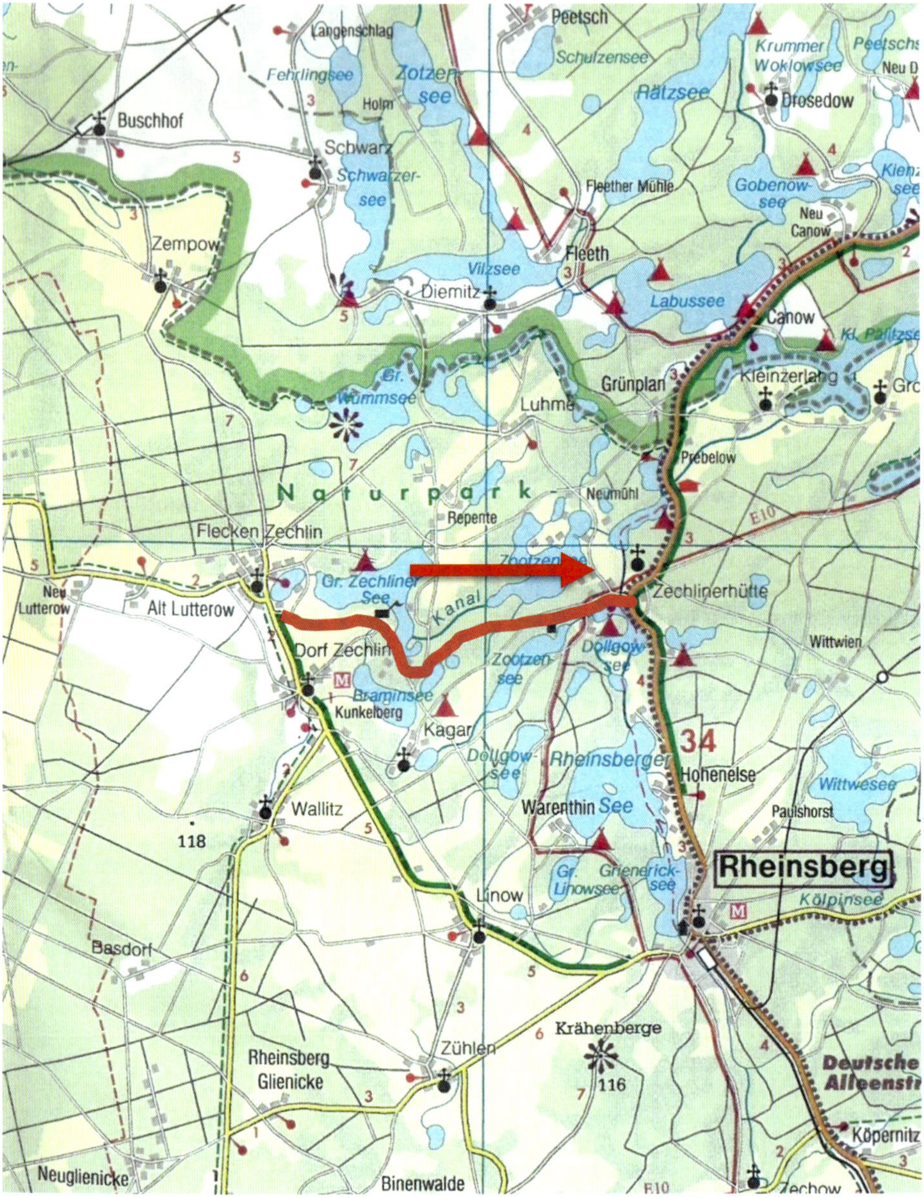

31

Es heißt, dass der junge Alfred Wegener in dieser stillen und einsamen Naturlandschaft seine Liebe zur Natur und Geografie entdeckt habe.

Jedenfalls hat der berühmte Geowissenschaftler hier mehrere Sommer verbracht. Eine kleine Gedenkstätte im ehemaligen Direktorenhaus erinnert an den Entdecker der Kontinentalverschiebung. Viel scheint sich in den mittlerweile vergangenen 120 Jahren nicht geändert zu haben. Der Track verläuft durch eine friedliche Wald- und Seenlandschaft mit schönen Badestellen.

Und genau diese Entspanntheit macht den Reiz dieses Tracks aus – genussvolles Autowandern mit offenem Fenster auf zum größten Teil unbefestigten Strecken und dabei die Plattentektonik beobachten.

31 Zechliner Hütte

31.1 | 0,0

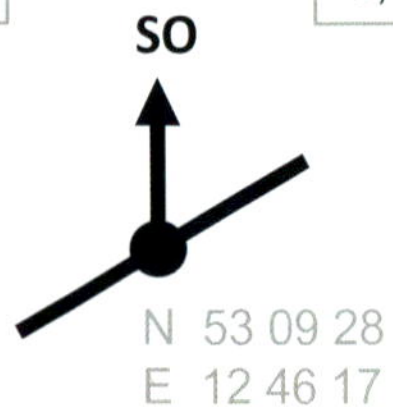

Start: Ortsausgang
Flecken Zechlin

31.2 | 0,3

Ri.: Badestrand
TEER

31.3 | 0,6

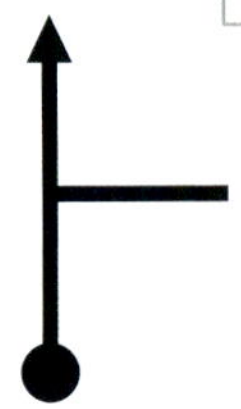

SCHOTTER

31.4 | 1,2

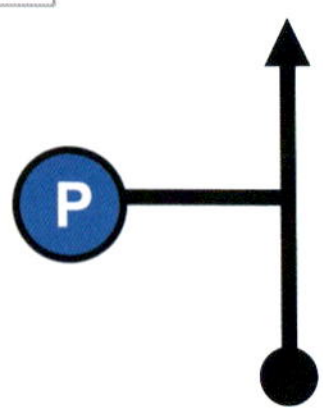

(Links: Badestrand
200 m)

31.5 | 2,2

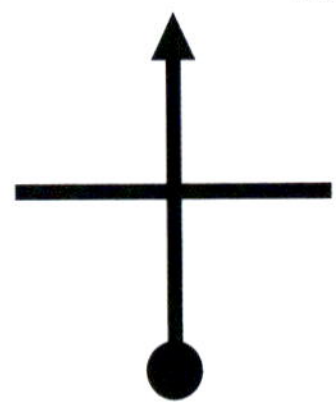

TEER

31.6 | 2,4

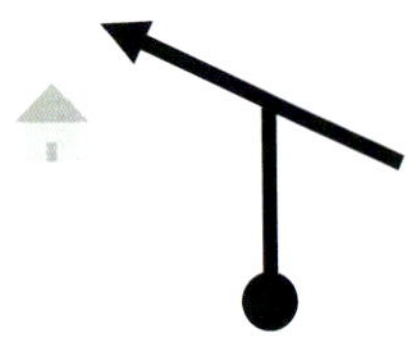

Ort Beckersmühle

31.7 | 3,4

Ri.: Zechliner Hütte
SAND

31.8 | 3,8

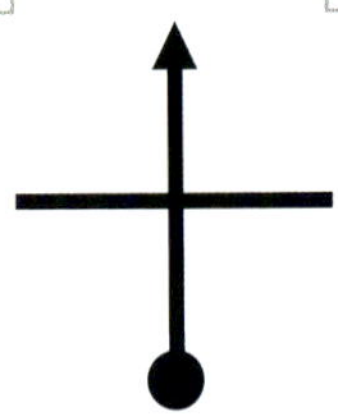

31.9 | 5,7 - 5,9

Sandige Ab- & Auffahrt
Bademöglichkeit

Zechliner Hütte 31

31.10 | 6,3

SCHOTTER

31.11 | 7,6

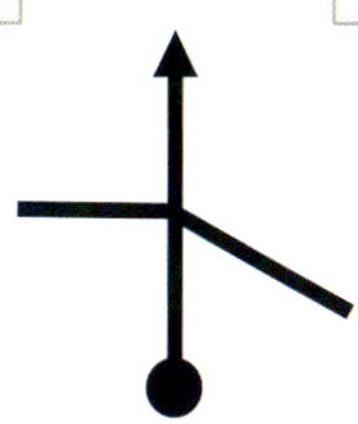

Ortseingang Zechliner Hütte

31.12 | 8,0

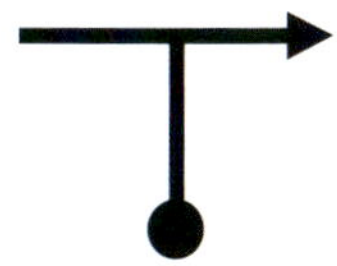

Über Brücke

31.13 | 8,3

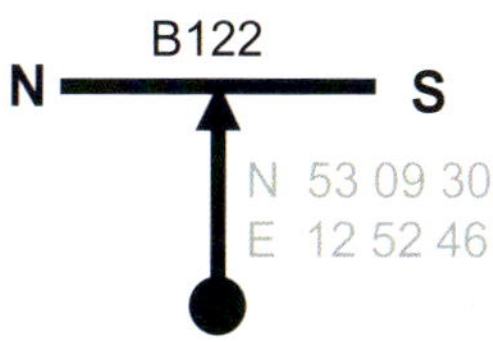

Ende: auf B122

32 KKW

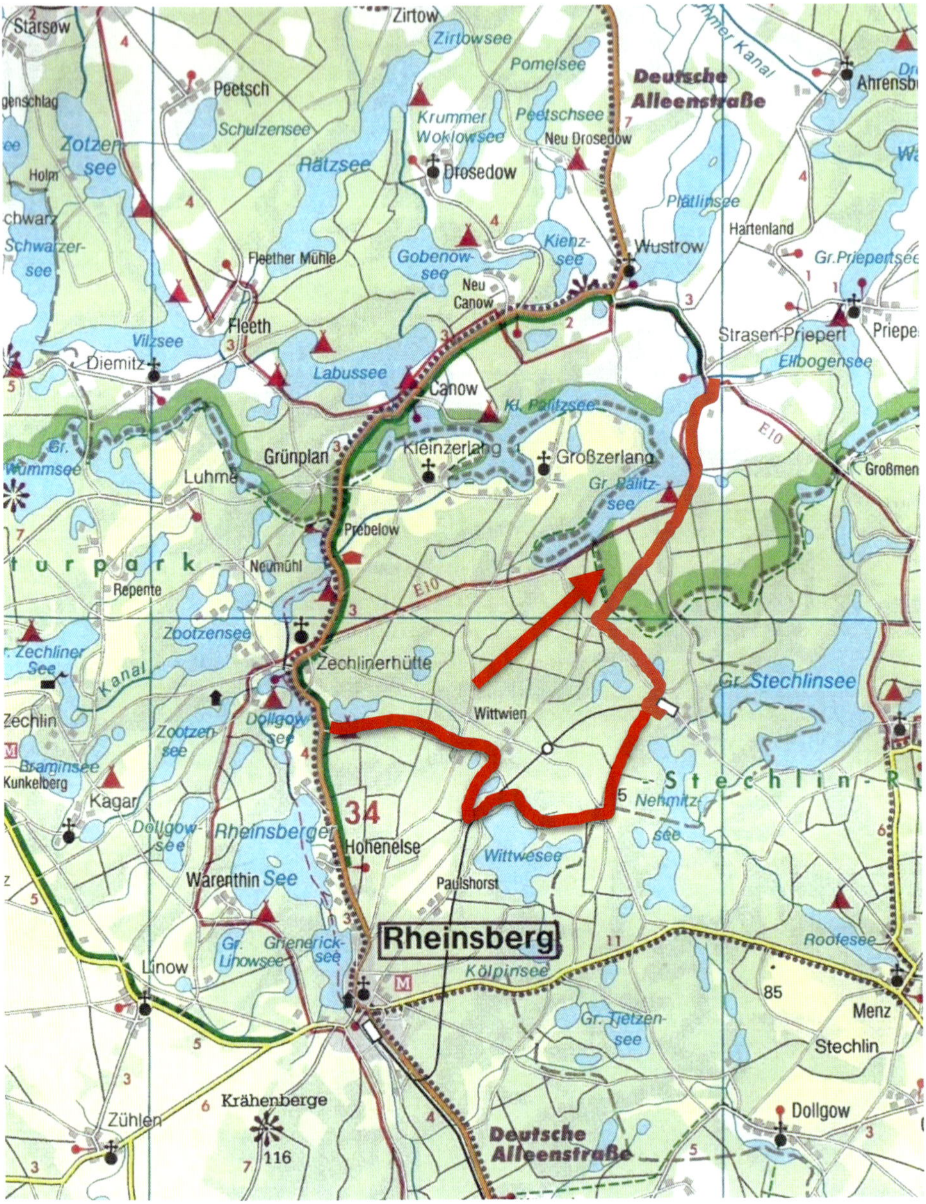
Starsow
Zirtow
Zirtowsee
Pomelsee
Deutsche Alleenstraße
Ahrensb
Peetsch
Schulzensee
Krummer Woklowsee
Peetschsee
Neu Drosedow
Zotzensee
Rätzsee
Holm
Drosedow
Schwarzer-see
Plätlinsee
Hartenland
Fleether Mühle
Gobenow-see
Kienz-see
Wustrow
Gr. Priepertsee
Neu Canow
Fleeth
Vilzsee
Strasen-Priepert
Priepe
Diemitz
Labussee
Canow
Ellbogensee
Kl. Pälitzsee
Gr. Wummsee
Grünplan
Kleinzerlang
Großzerlang
E10
Großmen
Luhme
Gr. Pälitz-see
Prebelow
Neumühl
Repente
Zootzensee
Zechliner See
Kanal
Zechlinerhütte
Gr. Stechlinsee
Zechlin
Wittwien
Dollgow-see
Zootzen-see
Braminsee
Kunkelberg
Kagar
Stechlin
Nehmitz-see
34
Dollgow-see
Rheinsberger See
Hohenelse
Wittwesee
Paulshorst
Warenthin
Roofesee
Rheinsberg
Gr. Linowsee
Grienerick-see
Kölpinsee
Linow
85
Menz
Gr. Tietzen-see
Stechlin
Krähenberge
Zühlen
116
Dollgow
Deutsche Alleenstraße

32

Nach langer und einsamer Fahrt auf Schotter und Sand öffnet sich der Wald und da steht ein Kernkraftwerk und irgendwie fühlt es sich an als hätte man etwas Verbotenes getan ...

Der verlassene alte Bahnhof, die Industriearchitektur in einer Zeitblase aus der DDR der 60er-Jahre hinübergerettet – jetzt fehlt nur noch Balduin Bienlein und das Tim und Struppi Szenario einer geheimen Forschungsstation wäre perfekt.
Tatsächlich war das Kernkraftwerk Bruno Leuschner der erste wirtschaftlich genutzte Reaktor der DDR. Während seiner Laufzeit war es der größte Arbeitgeber in der Region. Seit 1990 ist das Kraftwerk stillgelegt. Seit über 25 Jahren läuft der Rückbau und somit ist das Kraftwerk auch aktuell der größte Arbeitgeber in der Region. Jeweils am Mittwoch ist Besuchertag. Die dreistündige Führung ist kostenlos.

Aber auch ohne diese, in der Umgebung etwas skurrile Sehenswürdigkeit, ist eine Befahrung dieses Tracks auf Schotter, Sand und Kopfstein ein kurzweiliges Erlebnis.

32 KKW

32.1 — 0,0

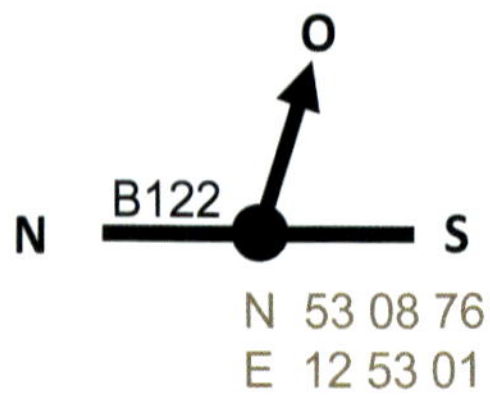

Start: SCHOTTER

32.2 — 1,6

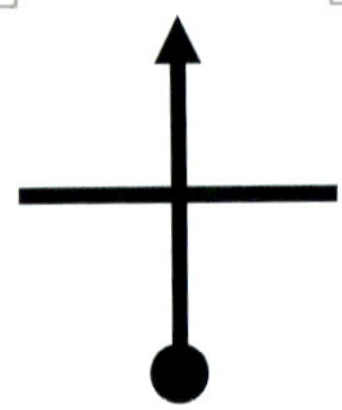

Ri.: Wittwien

32.3 — 2,8

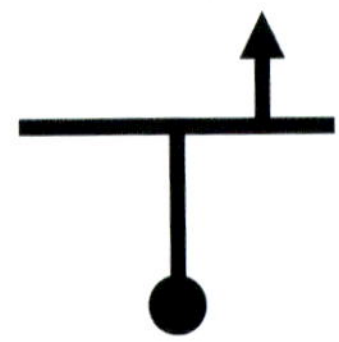

Ortseingang Wittwien

32.4 — 3,7

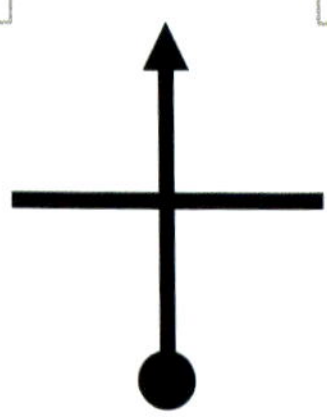

32.5 — 4,3

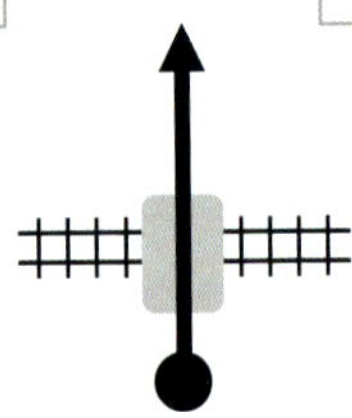

Bahnübergang

32.6 — 5,4

In Feldgrieben

32.7 — 6,9

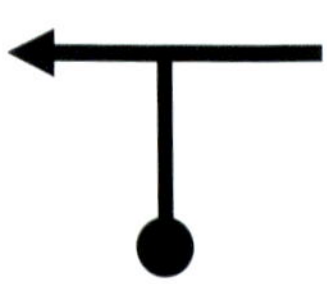

32.8 — 7,3

Ri.: Ehemaliges Kernkraftwerk

32.9 — 8,6

KOPFSTEIN 200 m

32.10 | 9,3

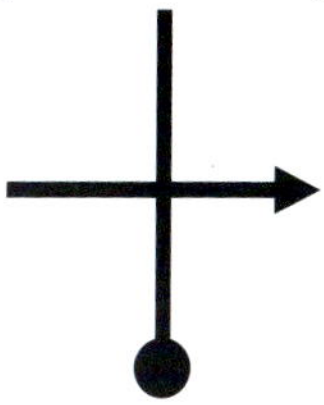

32.11 | 9,8 ⬇ 0,0

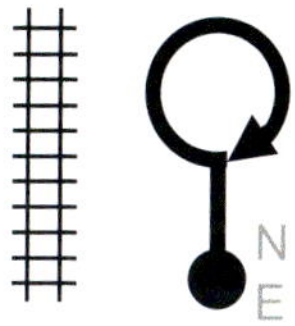

N 58 08 94
E 12 59 12

Ehemaliges
Kernkraftwerk

32.12 | 0,4

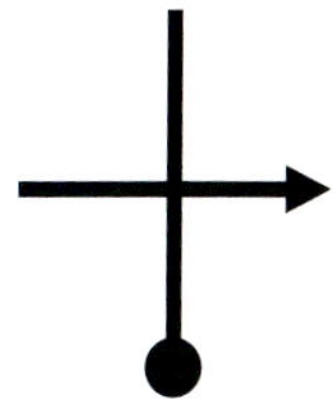

32.13 | 0,7

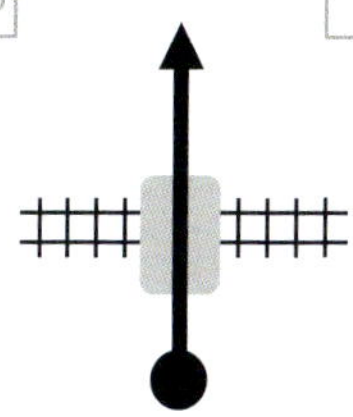

Bahnübergang

32.14 | 0,9

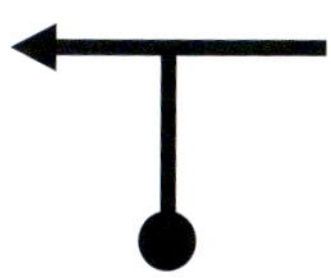

KOPFSTEIN

32.15 | 2,9

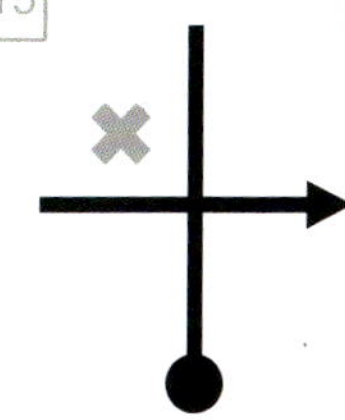

Ri.: Strasen
SAND
Picknickplatz

32.16 | 5,0

32.17 | 5,9

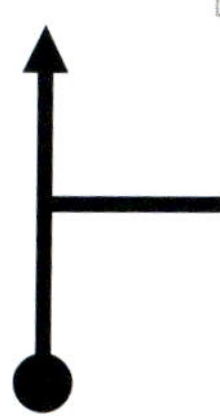

BETON

32.19 | 8,4

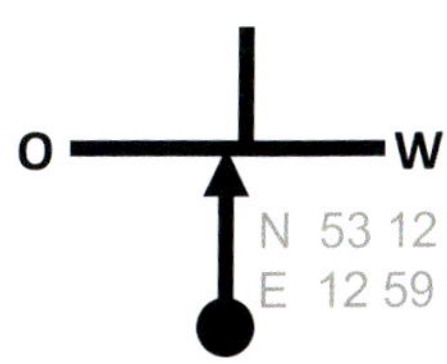

N 53 12 28
E 12 59 77

Ende: in Ort Strasen

33 Angie

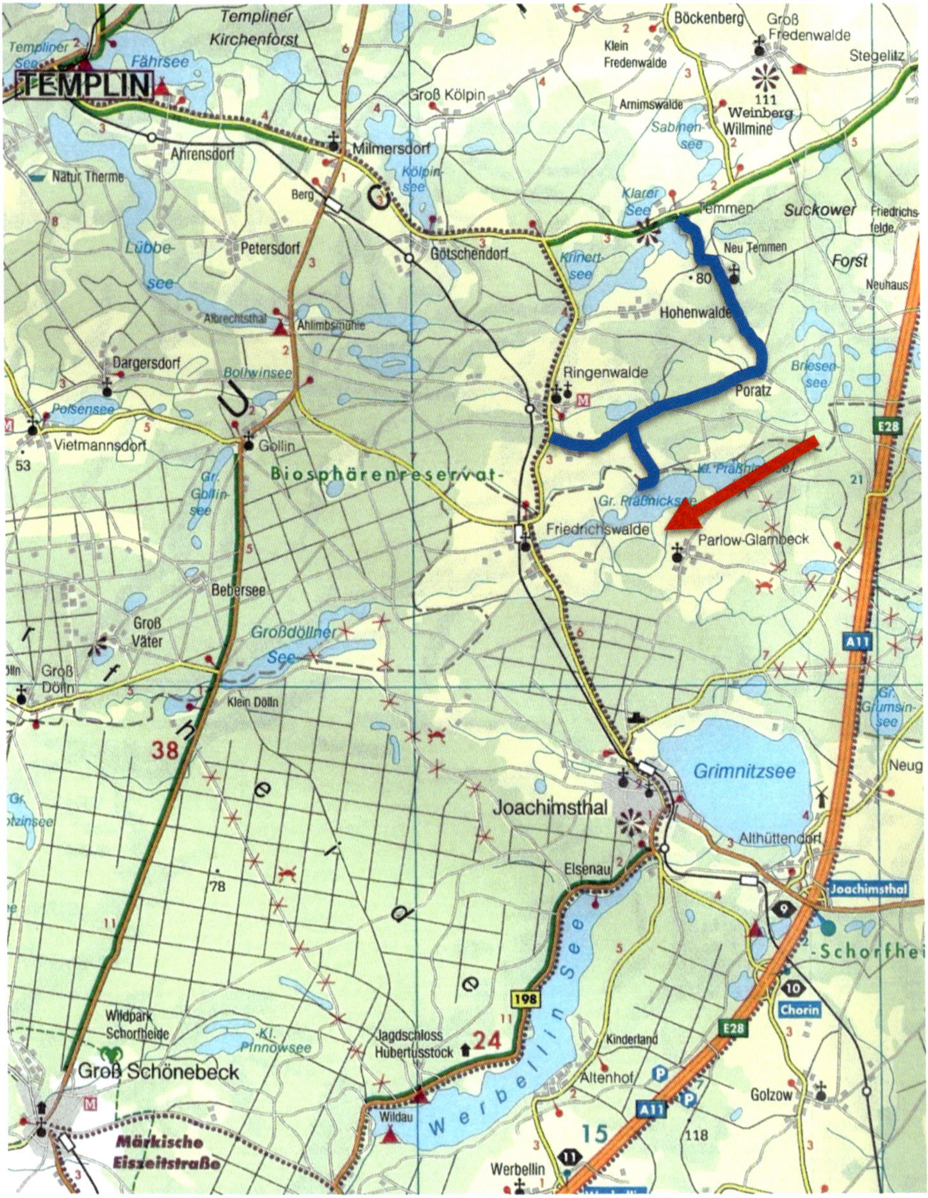
Templiner Kirchenforst
Templiner See
Fährsee
TEMPLIN
Böckenberg
Groß Fredenwalde
Klein Fredenwalde
Stegelitz
Groß Kölpin
Arnimswalde
111 Weinberg Willmine
Sabinen-see
Ahrensdorf
Milmersdorf
Natur Therme
Kölpin-see
Berg
Klarer See
Temmen
Suckower Forst
Friedrichsfelde
Lübbe-see
Petersdorf
Götschendorf
Krinert-see
Neu Temmen
80
Neuhaus
Albrechtsthal
Ahlimbsmühle
Hohenwalde
Dargersdorf
Bollwinsee
Ringenwalde
Briesen-see
Poratz
Polsensee
Vietmannsdorf
53
Gollin
E28
Biosphärenreservat-
Kl. Präßnicksee
Gr. Gollin-see
Gr. Präßnicksee
Friedrichswalde
Parlow-Glambeck
Bebersee
Groß Väter
Großdöllner See
A11
Groß Döllin
Klein Dölln
Gr. Grumsin-see
38
Grimnitzsee
Neug
Joachimsthal
Althüttendorf
Elsenau
78
Joachimsthal
-Schorfhei
Werbellin See
198
Chorin
Wildpark Schorfheide
Kl. Pinnowsee
Jagdschloss Hubertusstock
24
E28
Kinderland
Groß Schönebeck
Altenhof
A11
Golzow
Wildau
15
118
Märkische Eiszeitstraße
Werbellin

33

Orientierung: 2
Länge: 14,4 km
Dauer: 40 min

Wer hätte gedacht, dass sich Altkanzlerin Merkel eine Extravaganz leistet, die selbst ihren genussfreudigen Vorgängern, den Lebemännern Kohl und Schröder fremd war?

Nur wenige Kilometer entfernt, nahe der Kleinstadt Templin, verbrachte die Kanzlerin ihre Jugend und entwickelte eine Vorliebe für die Landschaft der Uckermark. Die Uckermark ist „im eigentlichen Sinne Heimat für mich“ sagt Angela Merkel. Und so besitzt sie schon seit Jahren in einem kleinen Weiler im Gebiet, durch das dieser Track verläuft, eine Datsche. Ihre Nachbarn beschreiben sie unisono als „normal“ und was man so erfährt, erwandert sie die „wunderbare Landschaft“, kocht Hausmannskost für Ihre Gäste oder badet in den Seen.
Dieser Track bietet genau die richtigen Voraussetzungen für die Freuden des einfachen Lebens weitab der Alltagshektik. Ein Picknick unter jahrhundertealten Bäumen? Ein Mittagsschlaf auf der Wiese? Oder ein erfrischendes Bad im See?

Nur – wenn auffallend viele schwarze Limousinen herumstehen und die Landbevölkerung ausgebeulte Anzüge trägt – ist der Platz wahrscheinlich gerade besetzt.

33 Angie

33.1 | 0,0

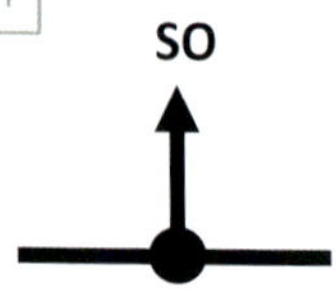

N 53 05 78
E 13 45 53

Start: In Temmen
Ri.: Poratz
KOPSTEIN folgt

33.2 | 1,4

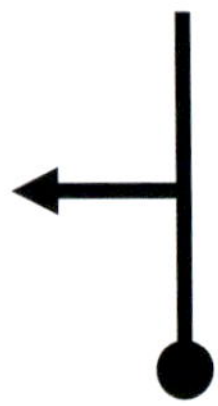

Ri.: Poratz

33.3 | 2,2

Ortsausgang
Neu Temmen
SCHOTTER

33.4 | 5,2

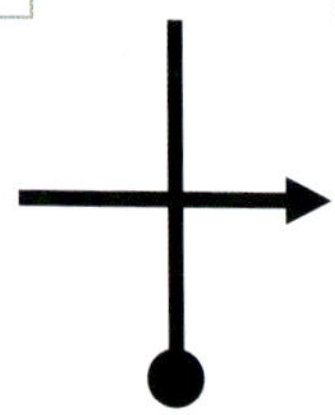

In Poratz
Ri.: Ringenwalde

33.5 | 7,9

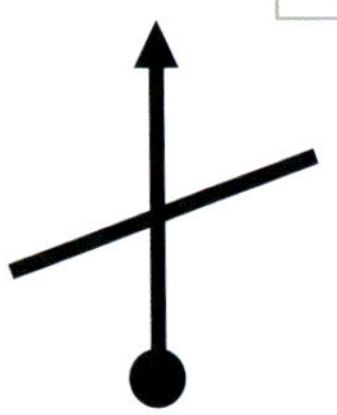

SCHOTTER

33.6 | 9,0

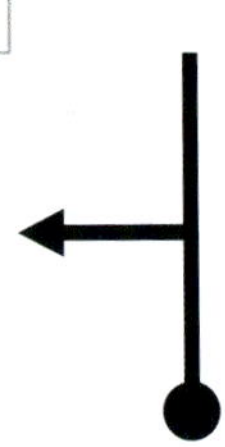

Ri.: Hessenhöhe
TEER
Entspricht T33.10

33.7 | 9,8

Ortsausgang
Hessenhöhe
SAND

33.8 | 10,5

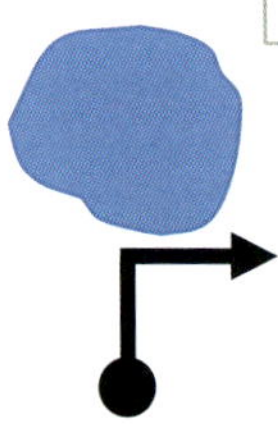

33.9 | 10,8

N 58 02 40
E 12 45 07

Badestelle
Rückfahrt zu T33.6

Angie 33

33.10

12,6
↓
0,0

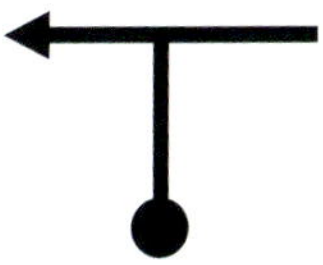

Ri.: Ahlingbswalde
Entspricht T33.6

33.11

1,8

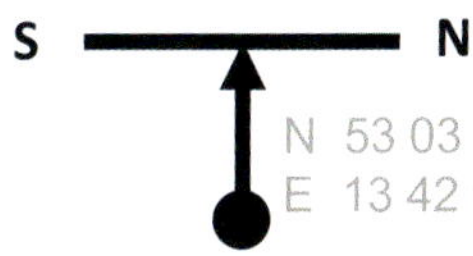

N 53 03 09
E 13 42 93

Ende

34 Carinhall

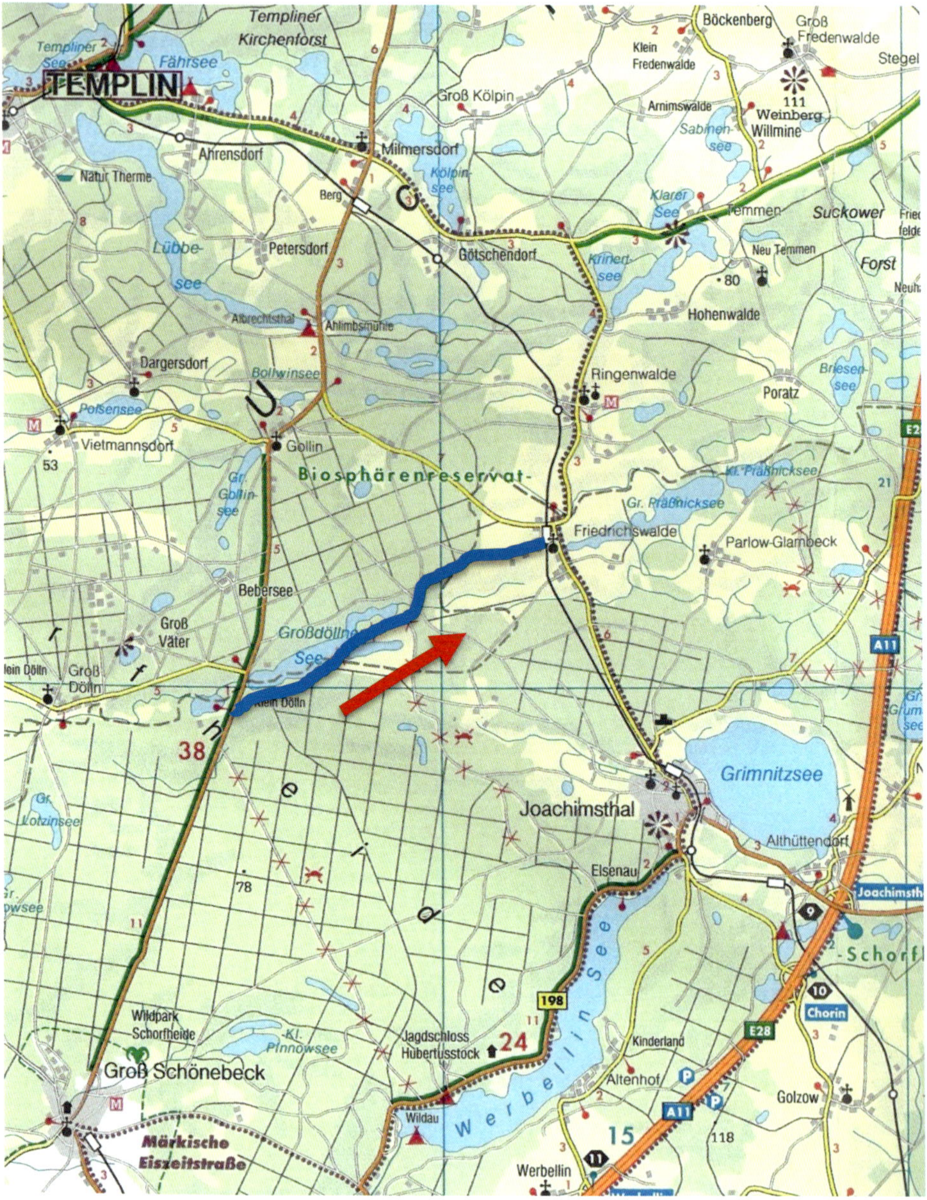

34

Auf seiner Residenz Carinhall, in einer der schönsten Ecken der Schorfheide gelegen, inszenierte sich Hermann Göring, Hitlers skrupelloser Mann fürs Grobe, als die überzeichnete Karikatur eines größenwahnsinnigen Diktators.

Anhäufung geraubter Kunstschätze, Jagdpartien in Fantasieuniformen, Posieren mit Löwen und eine riesige Modelleisenbahnanlage auf dem Dachboden seines, im Stil einer germanischen Versammlungshalle erbauten, Herrschaftssitzes – selbst Parteifreunde nannten den drogensüchtigen Generalfeldmarschall hinter vorgehaltener Hand „Lametta-Heini". Nach Kriegsbeginn wurde Carinhall die Schaltzentrale des Mannes, der als Planer und Lenker hinter fast jeder Grausamkeit der NS-Diktatur zu finden ist. Kurz vor Kriegsende floh Göring nach Bayern und ließ Carinhall sprengen.

Vom Dienstboteneingang aus quert der Schottertrack das weitläufige Gelände mit altem Baumbestand und idyllischen Seen und verlässt es an den Torhäusern der Hauptzufahrt.

34 Carinhall

34.1 — 0,0

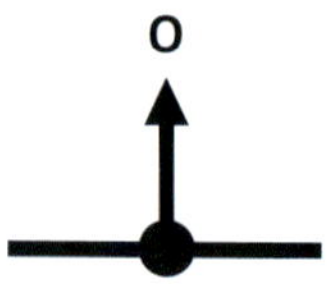

N 52 59 67
E 13 35 53

Start
Auf: Im Wucker
SCHOTTER

34.2 — 0,1

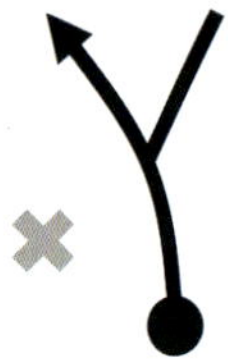

Waldschule Döllnsee
Ehemaliges Gästehaus
der DDR

34.3 — 2,6

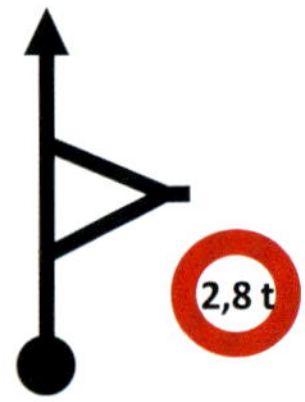

Ab hier: 2,8 t
Beschränkung

34.4 — 3,8

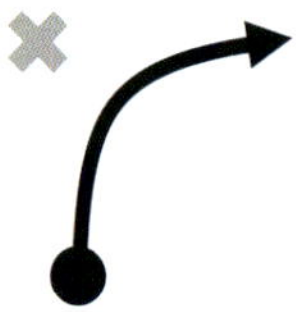

Hirschplatz
Infotafel Carinhall

34.5 — 4,7

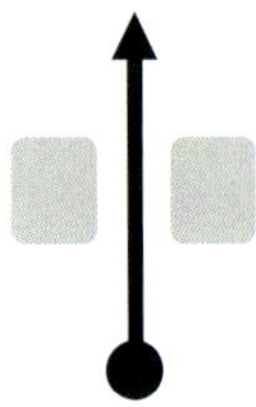

Torhäuser

34.6 — 5,2

34.7 — 5,3

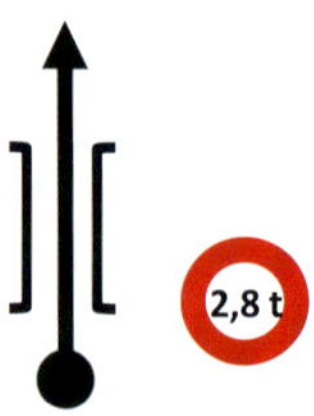

34.8 — 5,8

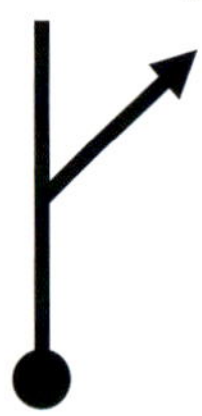

34.9 — 9,0

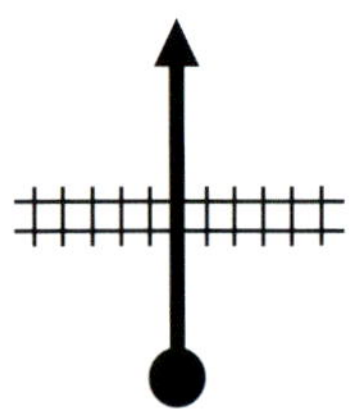

Carinhall 34

34.10	9,3

Ende

35 Buran

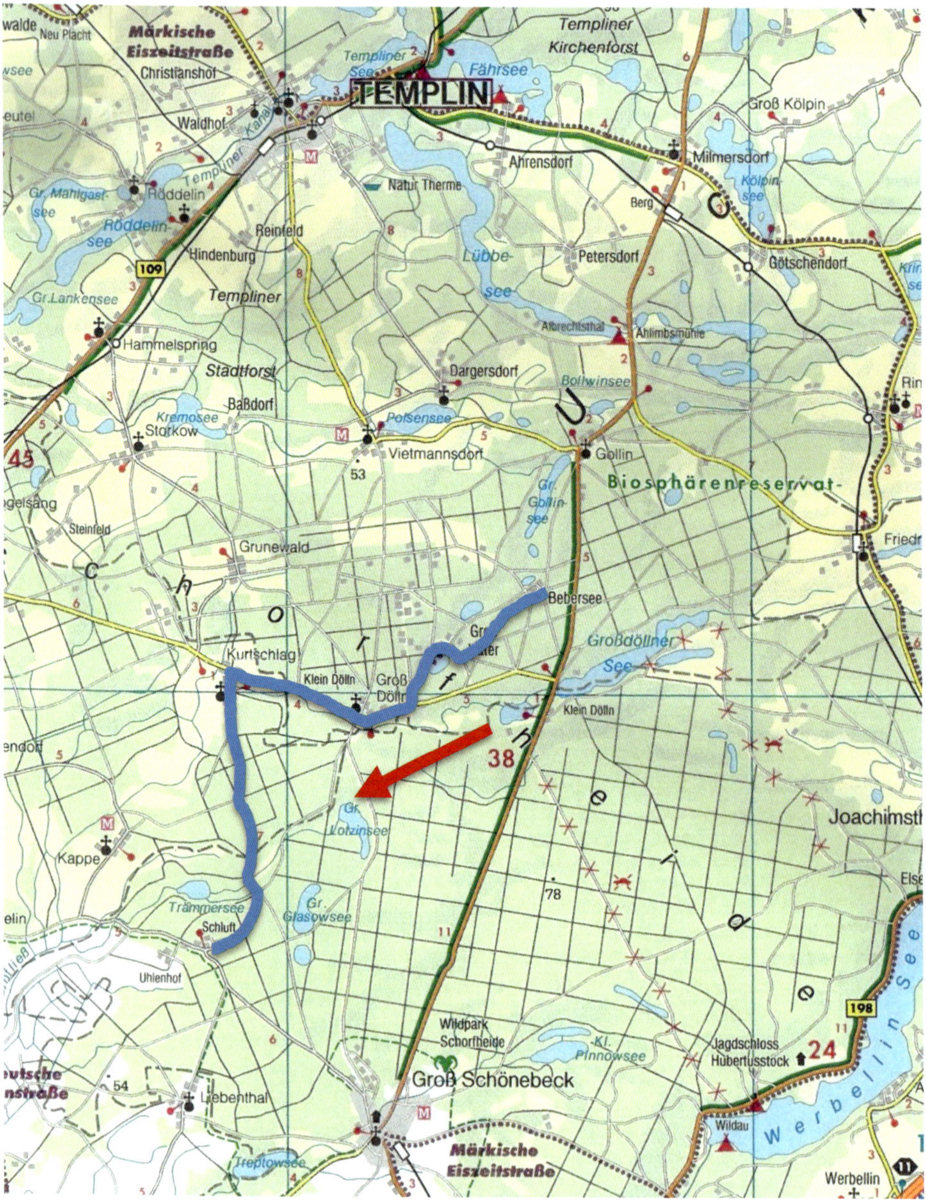

Neu Placht
Märkische Eiszeitstraße
Christianshof
TEMPLIN
Templiner See
Fährsee
Templiner Kirchenforst
Groß Kölpin
Waldhof
Templiner Kanal
Ahrensdorf
Milmersdorf
Kölpinsee
Natur Therme
Gr. Mahlgastsee
Röddelin
Röddelinsee
Reinfeld
Berg
Hindenburg
Lübbesee
Petersdorf
Götschendorf
109
Gr. Lankensee
Templiner Stadtforst
Albrechtsthal
Ahlimbsmühle
Hammelspring
Dargersdorf
Bollwinsee
Baßdorf
Kremosee
Polsensee
Storkow
Vietmannsdorf
Gollin
53
Biosphärenreservat
Gr. Gollinsee
Steinfeld
Grunewald
Bebersee
Großdöllner See
Kurtschlag
Klein Dölln
Groß Dölln
38
Gr. Lotzinsee
Joachimsthal
Kappe
78
Trämmersee
Schluft
Gr. Glasowsee
Uhlenhof
198
Wildpark Schorfheide
Kl. Pinnowsee
Jagdschloss Hubertusstock
24
Groß Schönebeck
54
Liebenthal
Wildau
Werbellinsee
Märkische Eiszeitstraße
Treptowsee
Werbellin
45
Schorfheide

35

Orientierung: 1
Länge: 17,3 km
Dauer: 30 min

байконур у нас проблемы! (Baikonur, wir haben ein Problem!) Auch in der Planwirtschaft konnte ab und zu etwas schiefgehen und so sorgten die Raumfahrtspezialisten aus dem Sternenstädtchen bei dem Prestigeprojekt Buran vor.

Die Raumfähre Buran sollte die Antwort auf das amerikanische Space Shuttle werden. Für den Fall, dass es bei der Rückkehr zur Erde Probleme geben sollte, brauchte man Notlandeplätze mit ausreichend langen Landebahnen. Einer davon lag versteckt in den Wäldern der Schorfheide.
Schon seit den 50er-Jahren betrieb die 16. Luftarmee hier einen gigantischen Militärflughafen, dessen Landebahn auf 3.600 m verlängert wurde. Wie versteckt dieser Flugplatz liegt, lässt sich beim Befahren dieses Tracks nachvollziehen. Über Schotter und sandige Ortsverbindungsstraßen geht es durch scheinbar unendlichen Kiefernwald. Eher unvermittelt steht man plötzlich direkt neben der Haupteinfahrt des ehemaligen Militärgeländes. Durch das Tor gelangt man zum Driving Center, hier kann man einen Eindruck der Größe des Flugfeldes bekommen.

Heutzutage wird hier in einem der größten Solarparks Deutschlands nach den Sternen gegriffen und Siemens betreibt eine Teststrecke zur Zukunft der E-Mobilität. Zum Abschluss bringt einen die ruppige Kopfsteinpiste nach Schluft und zurück in die Gegenwart.

35 Buran

35.1 | 0,0

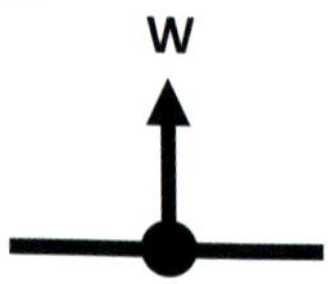

N 53 01 18
E 13 35 41

Start: im Ort Bebersee
X = Holzbieber

35.2 | 0,2

SCHOTTER

35.3 | 2,2

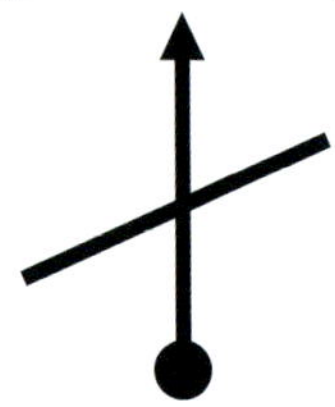

35.4 | 2,9

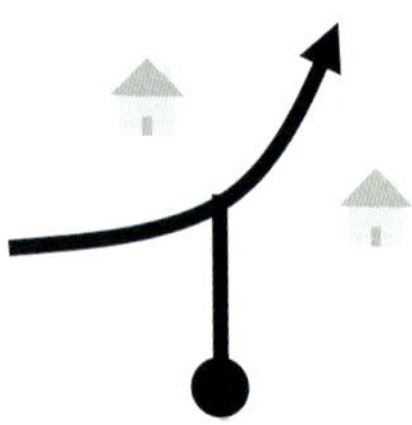

Groß Väter
TEER

35.5 | 3,4

SCHOTTER

35.6 | 3,9

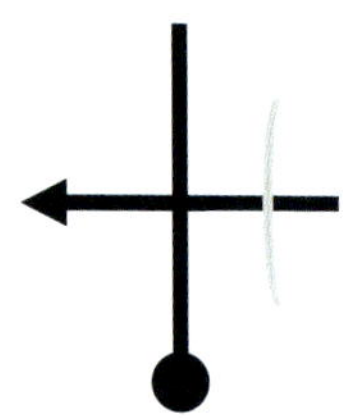

BETON (Rechts: Tor meist offen zu Ex - Flugplatz Gross-Dölln)

35.7 | 5,0

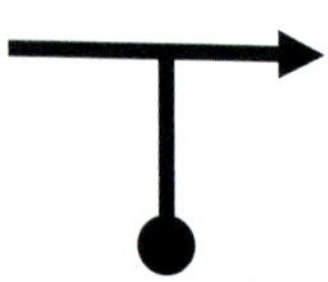

TEER

35.8 | 9,9

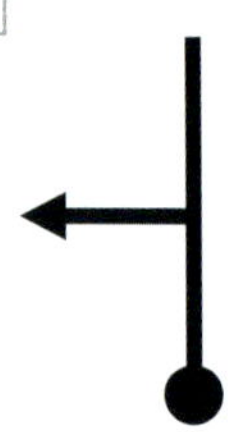

Ri.: Schluft
KOPFSTEIN

35.9 | 11,5

Buran 35

35.10	12,8

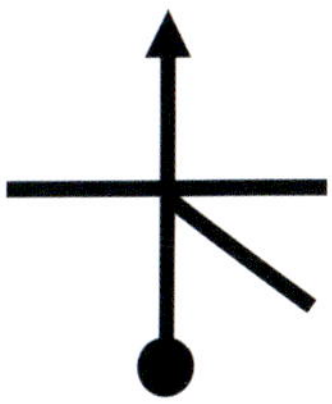

35.11	17,3

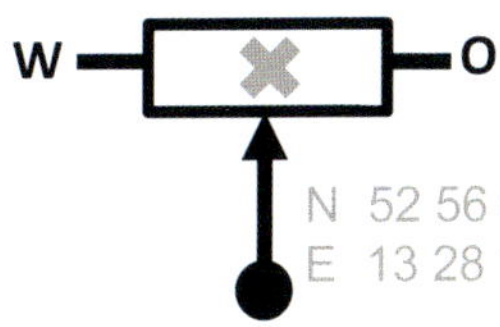

N 52 56 64
E 13 28 15

Ende: an Glocke

36 Schorfheide

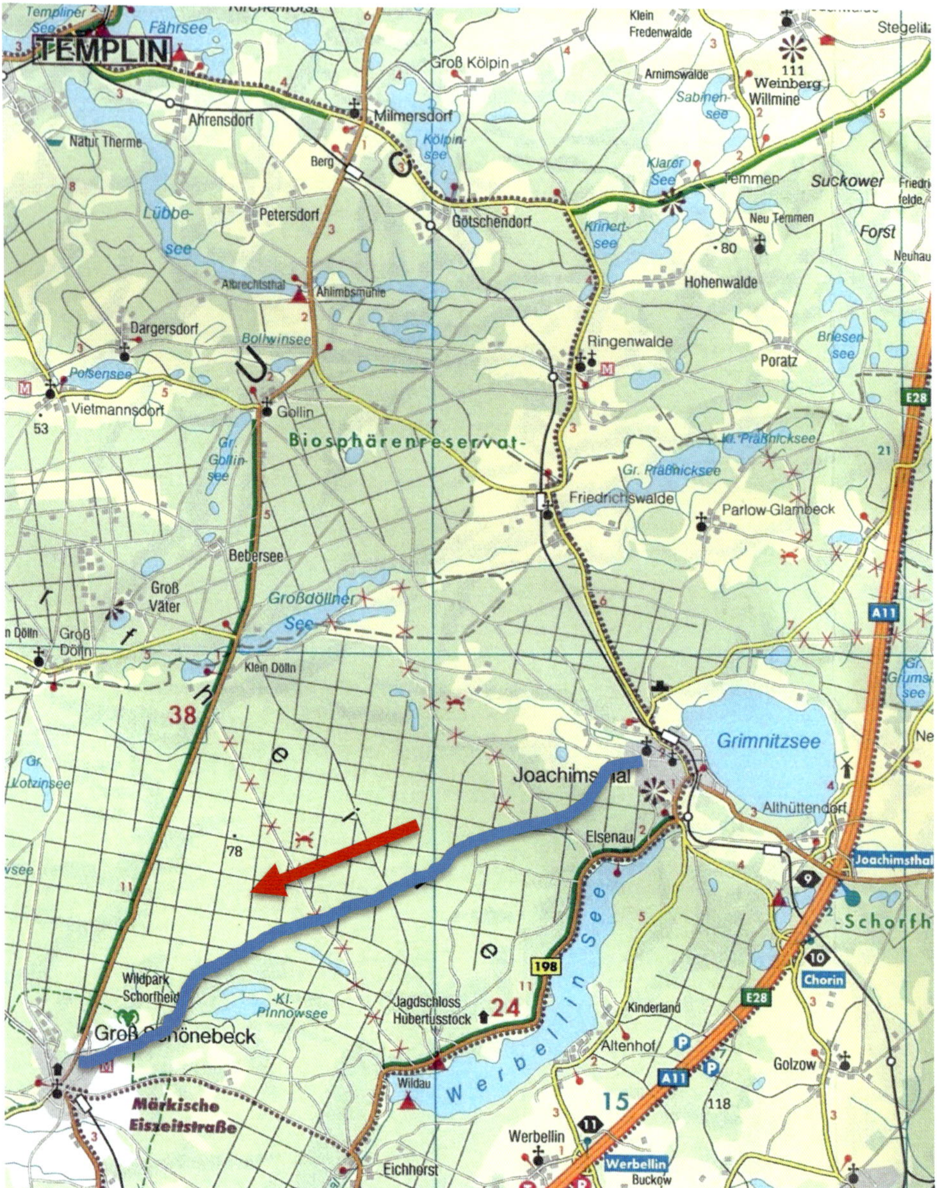

36

Einen Tag vor dem Mauerfall genoss Waidmann Erich Honecker nochmals die Privilegien seiner Position und schoss am 8. November 1989 seinen letzten Hirsch. Damit endeten 150 Jahre elitäre Jagdfreude und Geheimdiplomatie in der Schorfheide.

Schon König Friedrich Wilhelm IV. nutzte den informellen Rahmen der Jagd, um Männerfreundschaften zu schließen und bei dem ein oder anderen guten Tropfen wichtige politische Entscheidungen vorzubereiten. Diese praktische Kombination hielt sich vom Kaiserreich über die Weimarer Republik, das NS-Regime bis zum Ende der DDR. Nicht nur Besucher aus den Bruderstaaten wie Castro und Breschnew genossen hier die Gastfreundschaft der SED-Führung, sondern auch die pikanteren Deals mit dem Klassenfeind wurden im Kaminzimmer des Jagdschlosses Hubertusstock vorbereitet – so waren auch Strauß, Schmidt und bundesdeutsche Industriekapitäne willkommene Gäste in der Einsamkeit der Schorfheide.

Der beschriebene Track quert das ausgedehnte Waldgebiet zwischen Joachimsthal und Schönebeck auf dem rauen Kopfsteinpflaster der alten Chaussee. Er passiert dabei auch Honeckers Jagdhütte „Wildfang“, die etwas versteckt südlich der Route liegt.
In Bezug auf Jagdglück führt Kaiser Wilhelm mit über 1000 Hirschen deutlich vor dem Generalsekretär Honecker mit nur etwas über 500 Hirschen …

36 Schorfheide

36.1 — 0,0

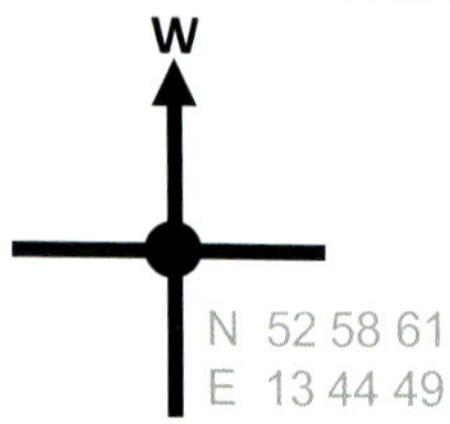

Start: In Joachimsthal
Auf Schönebecker Str.
KOPFSTEIN

36.2 — 0,3

36.3 — 0,8

Infotafel

36.4 — 1,4

36.5 — 2,8

36.6 — 4,8

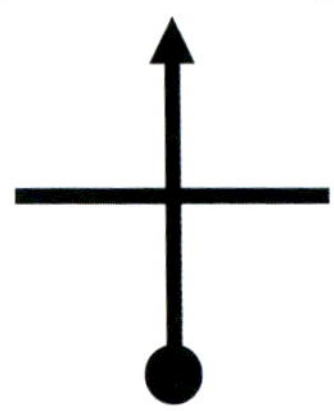

36.7 — 7,5

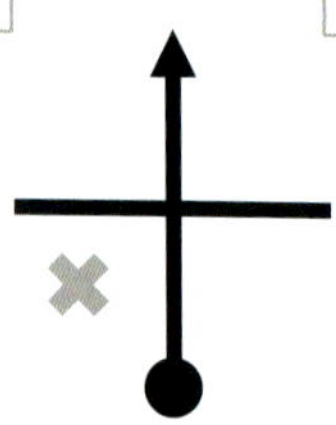

Königslinden
Picknick

36.8 — 9,3

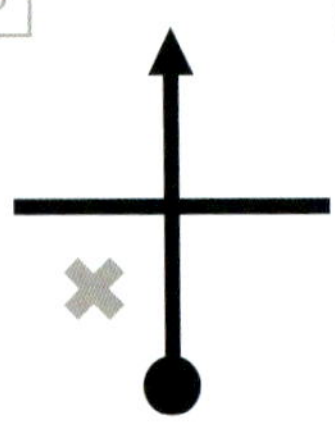

Kreuzdamm Picknick

36.9 — 10,7

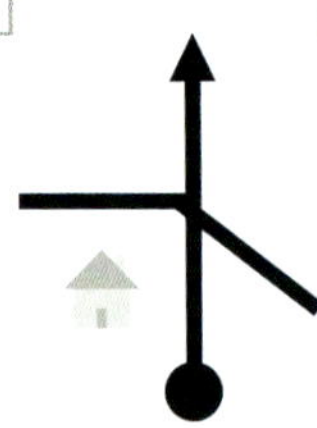

Forsthaus

36.10	12,7	36.11	13,3	36.12	15,4
		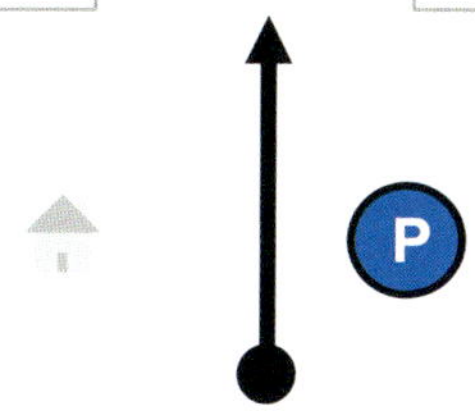		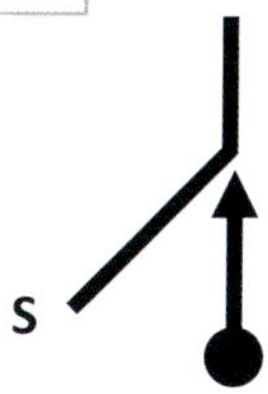	
BETON		Wildfang, ehem. Jadghaus Honeckers, 200 m im Wald		Ende: in Ort Groß Schonebeck	

37 Schloss Meseberg

37

Für Theodor Fontane war das prachtvolle Barockgebäude aus den Anfängen des 18. Jahrhunderts ein Zauberschloss – für die Opposition im Bundestag ist es ein Spukschloss.

Nach wechselvoller Geschichte mietete die Bundesregierung im Jahr 2004 das Schloss für einen symbolischen Euro und baute es zum repräsentativen Gästehaus der Bundesrepublik um. Neben allerlei Repräsentationsräumen und vier Gästesuiten soll es im Keller eine sehr gemütliche und gut bestückte Weinstube geben. Trotz dieser Reize wird das Schloss für nur knapp 10 Veranstaltungen jährlich genutzt und steht ansonsten leer.
Immerhin gibt es ab und zu einen Tag der offenen Tür und ein Teil der Parkanlage steht für Besucher offen.

Überraschend schnell entfernt sich der Track vom Glanz des Schlosses und taucht auf unbefestigten Wegen ein in das Netzwerk alter Alleen der Mark Brandenburg. Im Sommer lockt eine schöne Badestelle, im übrigen Jahr große Pfützen und tiefe Fahrspuren. Wer zur Befahrung des Tracks möglichst stilvoll nach Meseberg anreisen möchte, kann dies auf der mittlerweile befestigten ehemaligen Kutschenstrecke (Meseberger Weg) von Gransee aus tun.

37 Schloss Meseberg

37.1 | 0,0

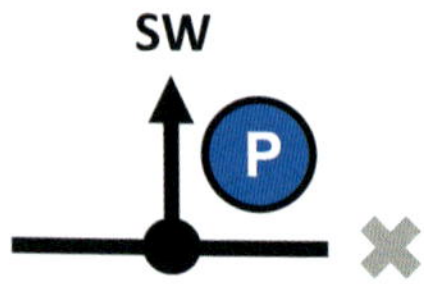

N 52 58 24
E 13 06 14

Start: Schloss
Meseberg
TEER

37.2 | 0,2

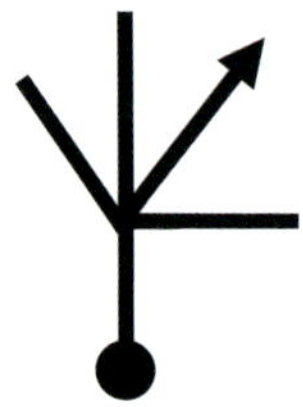

In Lindowerweg
SCHOTTER

37.3 | 2,2

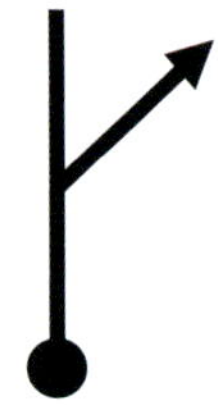

37.4 | 2,5

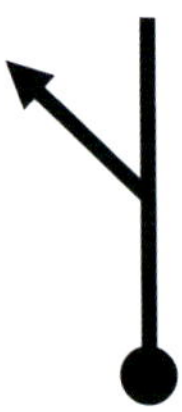

37.5 | 3,6

37.6 | 3,8

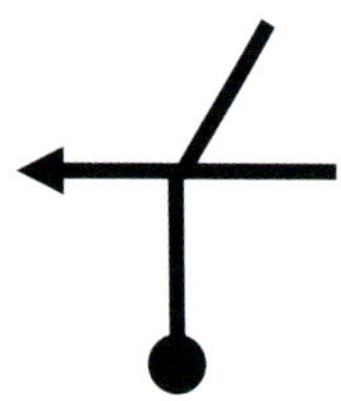

37.7 | 4,4

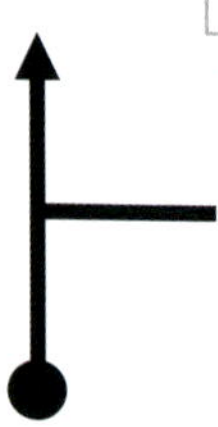

37.8 | 5,0

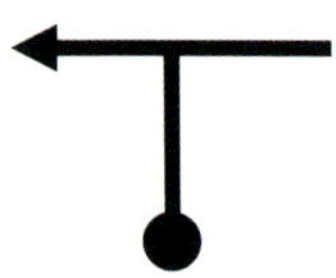

37.9 | 5,6

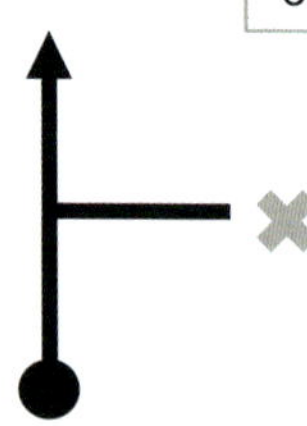

Badeplatz

Schloss Meseberg 37

37.10 | 5,7

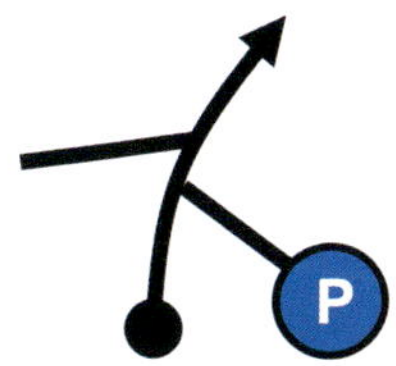

Rechts: Parkplatz für Badeplatz

37.11 | 6,0

37.12 | 6,2

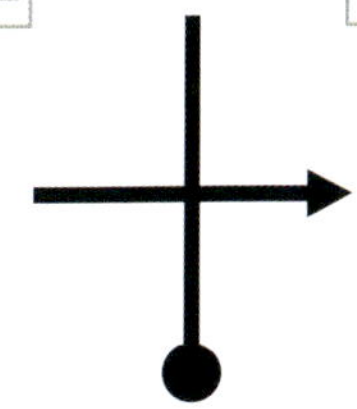

Ri.: Stubensee
Tiefe Fahrspuren

37.13 | 8,4

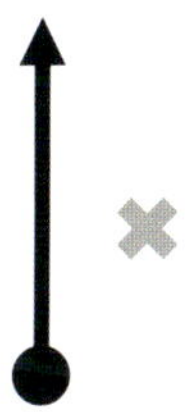

Lamas
KOPFSTEIN

37.14 | 8,5

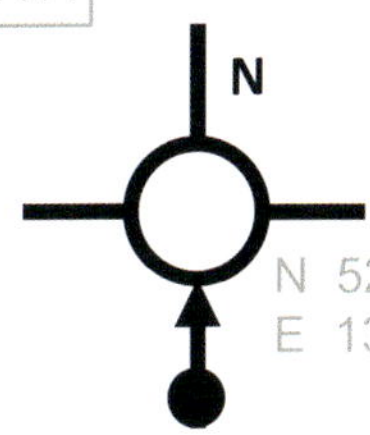

N 52 57 66
E 13 01 41

Ende: an Kreisel

38 Neuendorfer Weg

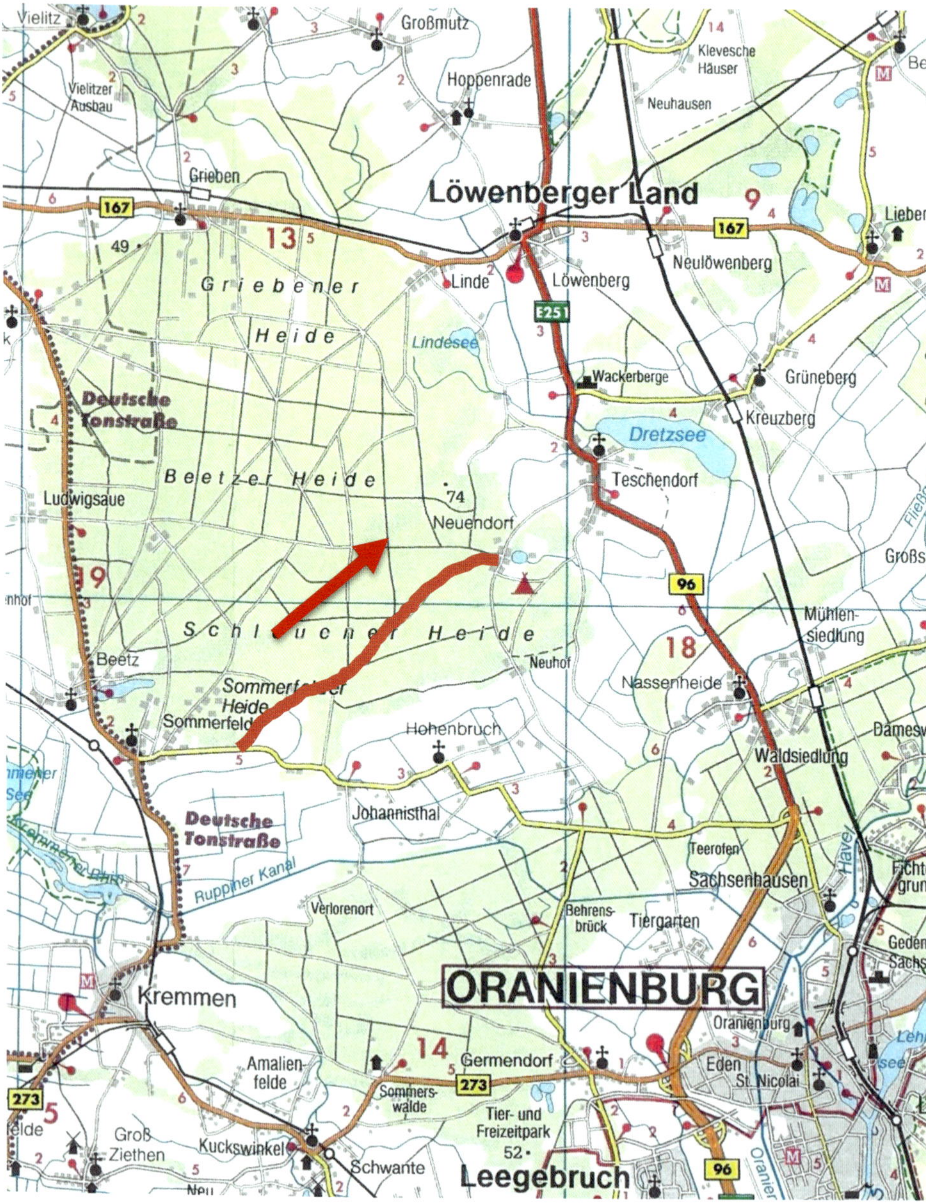

„Weg zum See“, „Badeweg“, „Tannenweg“, „Schäferweg“ schon die Straßennamen in Neuendorf deuten darauf hin – unprätentiöser kann es ein Ort nicht signalisieren: Hier ist tatsächlich der Weg das Ziel.

Und der hat es in sich. Beinahe schon im Stil einer echten afrikanischen Piste startet der Track in mehreren, sandigen Fahrspuren entlang von weiten Ackerflächen. Diese stellen wir uns jetzt einfach mal als die Kalahari oder die argentinische Pampa vor. Spätestens nachdem der Weg tiefer und mit ausgefahrenen Pfützen in den Dschungel (Kiefernwald) eintaucht, muss so viel Wildheit doch eigentlich illegal sein? Zur Beruhigung hängen an allen Kreuzungen Verbotsschilder für die Befahrung der Nebenwege und so setzten wir die Safari legal bis zur Lodge (Campingplatz) am Plötzsee fort.

Hier drohen weder Malaria noch Krokodile, sondern nur ein Anfall von Reisefieber.

38 Neuendorfer Weg

38.1 | 0,0

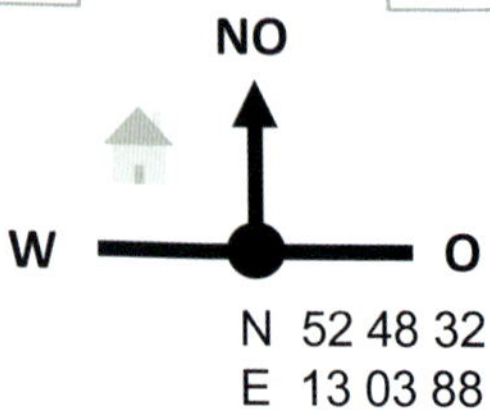

Start

38.2 | 0,2

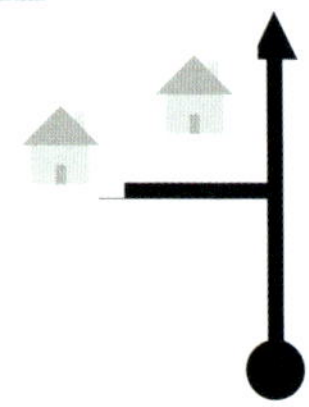

38.3 | 0,9

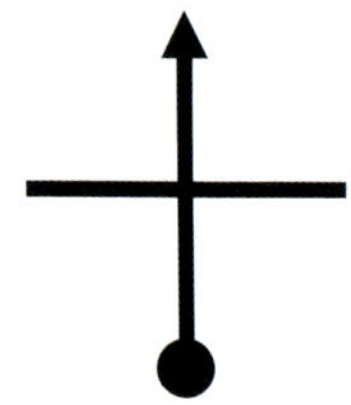

38.4 | 1,5

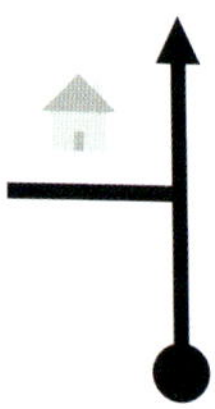

38.5 | 1,9

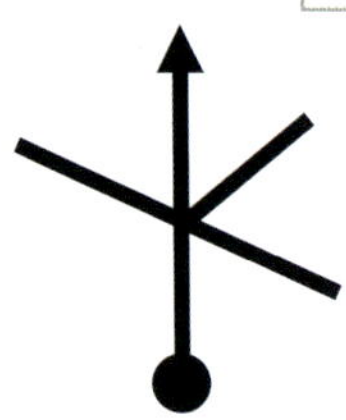

38.6 | 2,3

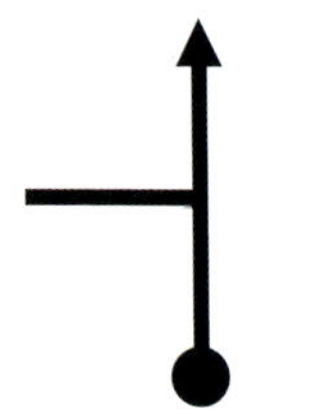

38.7 | 2,6

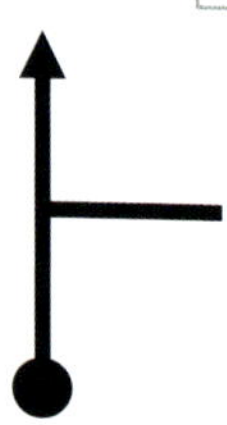

38.8 | 2,9

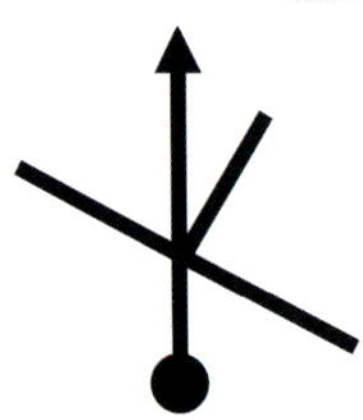

38.9 | 3,7

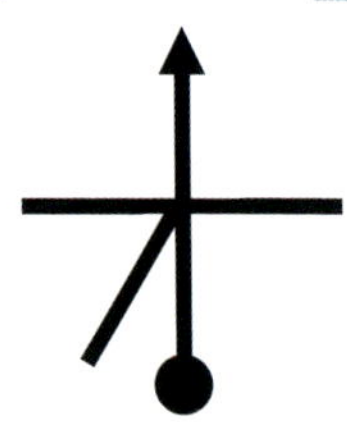

Neuendorfer Weg 38

38.10 — 4,6 & 5,1

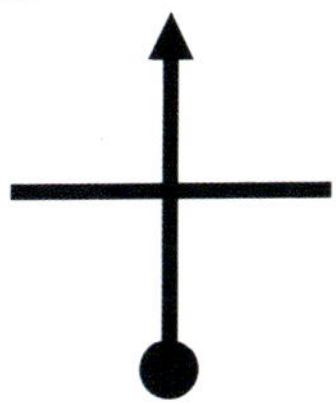

38.11 — 5,3

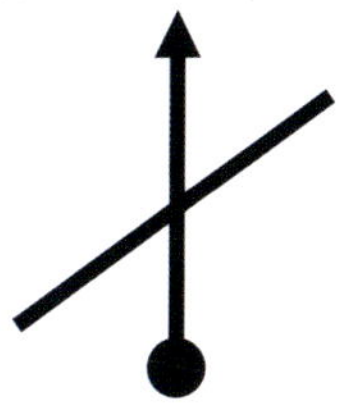

38.12 — 5,6 & 6,0

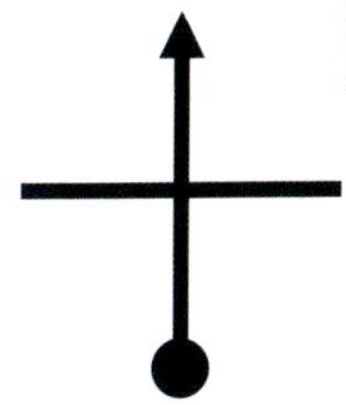

38.13 — 6,4

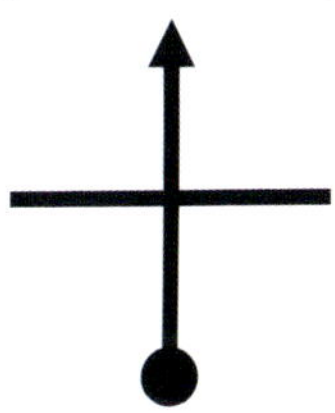

38.14 — 6,4

N 52 50 24
E 13 08 63

Ortseingang Neuendorf

38.15 — 6,5

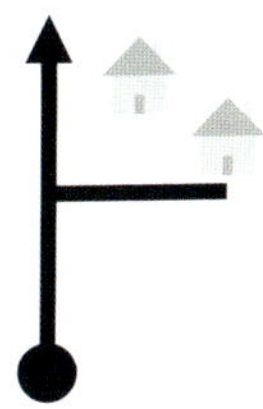

38.16 — 6,6

38.17 — 6,9

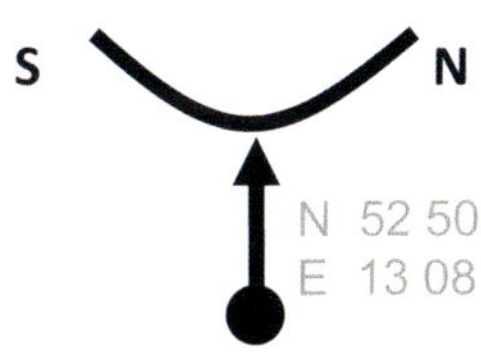

N 52 50 31
E 13 08 46

Ende

39 Märkische Schweiz

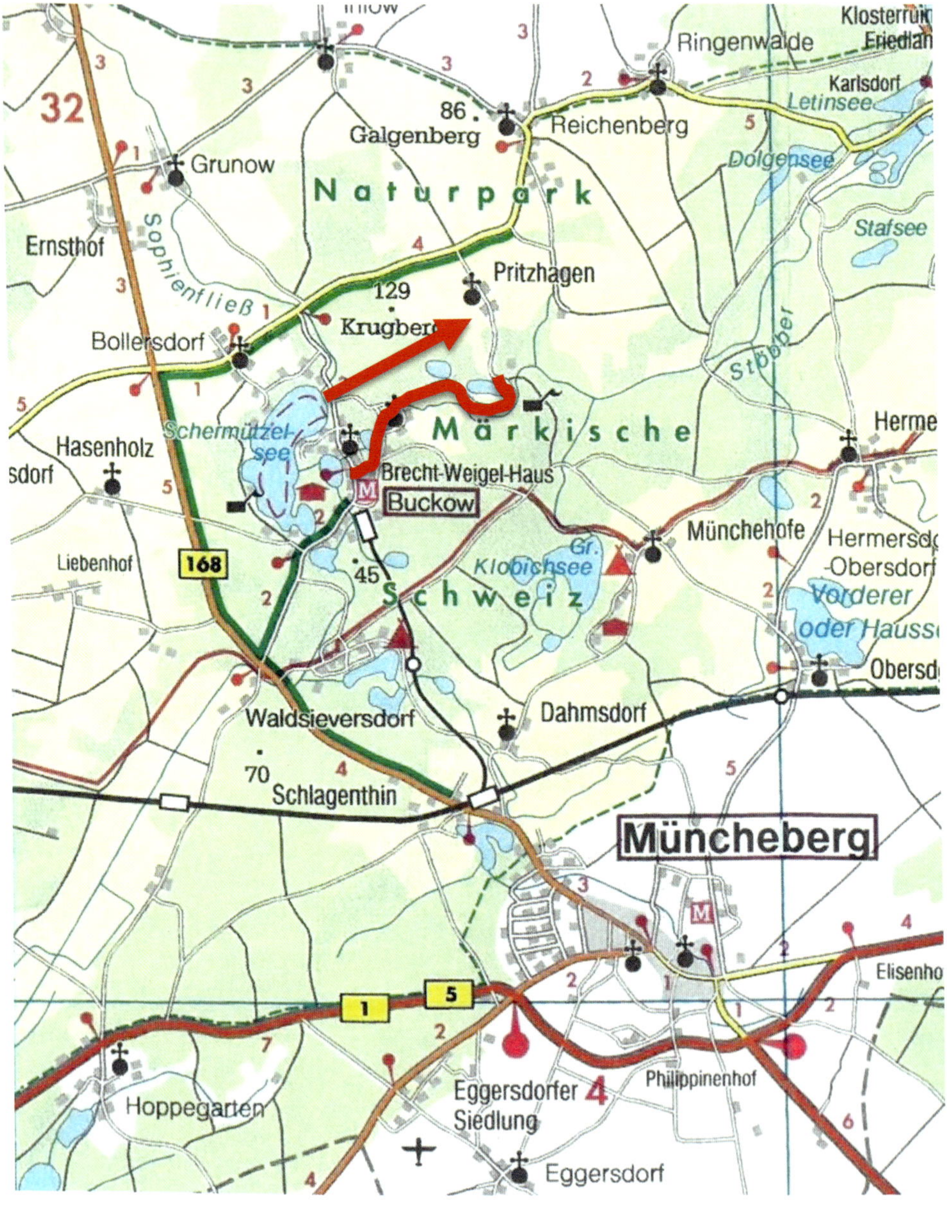

39

Die märkische Schweiz ist im Vergleich mit den sonstigen Landschaftsformen im Nordosten ungewöhnlich schroff und zerklüftet.

Stauchungen der Moränen und Schmelzwasserkanäle unter den Eismassen der letzten Eiszeit bildeten ein deutlich ausgebildetes Hügel- und Schluchtenrelief. In Kombination mit den jahrhundertealten Laubbäumen und abgeschiedenen Seen ist sie, obwohl es in dieser Region schon über 100 Jahre Ausflugstourismus aus Berlin gibt, ein echter Geheimtipp. Schon der kaiserliche Leibarzt riet: „Majestät, in Buckow geht die Lunge auf Samt."
Reiche Berliner ließen sich hier in der Sommerfrische Villen bauen und das sehr sehenswerte Städtchen Buckow wurde zum Ziel von Musikern, Künstlern, Schriftstellern und Adligen.

Auch heute noch ist die märkische Schweiz um Buckow an Wochenenden und in den Sommermonaten ein sehr beliebtes Ziel. In diesen Zeiträumen raten wir von der Befahrung dieses Tracks ab, er lässt sich dann auch sehr gut in eine Rundwanderung einbauen.

39 Märkische Schweiz

39.1 — 0,0

N 52 34 08
E 14 04 44

Start: An Kirche im Zentrum Buckow
KOPFSTEIN

39.2 — 0,4

In Lindenstraße

39.3 — 1,0

Russisches Gefallenendenkmal

39.4 — 1,2

39.5 — 1,5

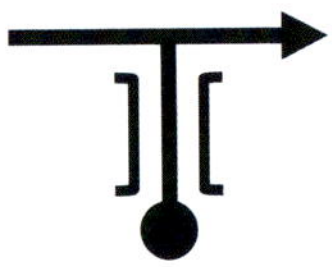

Über Malzmühlenbrücke

39.6 — 1,6

Ri.: Pritz Hagen
KOPFSTEIN

39.7 — 1,7

NATURBELAG

39.8 — 2,3

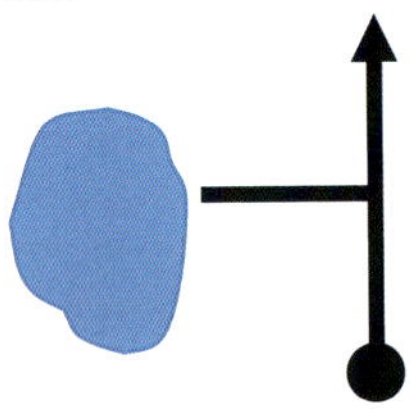

Links Kleiner Tornowsee

39.9 — 2,4

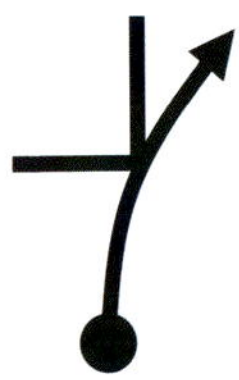

(Gerade: zum Großen Tornowsee)

39.10 | 3,2

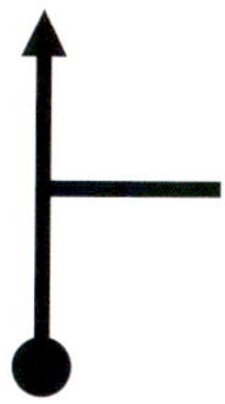

39.11 | 3,4

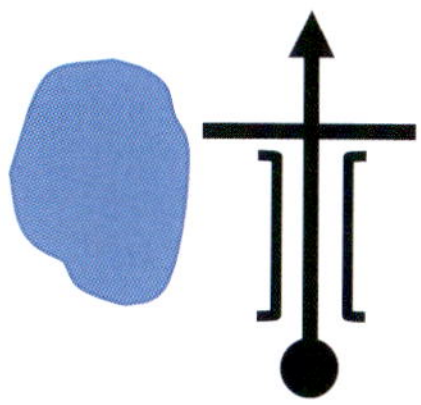

Links: Großer Tornowsee

39.12 | 3,5

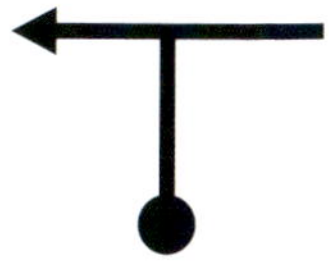

39.13 | 3,7

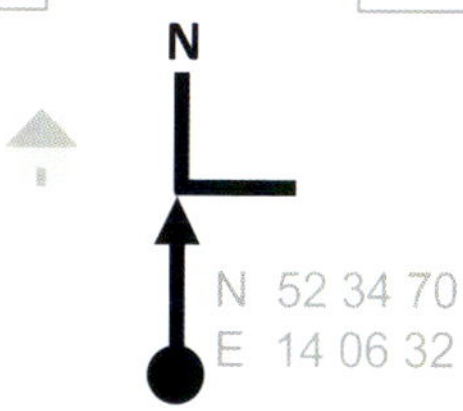

Ende: an Schule am Tornowsee

40 Hoppegarten

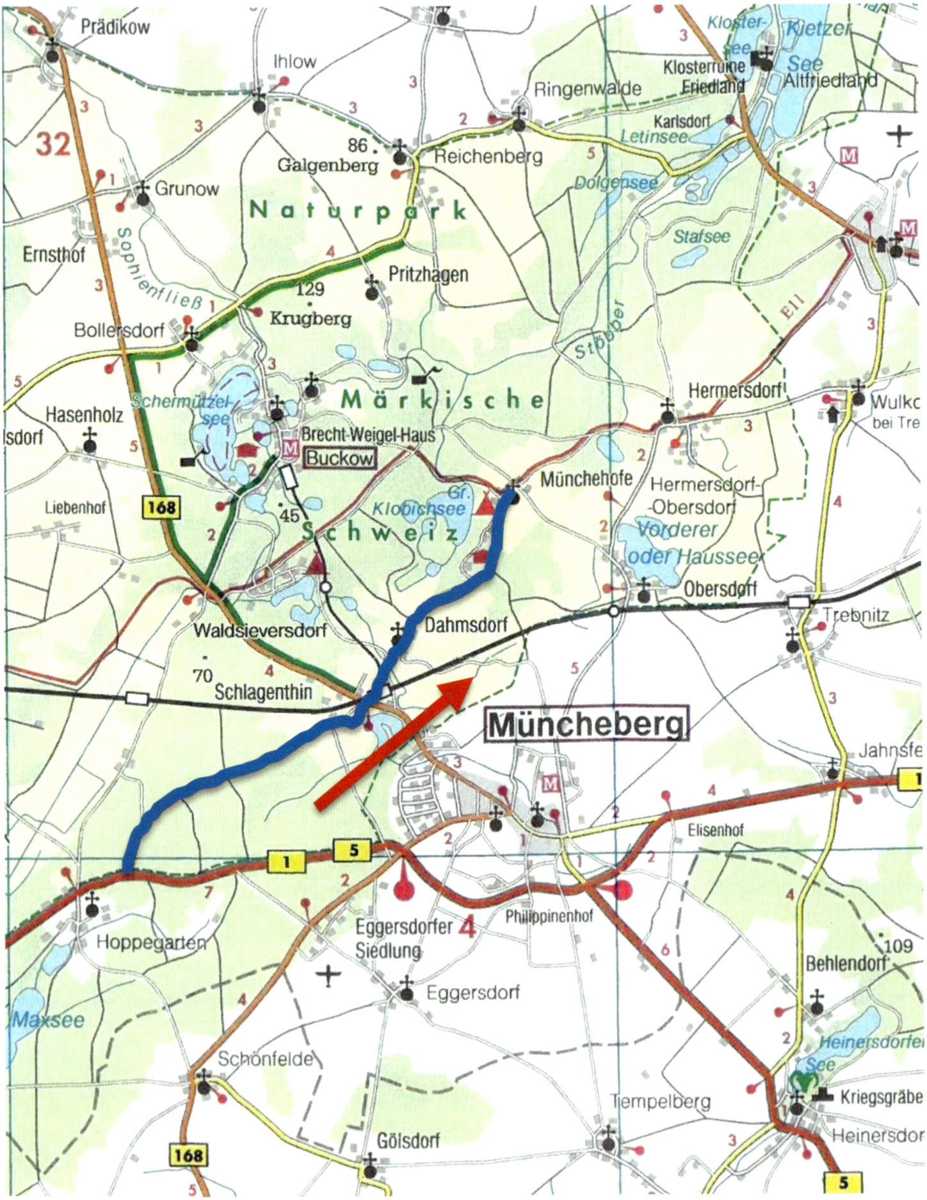

40

Willkommen auf Deutschlands wahrscheinlich niedrigster Höhenstraße.

Der Höhenzug zwischen Dahmsdorf und Münchehofe liegt nur 60 m über Normalnull. Trotzdem bietet dieser Track ungewöhnlich weite Sicht zur Märkischen Schweiz und nach Osten. Er führt zunächst auf der Transportstrecke einer Kiesgrube nach Norden. Auf diesem Abschnitt gibt es viel und staubigen Schwerlastverkehr. Platz machen und Fenster zu! Über eine kurze Teer- und Kopfsteinpassage geht es durch Schlagenthin, bevor die Aussichtsstrecke anfängt.

Vom Endpunkt des Tracks kann man auf Schotter noch weiter nach Neuhermersdorf und von dort nach Neuhardenberg fahren. Die direkte Strecke nach Buckow ist leider nach ein paar Kilometern gesperrt.

40 Hoppegarten

40.1 | 0,0

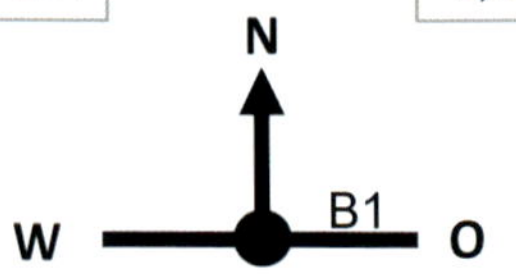

N 52 29 72
E 14 01 89

Start: Auf Straße nach Schlagenthin
TEER !LKW Verkehr!

40.2 | 0,9

40.3 | 1,2

SCHOTTER

40.4 | 2,0

(Links: in Kiesgrube)
NATURBELAG

40.5 | 2,8

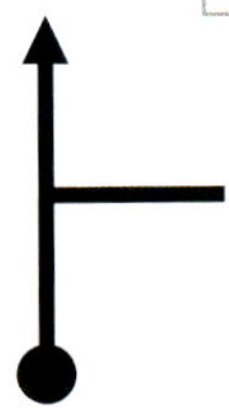

40.6 | 5,0

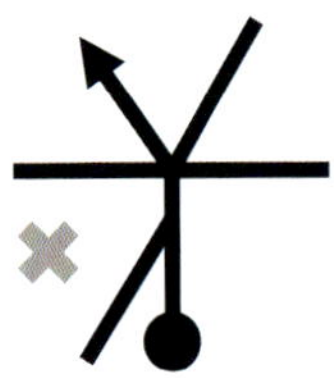

Ortseingang
Schlagenthin
Picknickplatz

40.7 | 5,6

40.8 | 5,7

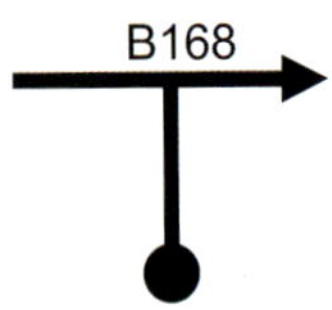

Auf B168
TEER

40.9 | 5,8 ↓ 0,0

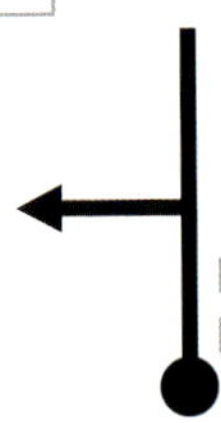

N 52 31 40
E 14 05 80

In: Am Bahnhof
KOPFSTEIN

Hoppegarten 40

40.10 | 0,5

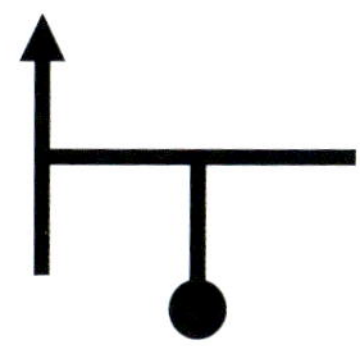

Auf Dahmsdorferstraße

40.11 | 0,6

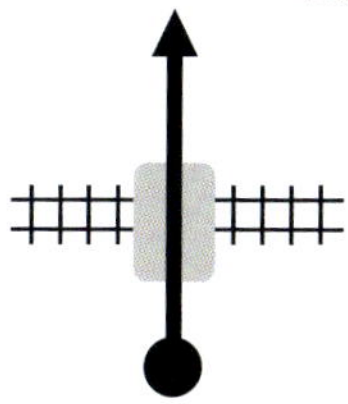

Bahnübergang

40.12 | 1,5

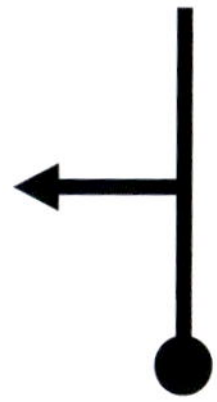

Auf
Münchenhoferstraße

40.13 | 2,3

Aussicht
Ortsausgang
Dahmsdorf SAND

40.14 | 4,2

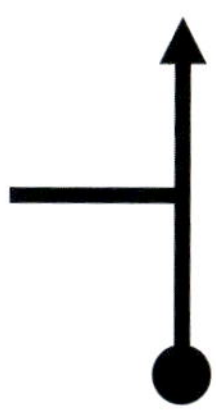

40.15 | 5,1

Ortseingang
Münchehofe
TEER

40.16 | 5,7

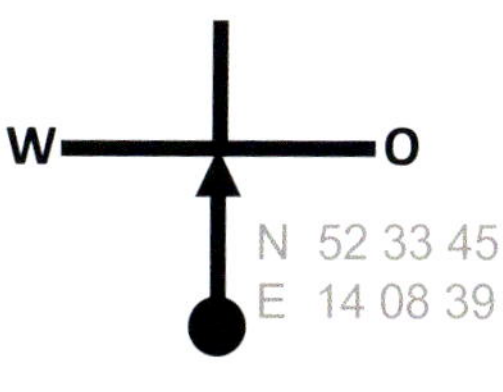

Ende
SCHOTTER

41 Behlendorf

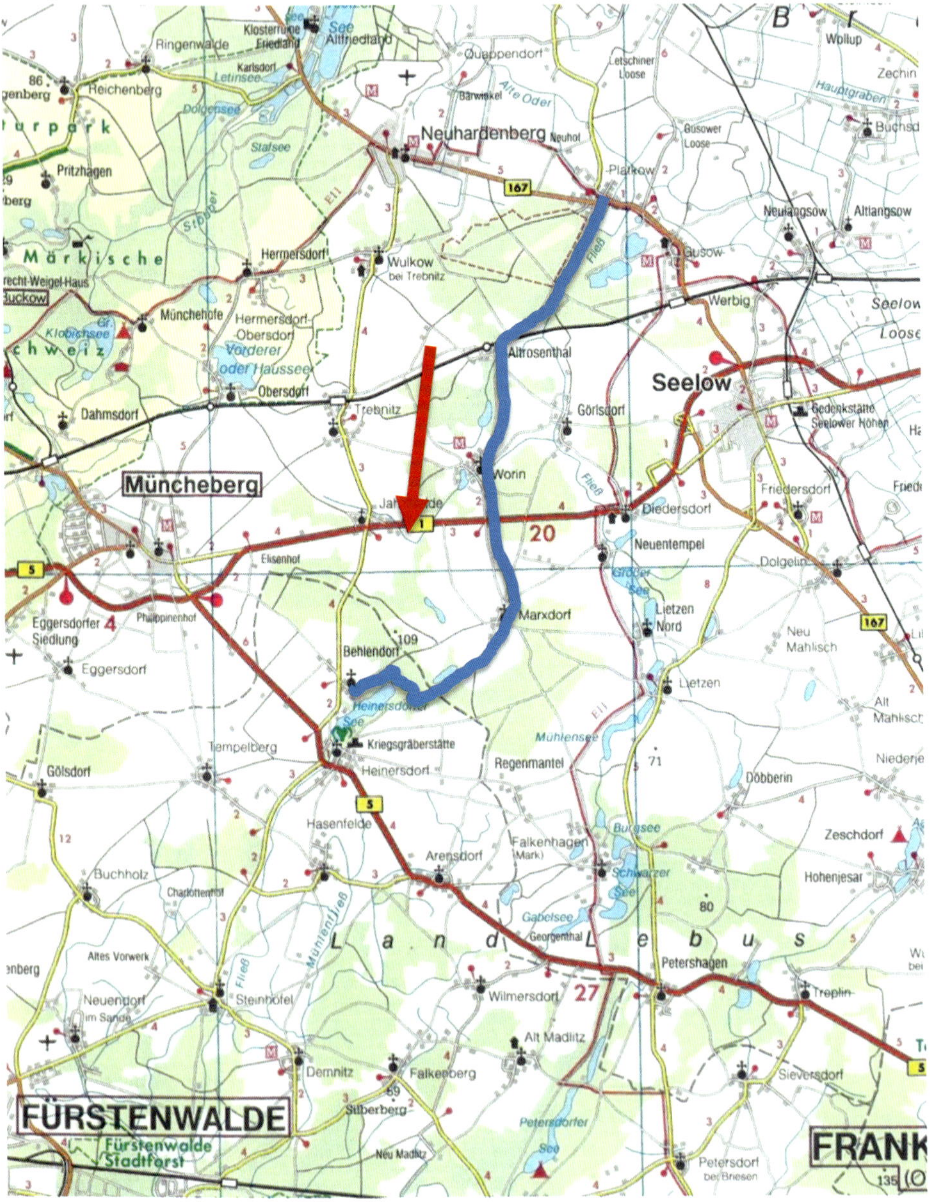

41

Dieser einsame Track zwischen dem Ortsrand des geschichtsträchtigen Neuhardenberg und dem erstaunlichen Gutshof Behlendorf aus dem Anfang des 19. Jahrhunderts, ist nicht das Einzige, was diese beiden Orte verbindet.

Bei der Anfahrt zum Start dieser Route fallen die ungewöhnliche Struktur und die prachtvollen Gebäude im historischen Zentrum von Neuhardenberg auf. Das Stadtbild prägte, beim Neubau der Stadt nach einem Großbrand, der wohl bedeutendste deutsche Architekt Karl Friedrich Schinkel. Dieser soll, neben den vielen prägnanten Gebäuden in der Mitte Berlins, zusätzlich auch den achteckigen Gutshof am Ende dieses Tracks entworfen haben.

Die Route führt entlang eines Truppenübungsplatzes auf sandiger Piste nach Süden. Nur wenige Kilometer östlich liegt die Gedenkstätte Seelower Höhen, der Schauplatz einer der größten Schlachten am Ende des Zweiten Weltkriegs (siehe auch nächster Track). Nach einer kurzen Waldpassage endet der Track auf dem achteckigen Wirtschaftshof.

Eine Pause an der nahegelegenen Badestelle ist sehr empfehlenswert.

41 Behlendorf

41.1 | 0,0

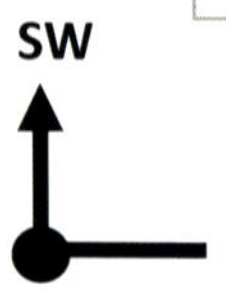

N 52 34 72
E 14 18 99

Start: Orstausgang
Platkow
BETON

41.2 | 0,4

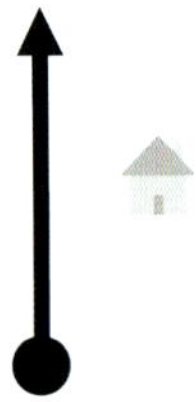

SAND

41.3 | 1,8

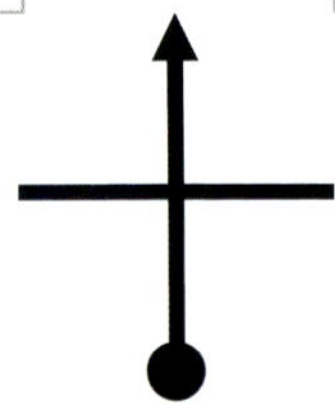

41.4 | 3,2

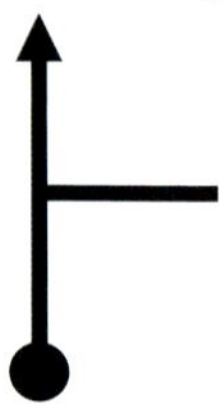

(Rechts: Schlossallee)

41.5 | 4,2

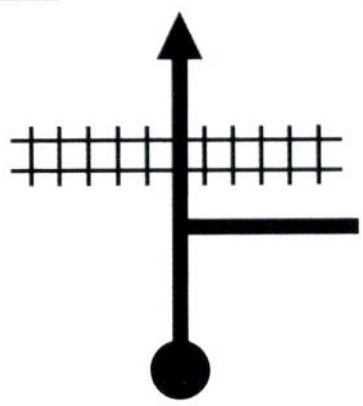

Ortseingang
Alt Rosenthal
TEER

41.6 | 4,4

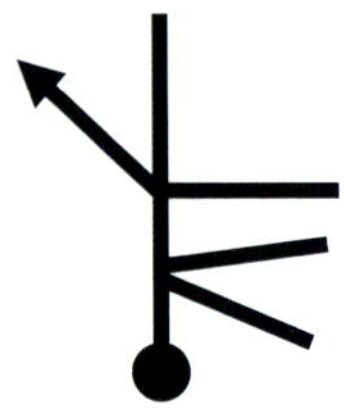

Ri.: Görlsdorf

41.7 | 4,9

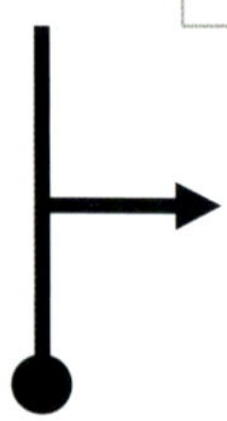

Ri.: Worin
SAND

41.8 | 6,2

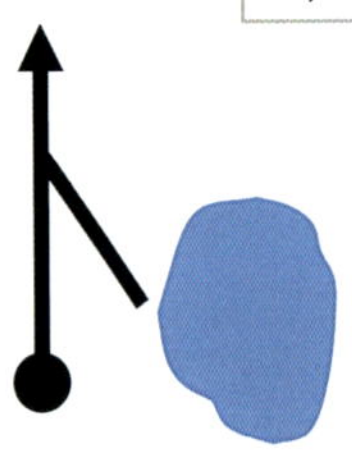

41.9 | 7,0

Ortseingang Worin
TEER / KOPFSTEIN

Behlendorf 41

41.10 | 7,8

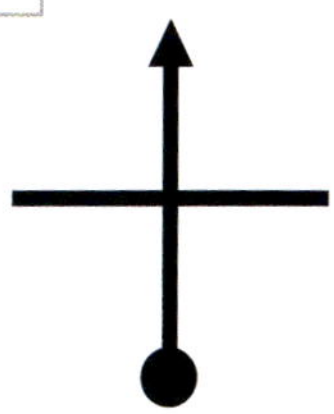

41.11 | 9,2

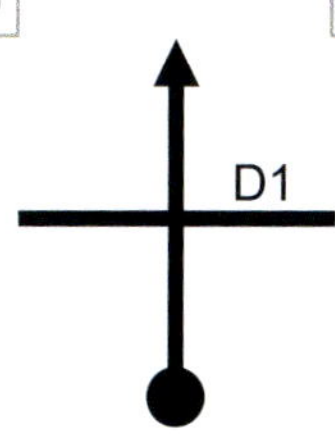

Über D1
Ri.: Marxdorf

41.12 | 11,2

Ortseingang Marxdorf

41.13 | 11,9

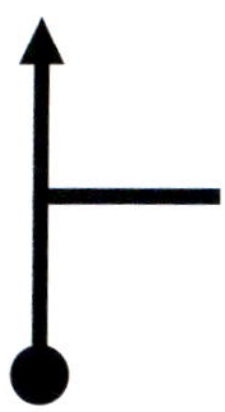

Ri.: Heinersdorf

41.14 | 12,4

N 52 28 88
E 14 16 56

Ortsausgang Marxdorf
SCHOTTER

41.15 | 13,1

41.16 | 13,5 - 14,2

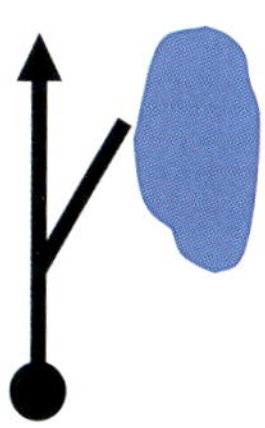

Ab hier mehrere
Seezugänge

41.17 | 14,7

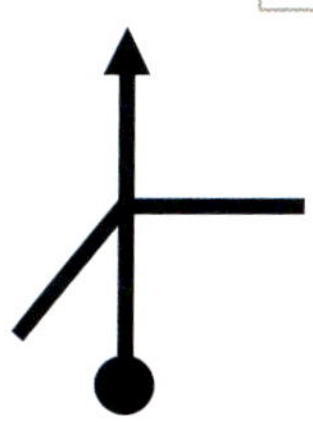

41.18 | 15,0

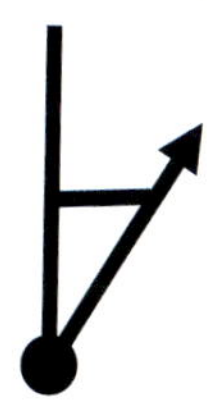

41 Behlendorf

41.19 | 15,6

41.20 | 16,1

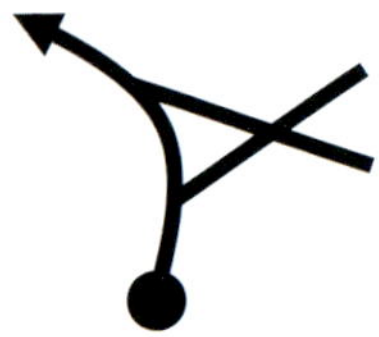

41.21 | 17,2

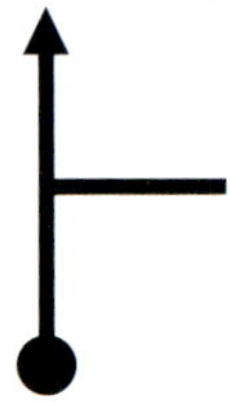

In Behlendorf
(Rechts: zum
Ortsausgang)

41.22 | 17,3

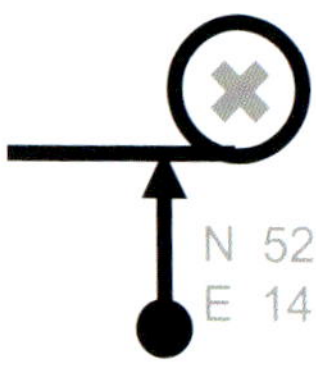

N 52 28 27
E 14 13 17

Ende: am Gutshof
(Links: zu Badestelle
200 m)

СЛАВА И ЧЕСТЬ
СОВЕТСКИМ
СОЛДАТАМ
ВЕЧНАЯ ПАМЯТЬ ЭКИПАЖУ
ГЕРОЕВ 16 IV 1945г
ДОДОР Н. С. ЛЕЙТЕНАНТ 1922г
БЕЛОУСОВ А. Г. ЛЕЙТЕНАНТ 1923г
СОДОМОНИК Б. С. ЛЕЙТЕНАНТ 1922г
КЛЮХИН Л. В. СТАРШИНА 1926г
ЛЕЩУКОВ С. В. СЕРЖАНТ 1926г
МУРАВЬЕВ А. М. СЕРЖАНТ 1926г

42 Straße der Befreiung

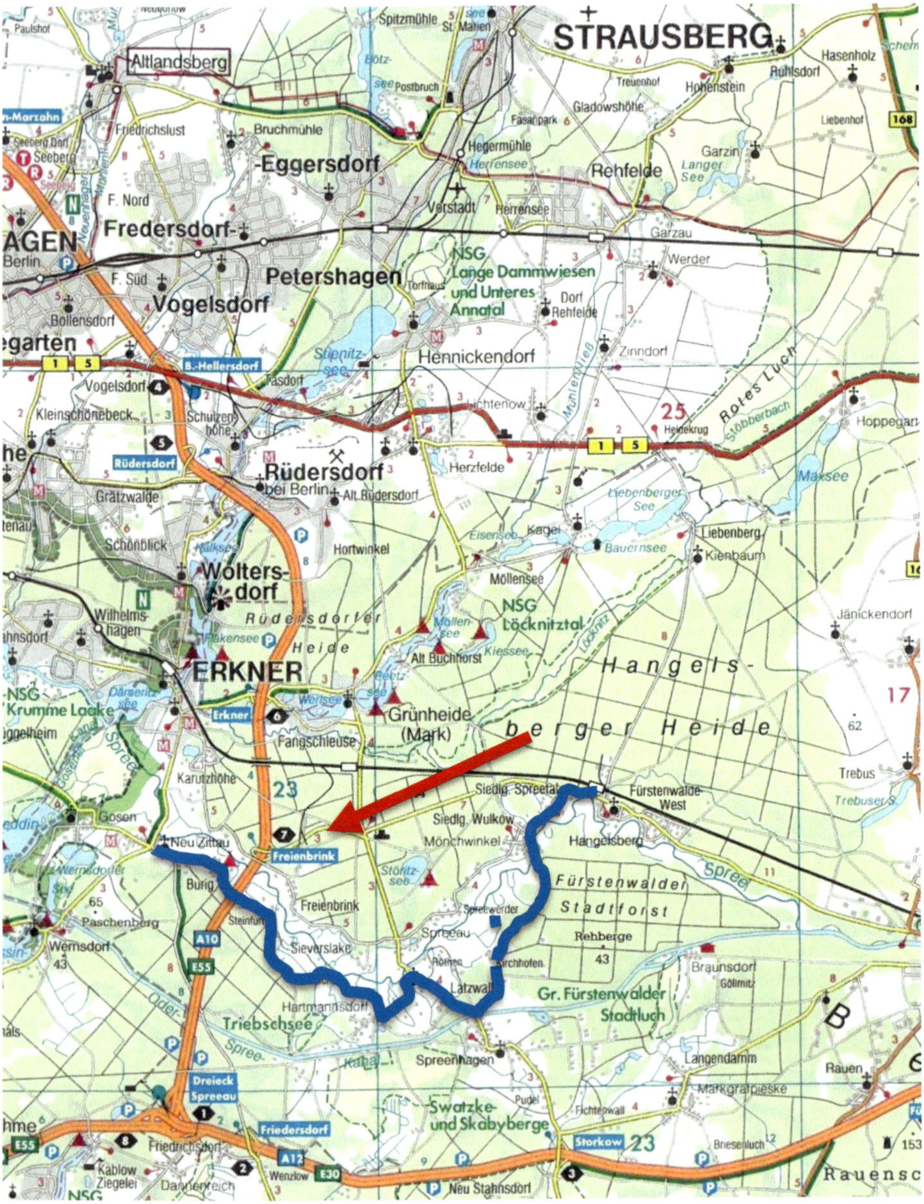

42

Im Raum Berlin formt die Spree ein weites Binnendelta mit zahlreichen Kanälen. Dieser Track folgt nicht nur der Spree Richtung Hauptstadt, sondern verläuft auch auf der Route der Roten Armee am Ende des Zweiten Weltkriegs.

Im April 1945 rückte die Rote Armee über die Oder nach Westen vor und – nach dem Tod von mehreren 100.000 Menschen bei der Schlacht an den Seelower Höhen – weiter nach Berlin. Hier hatte Hitler den Kampf bis zur letzten Patrone ausgerufen und auch 14-jährige Jungen als Kanonenfutter an die Front geschickt. Heutzutage ist in der friedlichen Auenlandschaft von dem Horror des Krieges glücklicherweise beinahe nichts mehr zu bemerken.

Die Strecke ist für alle Fahrzeuge bis 2 m Breite fahrbar und führt trotz der unmittelbaren Nähe zur Millionenmetropole Berlin sehr entschleunigt durch die Spree-Auen nach Westen.

42 Straße der Befreiung

42.1 | 0,0

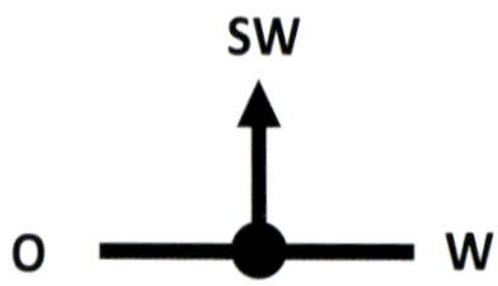

N 52 24 03
E 13 54 57

Start: in Wulkower Weg

42.2 | 2,1

Ri.: Berlin
In Ort Mönckwinkel

42.3 | 2,8

X = Picknickplatz
Über Spree, LKW Durchfahrt verboten

42.4 | 3,3

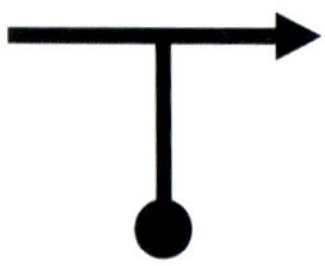

42.5 | 6,1

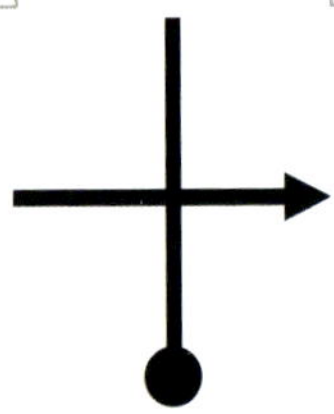

Vorfahrt achten
In Ort Kirchofen

42.6 | 6,3

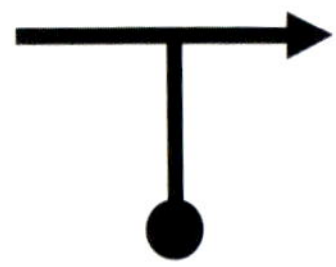

42.7 | 6,35

SAND

42.8 | 6,9

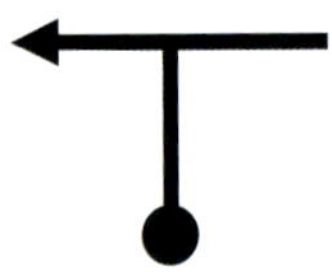

42.9 | 7,2

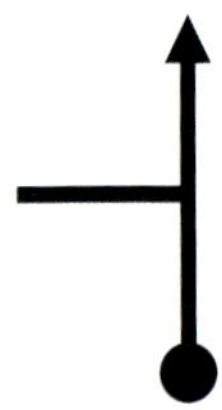

(Li.: zu Weide)

Straße der Befreiung

42.10 — 7,8

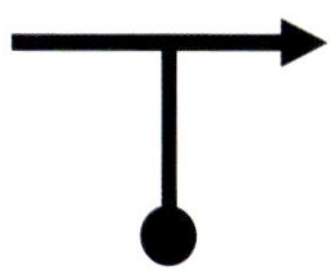

TEER

42.11 — 9,5

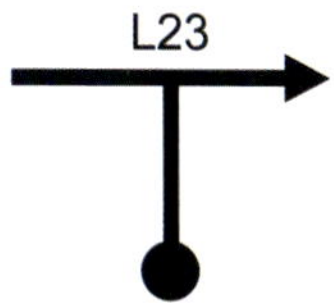

Ortseingang
Neuhartmannsdorf

42.12 — 9,9

42.13 — 11,7

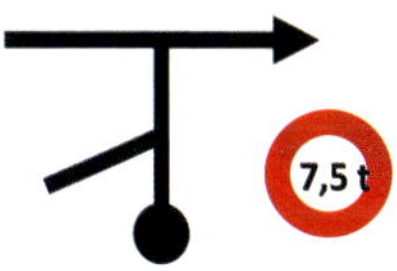

Breite 2 m 7,5 t
Ri.: Stäbchen

42.14 — 14,2

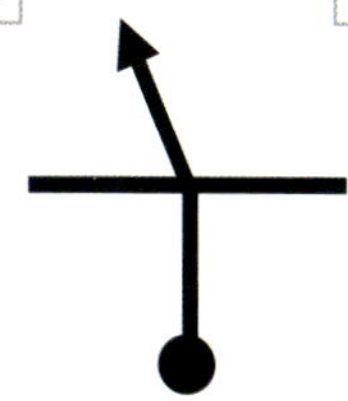

42.15 — 14,8

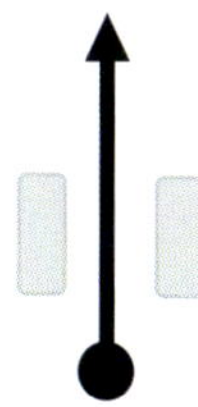

Breitenbegrenzung
2 m

42.16 — 17,7

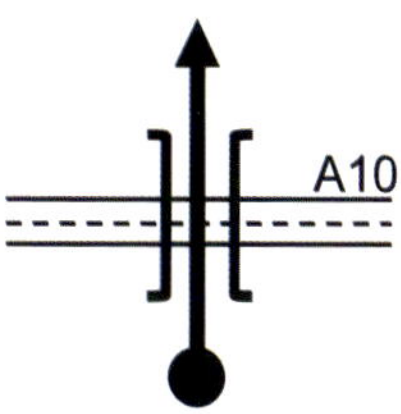

Über Autobahn

42.17 — 20,7

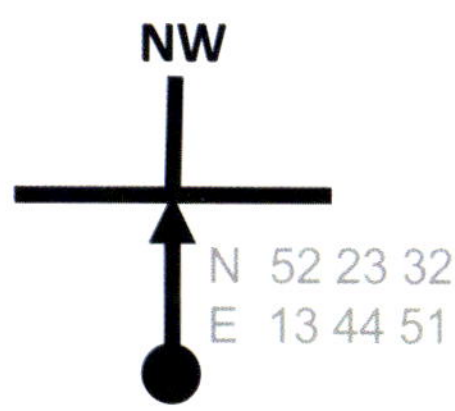

Ende

43 Golzower Weg

43

Die heute so friedlich, ja für oberflächliche Betrachter fast schon verschlafen wirkende Mark Brandenburg war im 14. und 15. Jahrhundert ein veritabel anarchistischer Raum, in dem nur ein Recht galt: das des Stärkeren.

Und der Stärkere waren die Quizlow Brüder mit ihren Verbündeten. In einer Mischung aus Verschlagenheit, Brutalität und Skrupellosigkeit tyrannisierten sie nicht nur die Landbevölkerung, sondern wagten sogar keck den Angriff auf Berlin. Theodor Fontane und Karl May dienten sie sogar als Grundlage für Ihre Erzählungen. Einer dieser Raubritterführer war Wichard von Rochhof auf seiner Burg bei Golzow. Diese wurde, als es den Sachsen dann doch zu bunt wurde, innerhalb weniger Tage eingenommen. Von der Burg, die ungefähr auf dem Gelände des Freibades stand, sind nur noch Gewölbereste vorhanden. Jedoch lebten die Rochhofs noch bis zum Anfang des 20. Jahrhunderts weiterhin in einem Herrenhaus in Golzow – und selbstverständlich hießen die ältesten männlichen Nachfahren wie schon vor 500 Jahren „Wichard“.

Ein bisschen Anarchie zeigt auch dieser Track, der zunächst als braver Schotterweg beginnt, sich jedoch im Mittelteil, nach einer kurzen Teerpassage etwas unkonventionell durch Felder schlängelt.

43 Golzower Weg

43.1 | 0,0

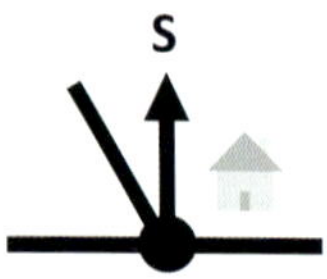

N 52 20 46
E 12 41 05

Start: in Netzen auf
Golzower Weg
NATURBELAG

43.2 | 0,3

Ortsausgang Netzen

43.3 | 0,3

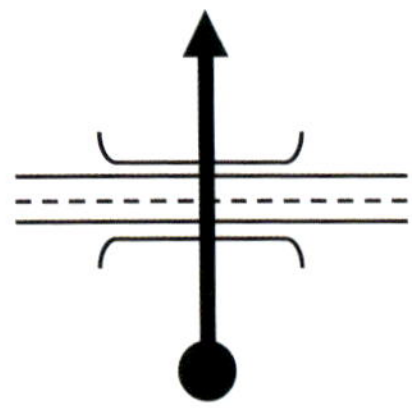

Autobahn Unterführung

43.4 | 0,7

43.5 | 1,4

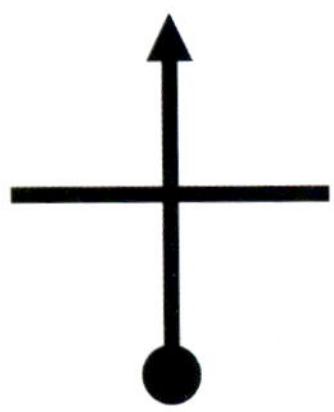

43.6 | 1,9

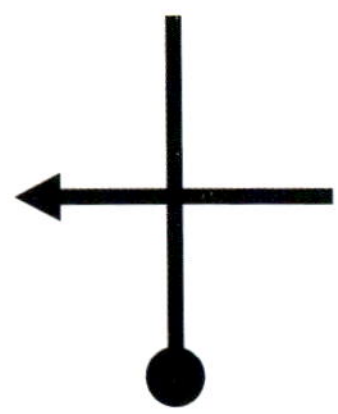

TEER

43.7 | 2,7

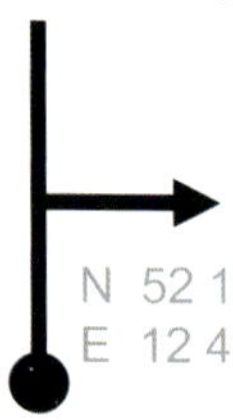

N 52 19 20
E 12 40 87

NATURBELAG

43.8 | 3,6

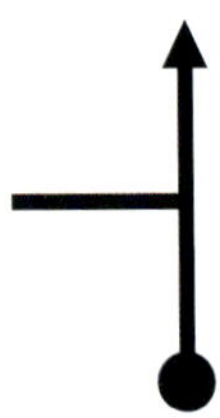

43.9 | 3,7

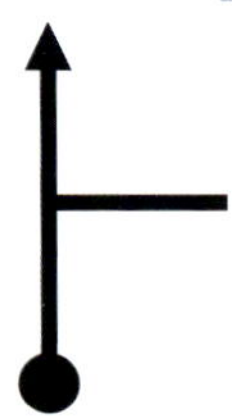

Golzower Weg

43

43.10 | 4,1

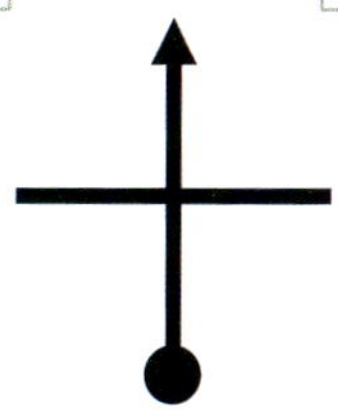

43.11 | 4,4

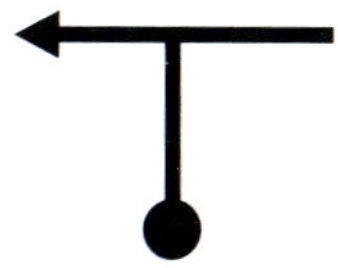

43.12 | 4,8

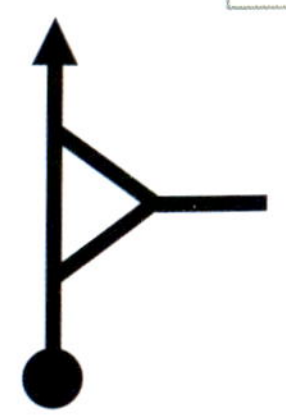

43.13 | 5,0

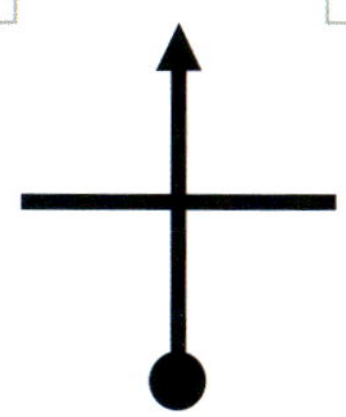

43.14 | 5,2

43.15 | 5,8

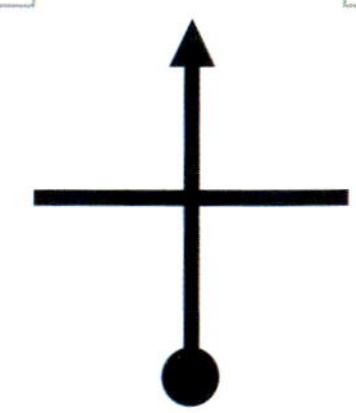

43.16 | 6,2

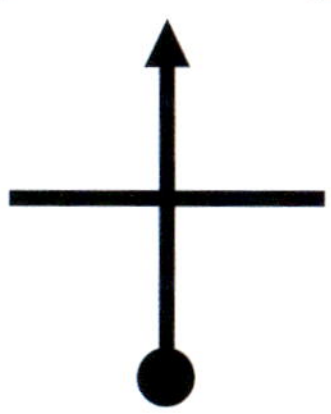

43.17 | 7,5

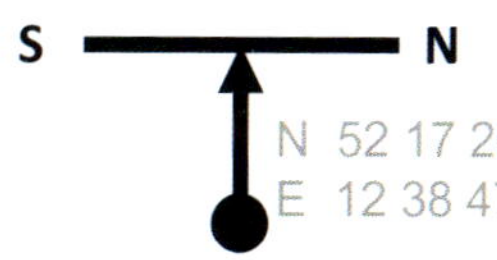

N 52 17 20
E 12 38 47

Ende

44 Mittelpunkte der DDR

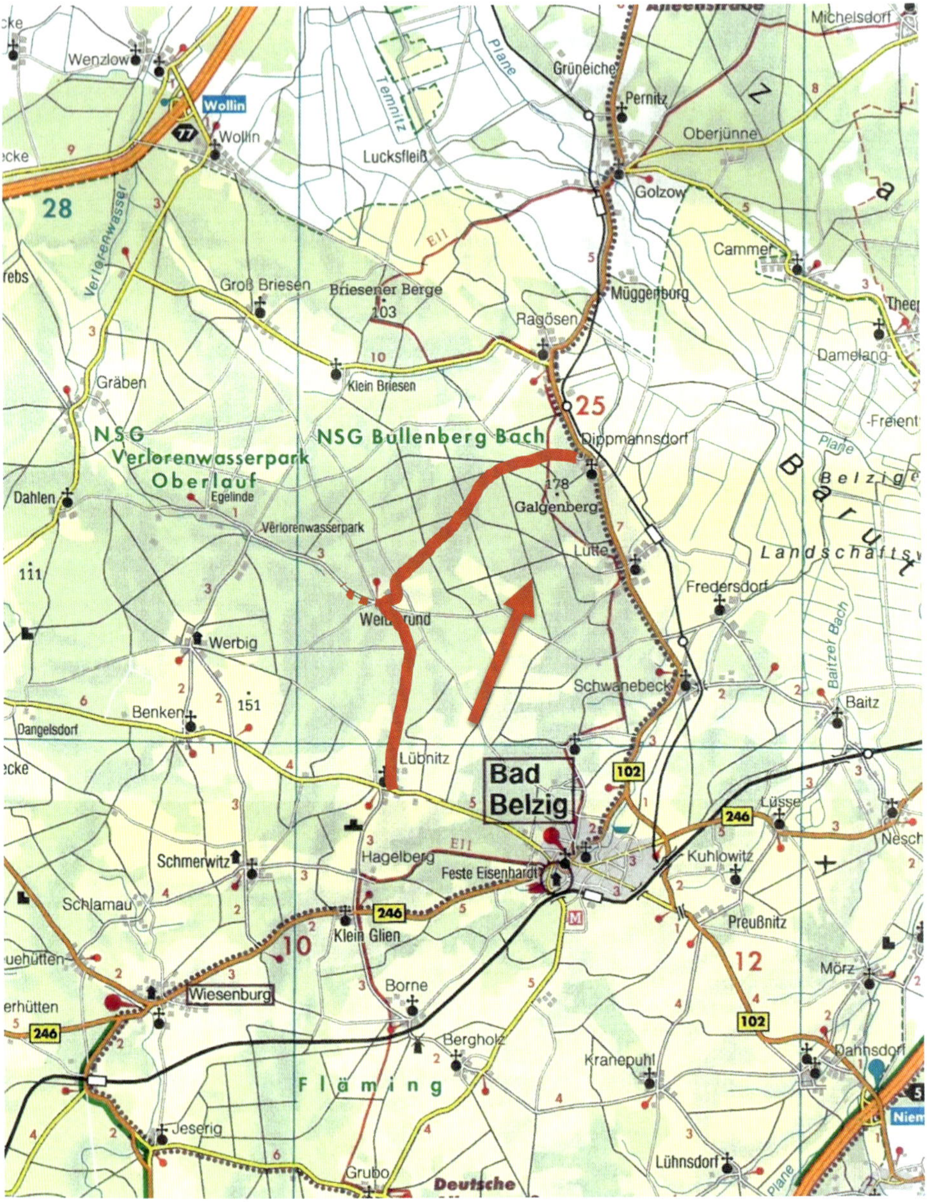

44

Orientierung: 1
Länge: 8,6 km
Dauer: 45 min

In der Deutschen Demokratischen Republik gab es bekanntlich alles – selbstverständlich auch einen geografischen Mittelpunkt. Jedoch wie so Vieles musste sich auch der Mittelpunkt der DDR an den realsozialistischen Alltag anpassen.

Der Mittelpunkt wurde 1974 von der Technischen Universität Dresden ermittelt. Indem der Umriss der DDR aus einer Metallplatte gefräst wurde und der Punkt, an dem diese Platte waagrecht aufgehängt werden konnte, als Mittelpunkt definiert wurde. Die Koordinaten sind: N 51° 12´und O 12° 31´.
Dieser Punkt liegt jedoch 600 m nördlich und damals recht ungünstig auf einem Übungsplatz der Bereitschaftspolizei. Den Übungsplatz gibt es schon lange nicht mehr, der Mittelpunkt der DDR liegt jedoch offiziell immer noch etwas zu weit im Süden. Und so hatte die DDR dann tatsächlich sogar zwei Mittelpunkte.

Der Track verläuft auf alten Verbindungswegen und quert das Gebiet von Süd nach Nord. Zum Mittelpunkt ist es ein kurzer Ausflug entlang einer kleinen Teerstraße.

44 Mittelpunkte der DDR

44.1 | 0,0

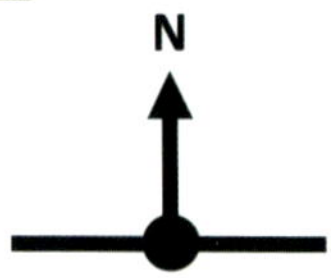

N 52 09 38
E 12 31 75

Start: Weitzgrunder Allee in Lübnitz

44.2 | 0,4

KOPFSTEIN

44.3 | 1,3

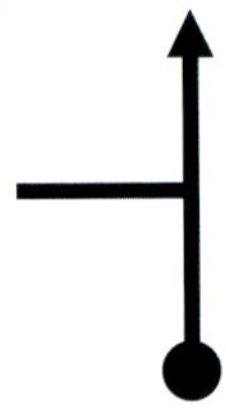

SAND

44.4 | 3,0

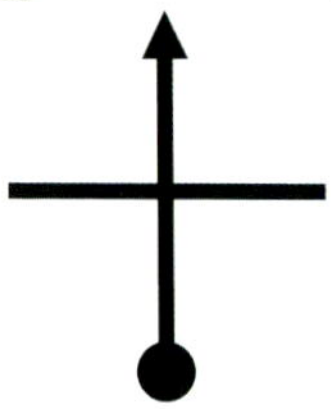

44.5 | 3,3

44.6 | 3,8

44.7 | 1,7

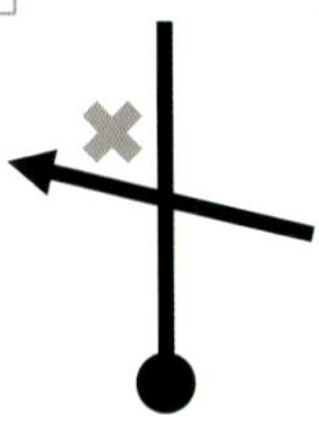

Turm

44.8 | 2,5 ↓ 0,0

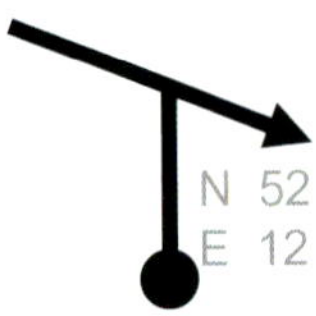

N 52 11 57
E 12 31 58

TEER
(Li. Ri.: Mittelpunkt ehem. DDR 1,5 km)

44.9 | 0,1

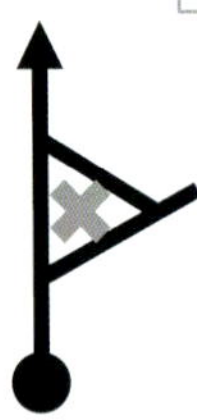

Briefkasten
(Re Ri.: T45.9 (700m))

Mittelpunkte der DDR

44.10 — 0,5

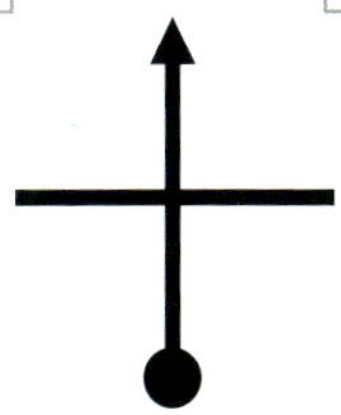

NATURBELAG
Ri.:Dippmannsdof

44.11 — 0,8

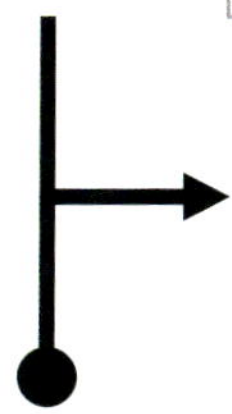

44.12 — 1,5

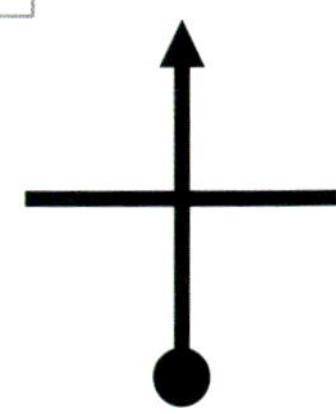

44.13 — 2,1

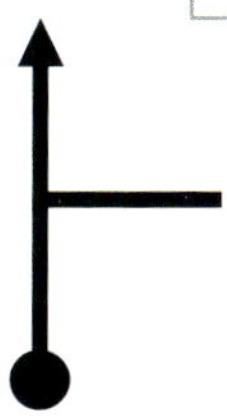

44.14 — 2,9

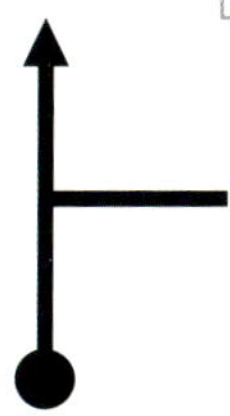

44.15 — 3,0

44.16 — 3,3 & 3,8

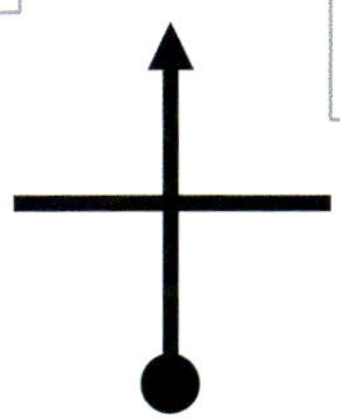

44.17 — 4,2

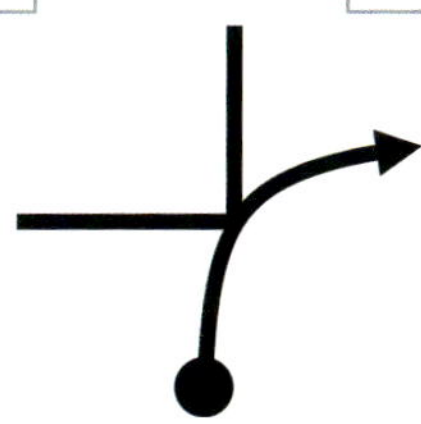

44.18 — 4,7

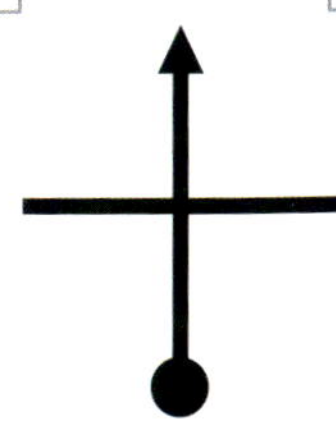

44 Mittelpunkte der DDR

44.19 | 5,4

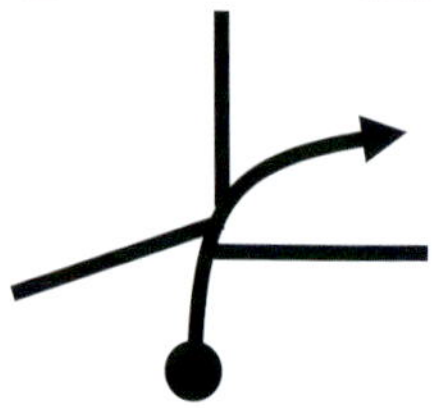

44.20 | 5,7

KOPFSTEIN

44.21 | 6,1

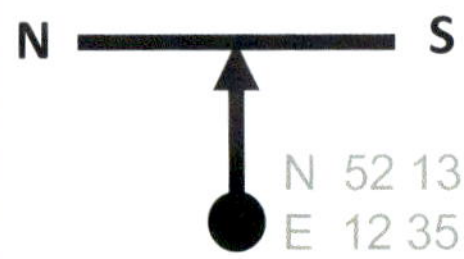

N 52 13 37
E 12 35 45

Ende: Ortseingang
Dippmannsdorf

45 Bad Belzig Runde

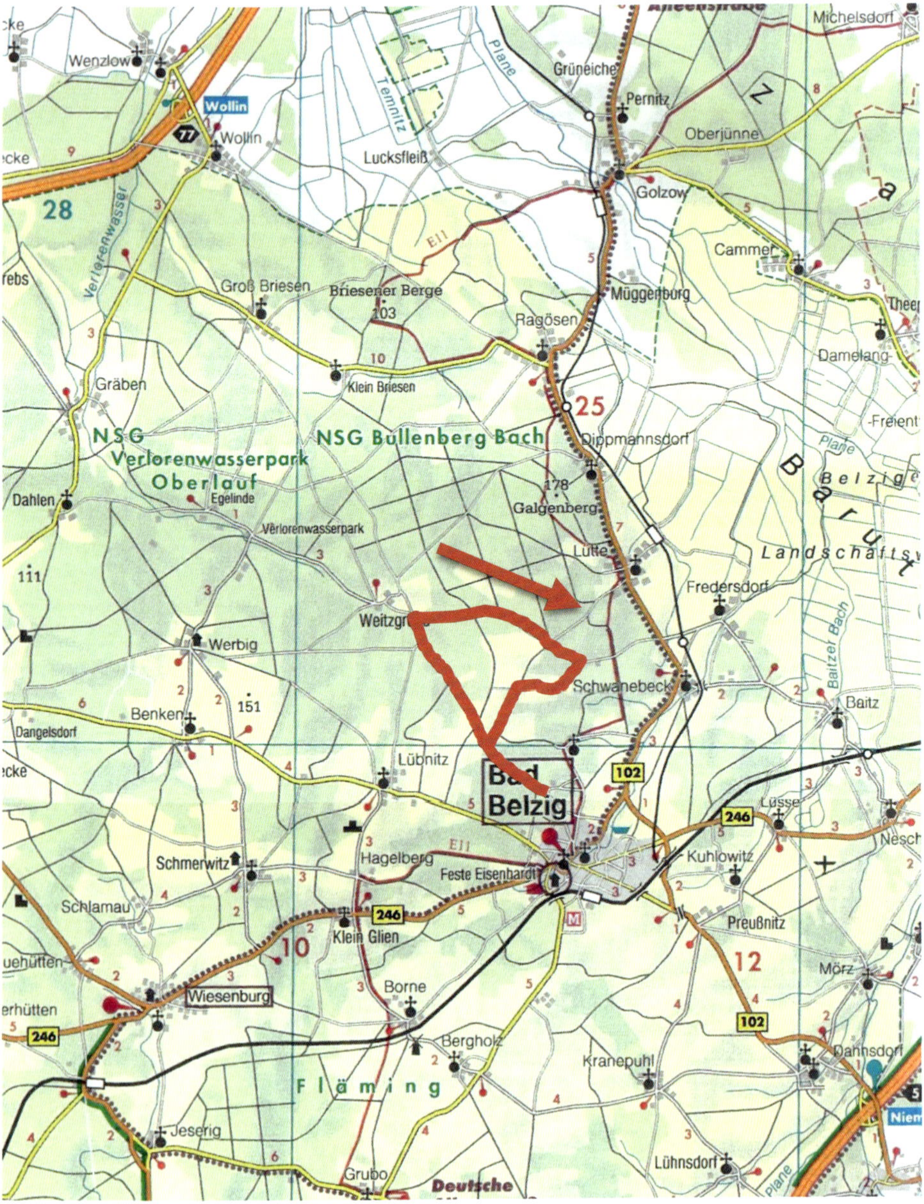

45

Dieser abwechslungsreiche Track dreht eine Runde durch die idyllische Naturlandschaft westlich des Kurstädtchens Bad Belzig mit seiner sehenswerten historischen Altstadt.

Entlang einer aufwändig mit Kopfsteinpflaster befestigten Allee startet dieser Ausflug Richtung Nord-West in ein auffällig besiedlungsarmes Waldgebiet, um das sich allerlei Gerüchte ranken. Fest steht, dass hier schon im 3.Reich ein Truppenübungsplatz eingerichtet wurde, dessen Areal dann von der Bereitschaftspolizei der DDR genutzt wurde. Mit Kulissen – unter anderem dem Brandenburger Tor – wurde hier der Häuserkampf geprobt. Auch wird berichtet, dass hier der Standort eines Internierungslagers für Ausländer und Regimekritikern geplant war und es schon Listen mit über 10.000 Personen gab, die „am Tag X“ auch hier isoliert werden sollten. Als Überreste finden sich ein paar Kilometer westlich des Tracks nahe Verlorenwasser noch ein paar Baracken.

Der Track führt in weitem Nordbogen über geschotterte Ortsverbindungen und teils tiefsandige Pisten zurück nach Bad Belzig.

45 Bad Belzig Runde

45.1 | 0,0

N 52 09 27
E 12 34 94

Start: NATURBELAG

45.2 | 0,3

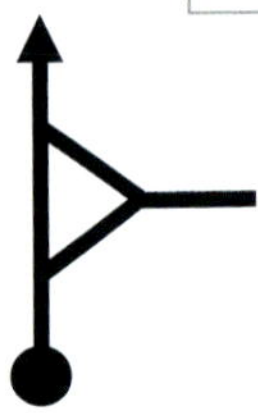

45.3 | 0,5

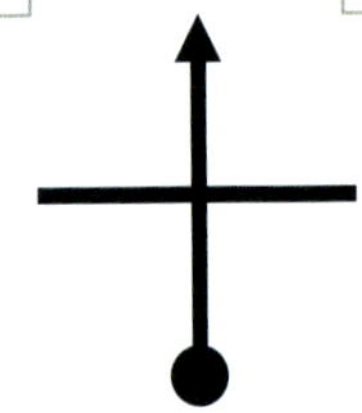

45.4 | 1,8

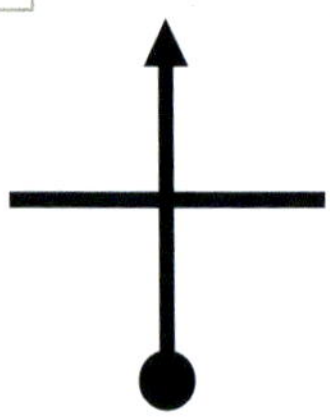

KOPFSTEIN

45.5 | 3,6

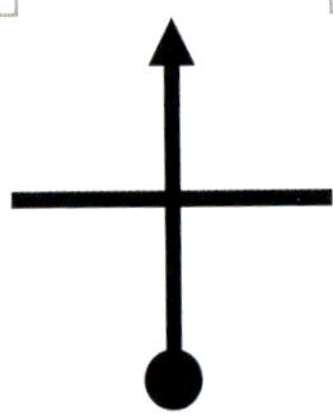

45.6 | 3,9

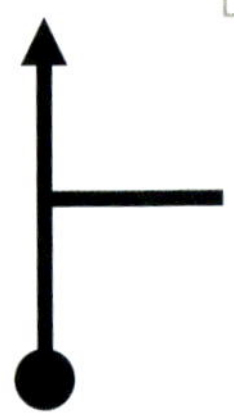

45.7 | 4,5

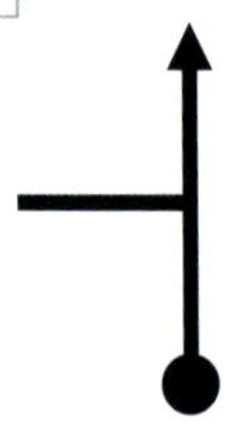

45.8 | 4,7

45.9 | 5,3 ↓ 0,0

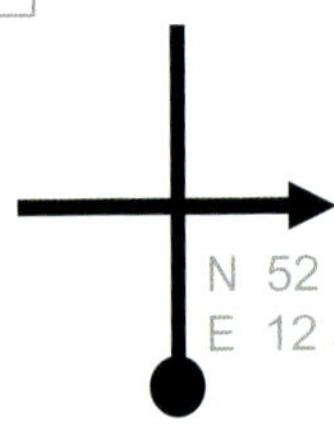

N 52 11 42
E 12 32 16

(Li. Ri.: Mittelpunkt ehem. DDR 1,5 km T44.9)

Bad Belzig Runde 45

45.10 1,4

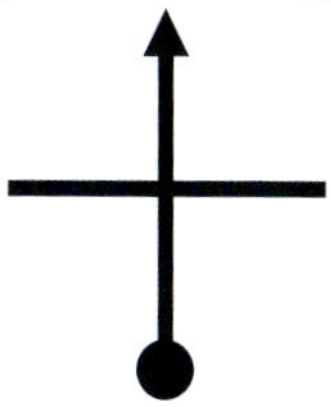

45.11 2,0

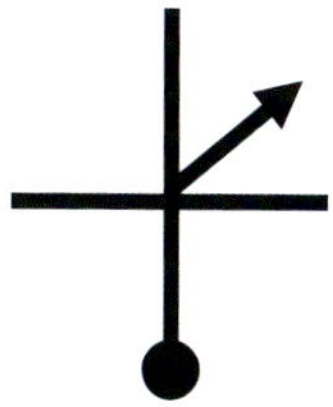

Ri.: Wenddoche

45.12 2,8

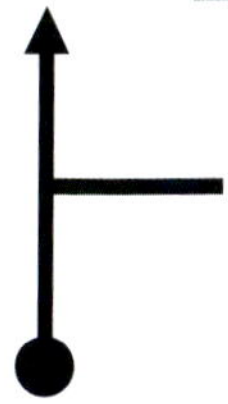

45.13 3,2

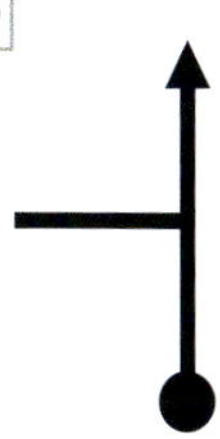

Unter Stromleitung

45.14 3,3

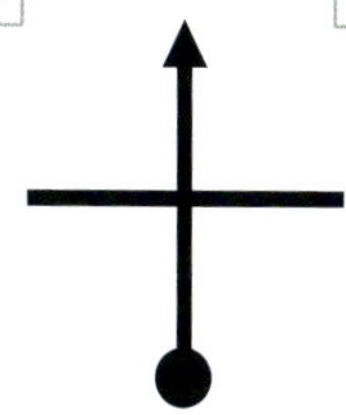

45.15 3,8

KOPFSTEIN

45.16 4,2

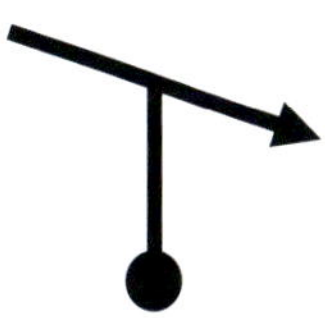

Brüchiger TEER

45.17 4,3

45.18 4,9

45 Bad Belzig Runde

45.19 | 5,8

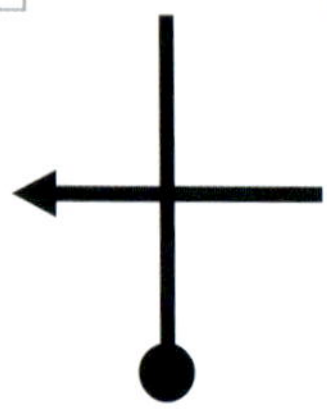

Danach SAND

45.20 | 7,1

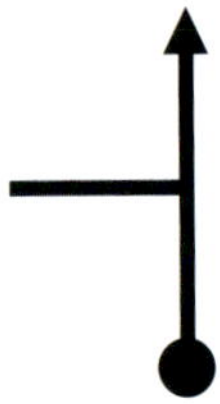

45.21 | 7,2

Picknickplatz

45.22 | 7,4

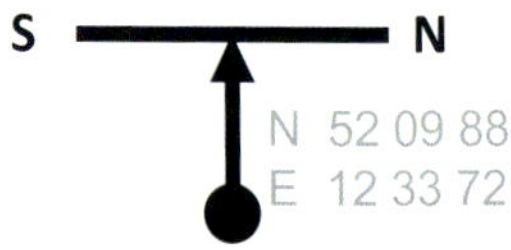

Ende

46 Walter Lauche Weg

46

Dann geht doch nach drüben! Genau dies hat der Künstler Walter Lauche in den 60er-Jahren tatsächlich gemacht.

Überzeugt von den sozialistischen Idealen kaufte er dann in den 70ern ein leer stehendes Haus auf einem Hof zwischen Niemegk und Treuenbrietzen und lebte dort mit weiteren 20 Idealisten.
Er malte Bilder vom einfachen Leben auf dem Land und nutze umliegende LPGs und Kneipen als seine Galerien. Den Preis seiner Werke konnten Interessenten bestimmen – so wurde auch schon mal gegen ein Schwein getauscht.
Als Mitglied im Verband bildender Künstler der DDR schuf er einige Skulpturen und bespielbare Plastiken.

Dieser Track führt meist auf ausgefahrenen Landwegen entlang des Walter Lauche Wegs, der mit verschiedenen Stationen an den Künstler und seine Gedankenwelt erinnert. Eine schöne Möglichkeit zur Selbstreflexion, denn; „Man kann sein Leben gar nicht genug verpassen“ (Walter Lauche).

46 Walter Lauche Weg

46.1 | 0,0

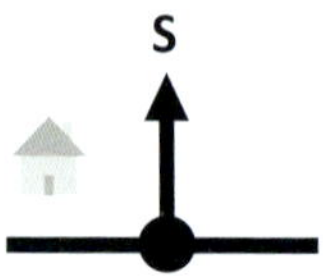

N 52 04 81
E 12 38 69

Start: in Lühnsdorf
NATURBELAG

46.2 | 0,3

46.3 | 1,0

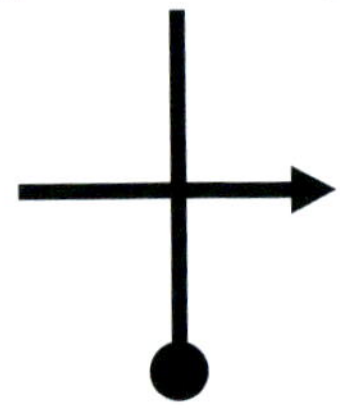

46.4 | 1,5

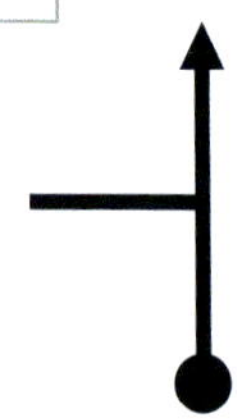

46.5 | 1,8

KOPFSTEIN

46.6 | 1,9

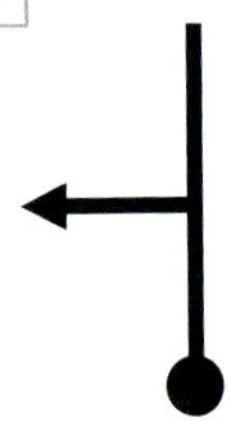

SAND

46.7 | 2,7

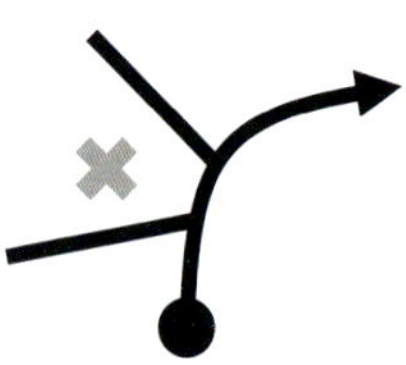

Rasthütte

46.8 | 3,5

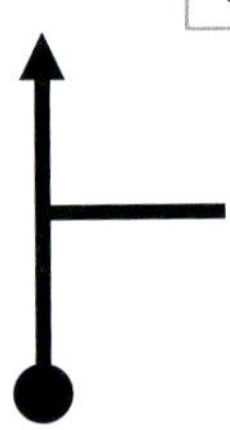

46.9 | 3,7

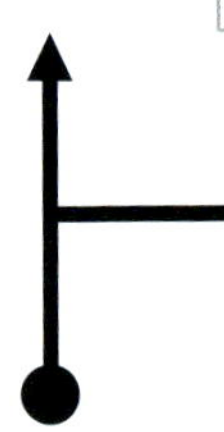

Walter Lauche Weg 46

46.10 | 3,2 → 0,0

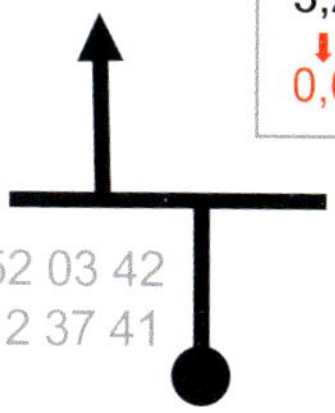

N 52 03 42
E 12 37 41

Teerstraße überqueren

46.11 | 0,3

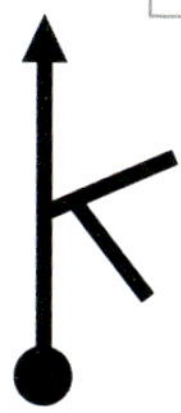

46.12 | 0,7

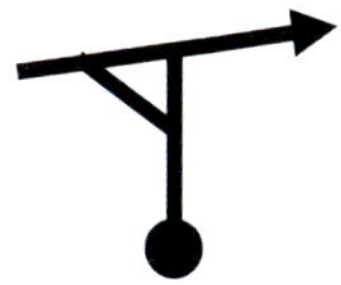

Breiter SANDWEG

46.13 | 1,4

46.14 | 2,5

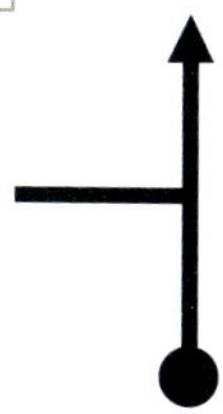

46.15 | 3,1

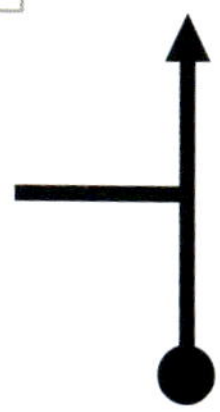

46.16 | 3,9

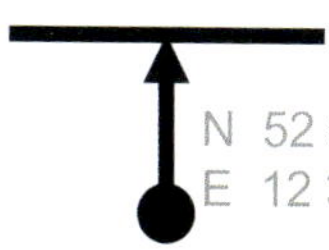

N 52 03 26
E 12 34 31

Ende

47 Rabenstein

47

Vor 130.000 Jahren lagerten die Eismassen der Eiszeit riesige Mengen an Geröll im heutigen hohen Fläming ab und bildeten eine ausgedehnte Endmoräne. Eine für brandenburgische Verhältnisse schon fast alpine Landschaft entstand.

Dieser Track stellt sich den topografischen Herausforderungen. Zunächst erklimmt er die historische Südzufahrt zur im 13. Jahrhundert erbauten Burg Rabenstein. Er folgt dem „Höhenrücken" und verläuft dann in eiszeitlichen Schmelzrinnen weiter nach Süden zur im Volksmund Millionenbrücke genannten Hagenbrücke. Beim Bau der Reichsautobahn 66 (heute A9) wurde dieses gewaltige Bauwerk notwendig, um eine der großen Rinnen zu überwinden und es wird gemunkelt, dass der Bau ebendiese Summe an Mark verschlang.

Beim Ausbau der Autobahn musste eine neue Brücke parallel dazu errichtet werden. Ob die Kombination gelungen ist, kann jeder für sich entscheiden.
Diesen Track bitte rücksichtsvoll befahren – er grenzt an ein besonders geschütztes Naturgebiet.

47 Rabenstein

47.1 | 0,0

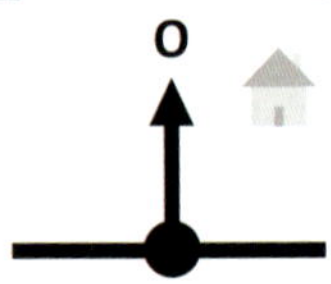

N 52 02 35
E 12 34 17

SCHOTTER

47.2 | 0,5

Teer überqueren

47.3 | 0,8

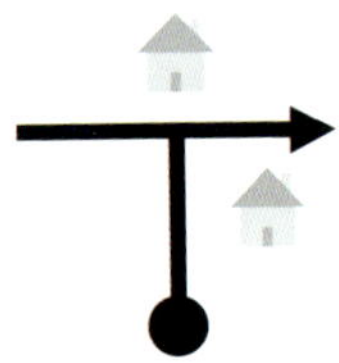

TEER

47.4 | 0,9

KOPFSTEIN
(alte Burgauffahrt)

47.5 | 1,3

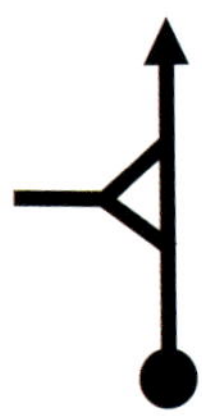

NATURBELAG

47.6 | 1,4

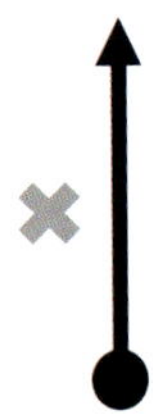

Falknerei

47.7 | 1,6

GEPFLASTERT
(Re.: Burg Rabenstein)

47.8 | 1,7

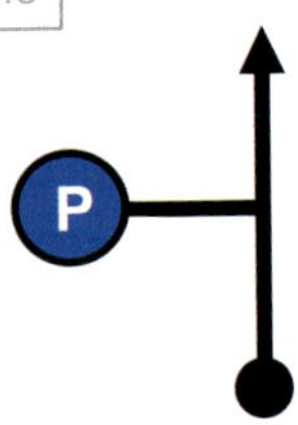

TEER

47.9 | 1,8

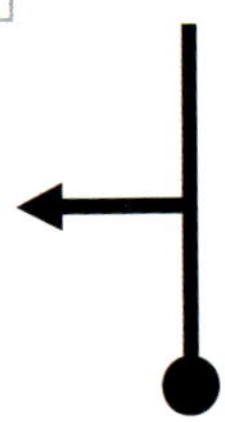

NATURBELAG

Rabenstein 47

47.10 | 2,6

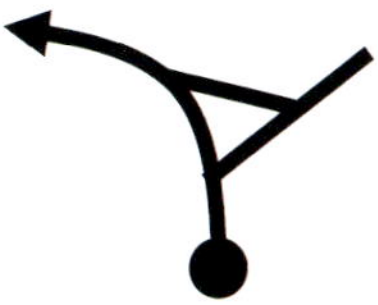

47.11 | 2,9

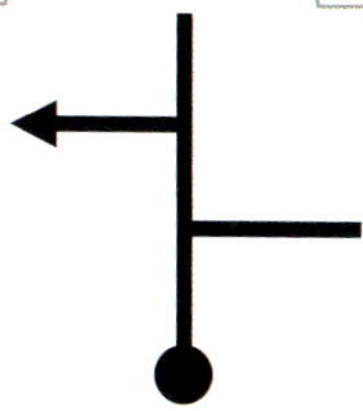

47.12 | 3,0

47.13 | 4,0

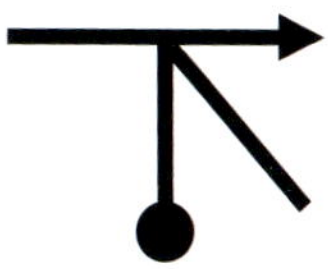

47.14 | 4,5

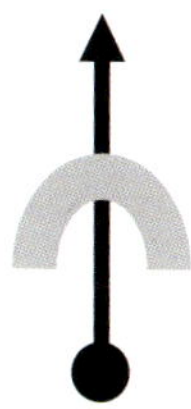

Millionenbrücke

47.15 | 5,3

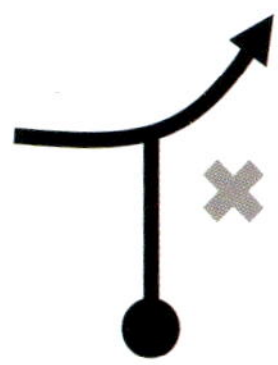

Gipfelbuch ☺

47.16 | 5,7

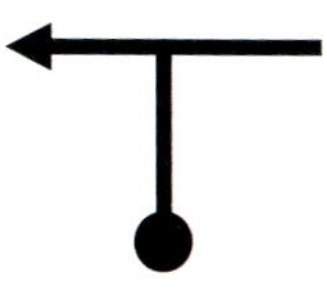

KOPFSTEIN

47.17 | 6,4

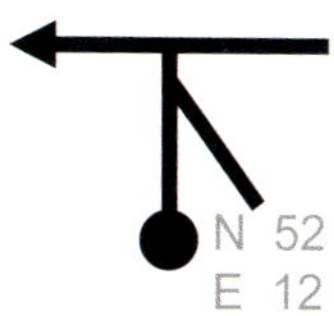

N 52 00 92
E 12 56 46

Klein Marzehns
TEER

47.18 | 6,9

In Garreyer Weg
BETON

47 Rabenstein

47.19 | 6,9

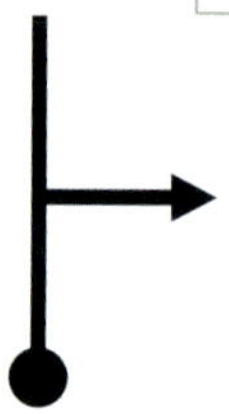

TEER
Ri.: Berkum

47.20 | 7,6

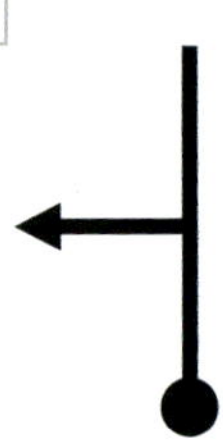

SCHOTTER

47.21 | 8,3

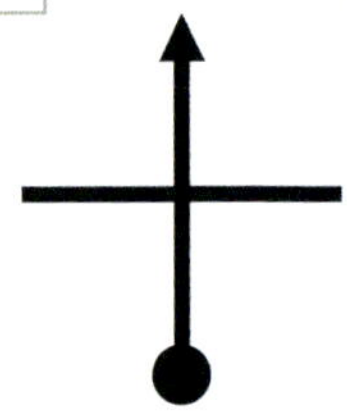

47.22 | 9,3

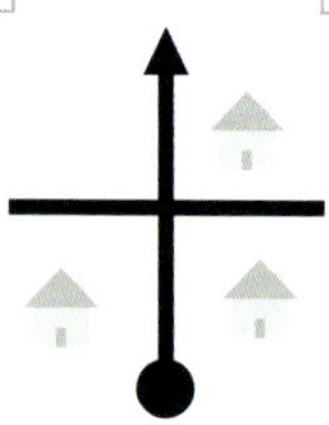

Wüstmark

47.23 | 10,7

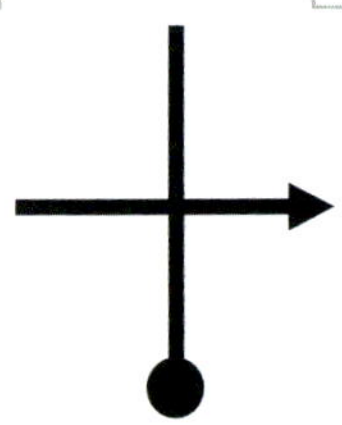

47.24 | 11,5

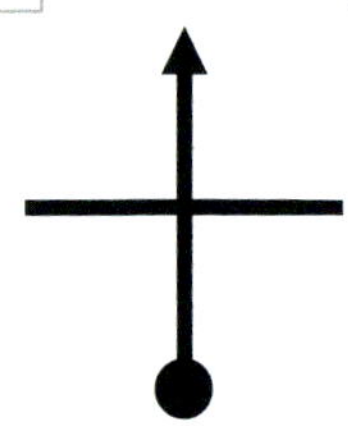

47.25 | 12,7

N 51 58 95
E 12 39 65

Ende: Ortseingang
Kerzendorf

48 Verbotene Stadt

48

Tief in den Brandenburger Wäldern liegt die ehemalige Verbotene Stadt. Zu Zeiten des Kalten Krieges war das Städtchen Wünsdorf die größte russische Siedlung außerhalb der Sowjetunion.

Um die 75.000 Russen waren hier im Oberkommando der sowjetischen Streitkräfte beschäftigt. Es entstand eine Stadt mit Theatern, Kinos und allem sonstigen Drum und Dran. Täglich fuhr ein Direktzug von Wünsdorf nach Moskau. Aber die militärische Nutzung geht schon in die Kaiserzeit zurück. 1872 wurde hier der größte preußische Schieß- und Versuchsplatz eröffnet. Im NS-Regime war hier nicht nur die Reichspost beheimatet, sondern auch das Oberkommando des Heeres agierte in ausgedehnten Bunkeranlagen unterhalb der Ortschaft. Heutzutage kann dieser Lost Place der deutschen Geschichte teilweise auf geführten Touren sowie durch Wanderungen in der sogenannten Waldstadt entdecket werden.

Dieser Track führt über das Gelände des ehemaligen Übungsplatzes und endet an der Infostelle für Führungen durch die Bunker- und Bücherstadt.

48 Verbotene Stadt

48.1 | 0,0

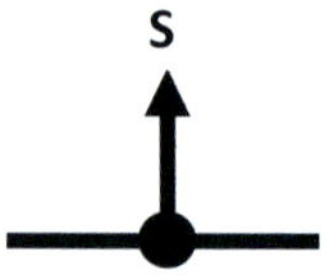

N 52 13 36
E 13 30 80

Start: in Sackgasse
TEER

48.2 | 0,2

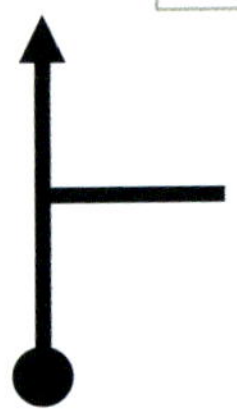

48.3 | 0,5

NATURBELAG

48.4 | 0,6

48.5 | 1,0

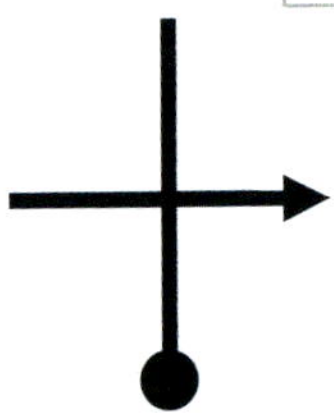

48.6 | 1,6

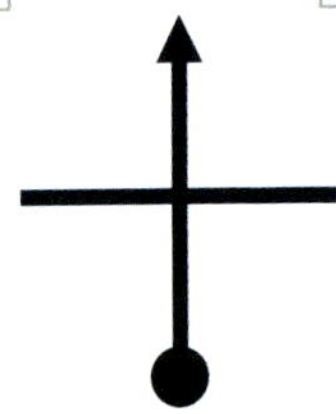

48.7 | 1,7

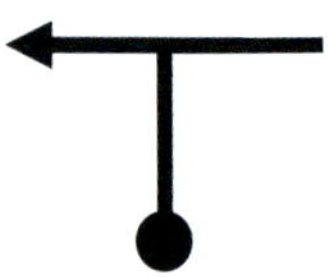

48.8 | 2,5

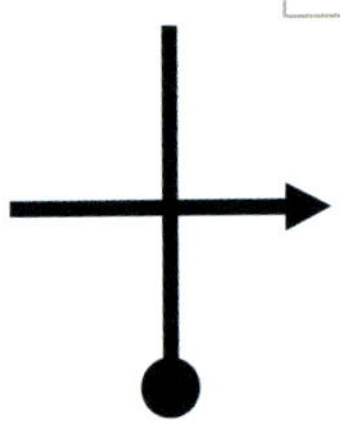

48.9 | 2,9

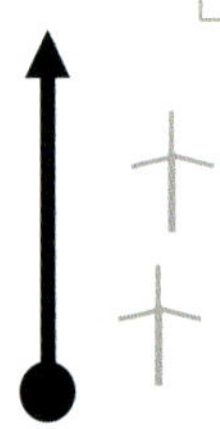

Windräder

Verbotene Stadt 48

48.10 3,6

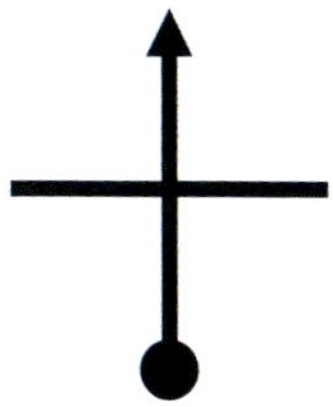

48.11 3,7

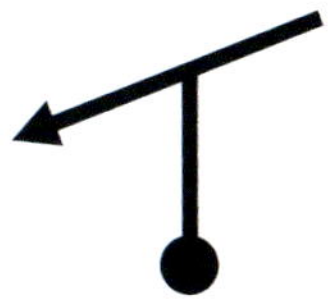

48.12 3,8

48.13 4,1

48.14 4,4

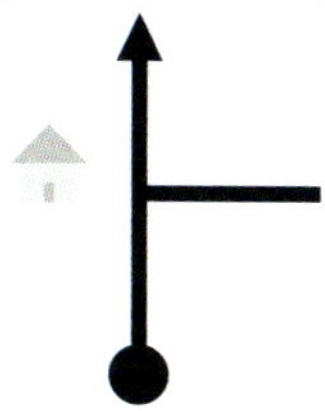

Bauernhof

48.15 4,6

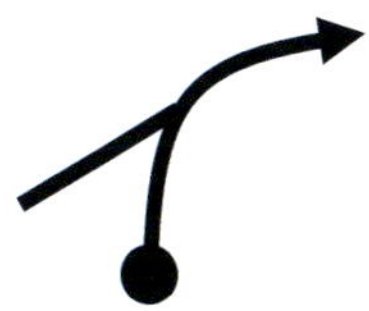

48.16 5,1

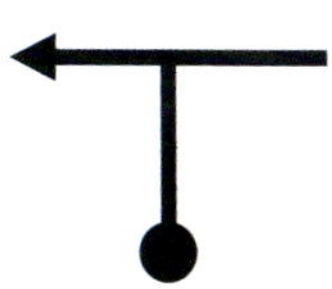

TEER

48.17 6,2

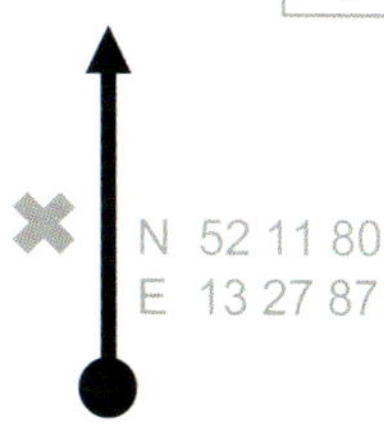

Turm

48.18 6,2

48 Verbotene Stadt

48.19 | 6,4

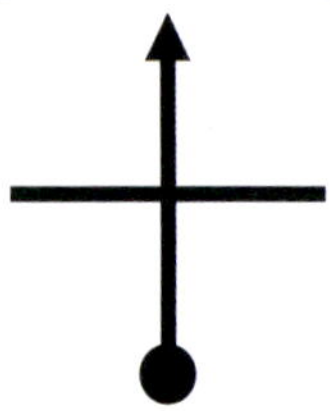

48.20 | 7,1

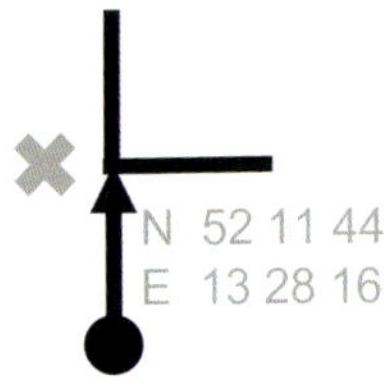

Ende: an Bunker Wünsdorf

WESTFALIA
FL XT 50

49 Siehdichum

49

Orientierung: 1
Länge: 11,8 km
Dauer: 20 min

Der königliche Oberförster Wilhelm Reuter scheute den Blick über den Tellerrand nicht und so ist es auch ihm zu verdanken, dass das Schlaubetal heute das schönste Bachtal Brandenburgs ist.

Vor 150 Jahren brachte er von Reisen nach Nordamerika einige exotische Baumarten mit, die er in seinem Forst erfolgreich ansiedelte. Heute wächst hier ein artenreicher Laubwald am Rand einer von dem Bach Schlaube durchflossenen glazialen Rinne. Für Naturliebhaber ist das Tal immer noch ein echter Geheimtipp, der vor der Wiedervereinigung nur Mitarbeitern der Stasi zugänglich war.

Mit diesem – auf etwas Schotter, aber meist Kopfstein und etwas Teer – recht einfach zu fahrendem Track wollen wir Euch auch dazu verführen, dieses Naturgebiet bei einem ausgiebigen Spaziergang zu erkunden. Lohnend ist auch eine Besichtigung des von Wilhelm Reuter angelegten Försterfriedhofs und eine Pause in mindestens einem der Gasthäuser.

49 Siehdichum

49.1 | 0,0

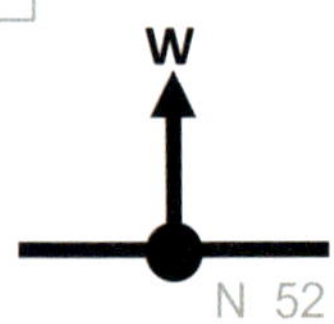

N 52 11 45
E 14 27 59

Start: Ortsausgang Schemsdorf
SCHOTTER

49.2 | 0,8

Ri.: Ragower Mühle

49.3 | 2,7

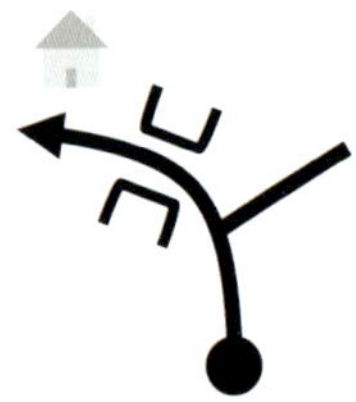

Brücke 12,5 t Gasthaus Ragower Mühle,
KOPFSTEIN

49.4 | 4,2

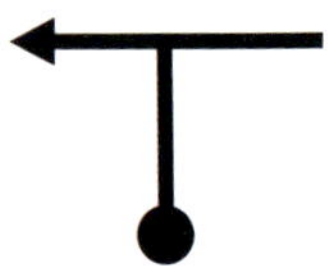

In Ort Mixdorf

49.5 | 5,7

Durchfahrtverbot LKW
Im Anschluss
KOPFSTEIN

49.6 | 6,6

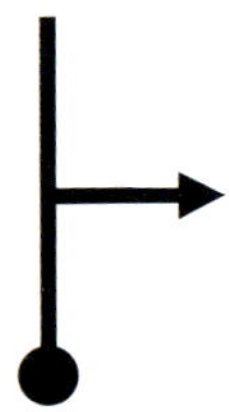

Ri.: Siehdichum
TEER

49.7 | 8,2

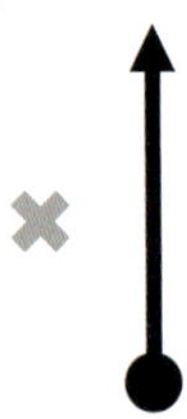

Picknickplatz

49.8 | 8,5

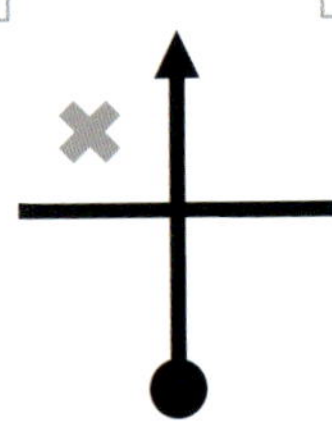

Försterfriedhof
(Re.: Gasthaus Siehdichum 300 m)

49.9 | 8,7

KOPFSTEIN

Siehdichum 49

49.10 | 11,7

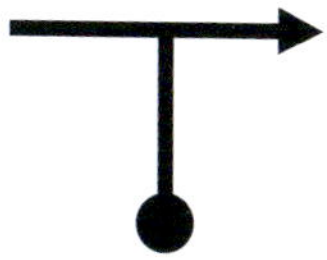

TEER

49.11 | 11,8

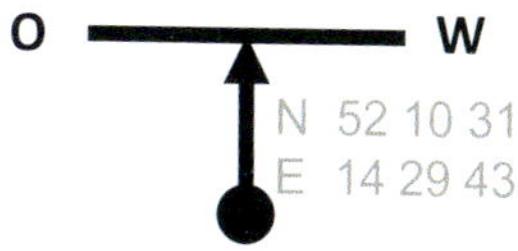

Ende: auf Straße

50 Wasserscheide

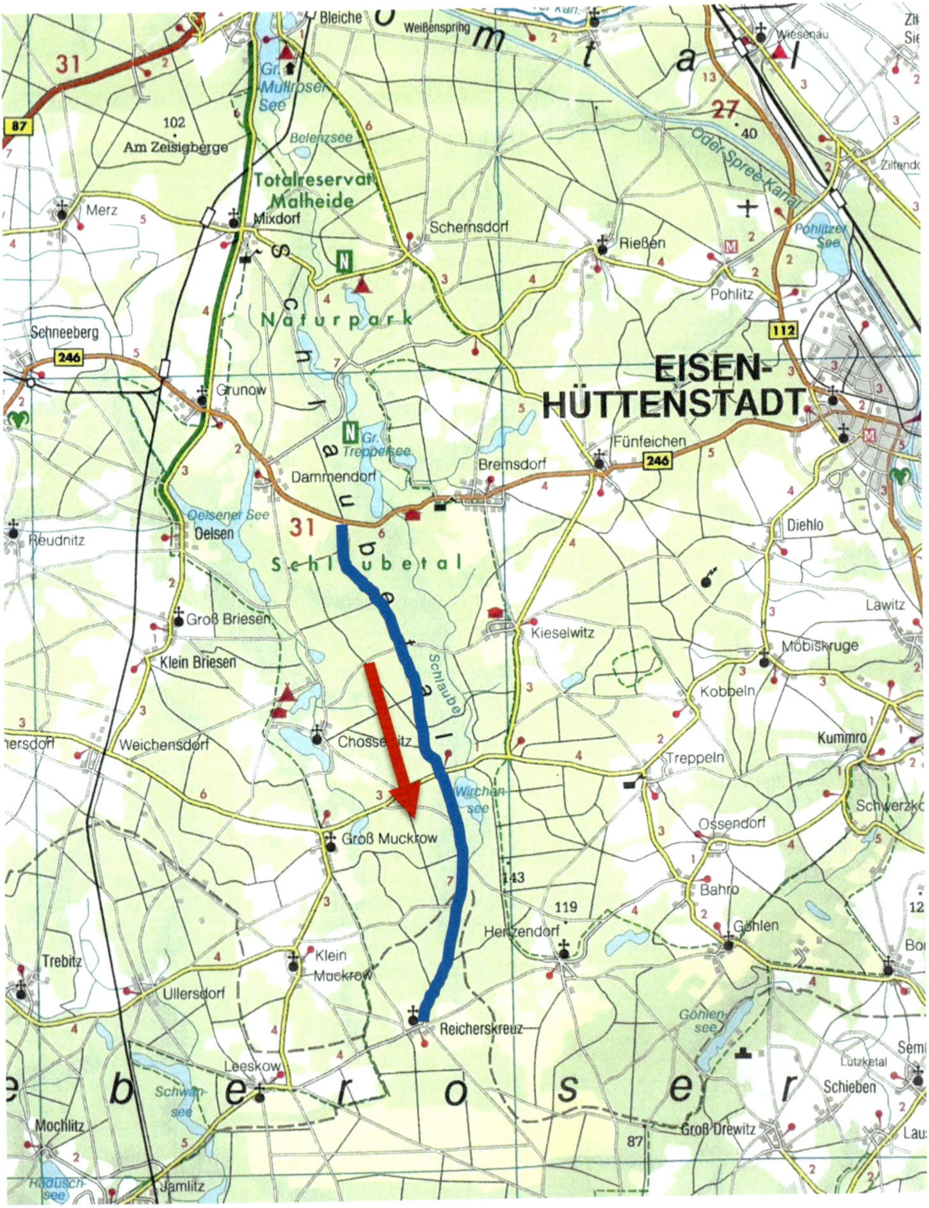

50

Auf der Wasserscheide zwischen Nord- und Ostsee verläuft die nach unserer Meinung schönste Trasse einer historischen Kopfsteinpflasterstraße im Nord-Osten. Als die ersten befestigten Straßen Anfang des 19. Jh. entstanden, wurden diese als Kunststraßen bezeichnet.

Meist verläuft diese alte Überlandverbindung direkt auf dem leichten Höhenrücken der Wasserscheide, besonders nach Osten kann man einen überraschend steilen Abhang erahnen. Achtung: Der Kopfstein ist tief ausgefahren und es kann zu Aufsetzern kommen. Leider wurden Teile der Strecke vor Jahren mit einer dünnen, mittlerweile sehr brüchigen Teerschicht übertüncht. Vielleicht wurde der Kopfstein auch ein Opfer der DDR Devisenbeschaffer. Tatsächlich wurde in den 80ern historisches Kopfstein für mehrere Millionen Mark in den nostalgischen Westen verkauft. Trotzdem geht nicht viel von dem Zauber dieser alten Straße verloren.

Aber die Zeiten ändern sich: Beim Neubau der Dorfstraße im Walddorf Reicherskreuz mit seiner einzigartigen Fachwerkkirche wurde übrigens Kopfstein der alten B97 recycelt. Wir empfehlen eine kurze Pause bei dem etwas skurrilen Findlingsgarten auf dem staubigen letzten Abschnitt des Tracks.

50 Wasserscheide

50.1 | 0,0

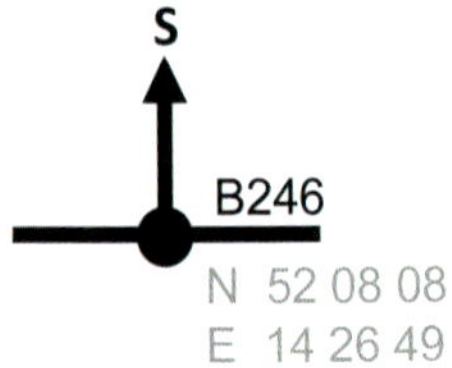

Start:
Ausgefahrenes
KOPFSTEIN

50.2 | 3,4

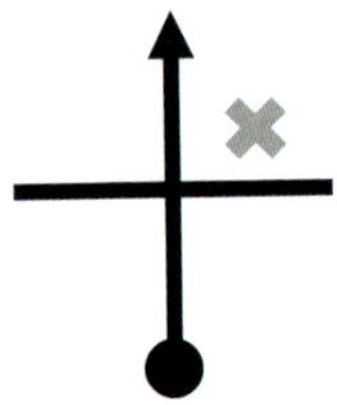

Picknickplatz

50.3 | 6,7

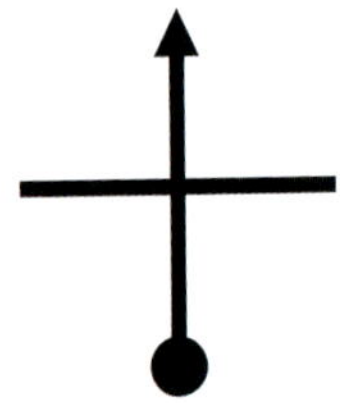

Über Landstraße
Ri.: Reicherskreuz
Schlechter TEER

50.4 | 8,2

50.5 | 9,2

TEER besser

50.6 | 12,9 → 0,0

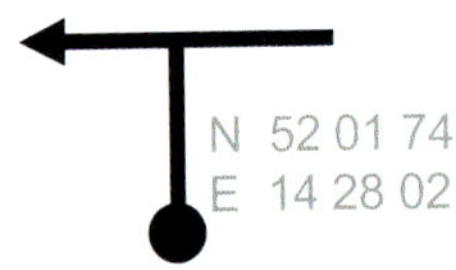

In Ort Reicherskreuz
Ri.: Pinow

50.7 | 0,1

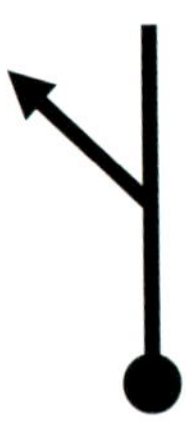

Ri.: Henzendorf
SCHOTTER

50.8 | 2,9

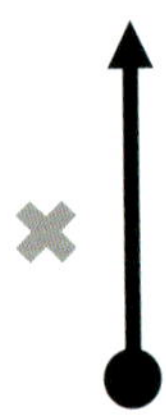

Findlingspark
Picknickplatz überdacht

50.9 | 3,0

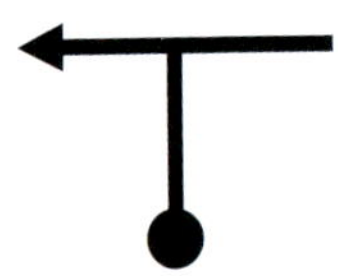

TEER

Wasserscheide 50

50.10 | 4,1

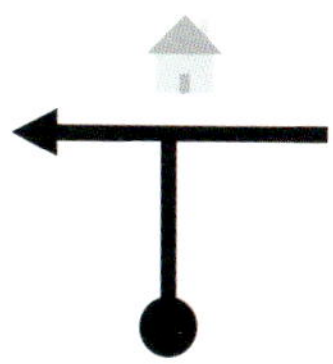

Heidehof

50.11 | 4,4

N 52 02 33
E 14 30 99

Ende: in Henzendorf
Entspricht T51.1

51 Lieberoser Heide

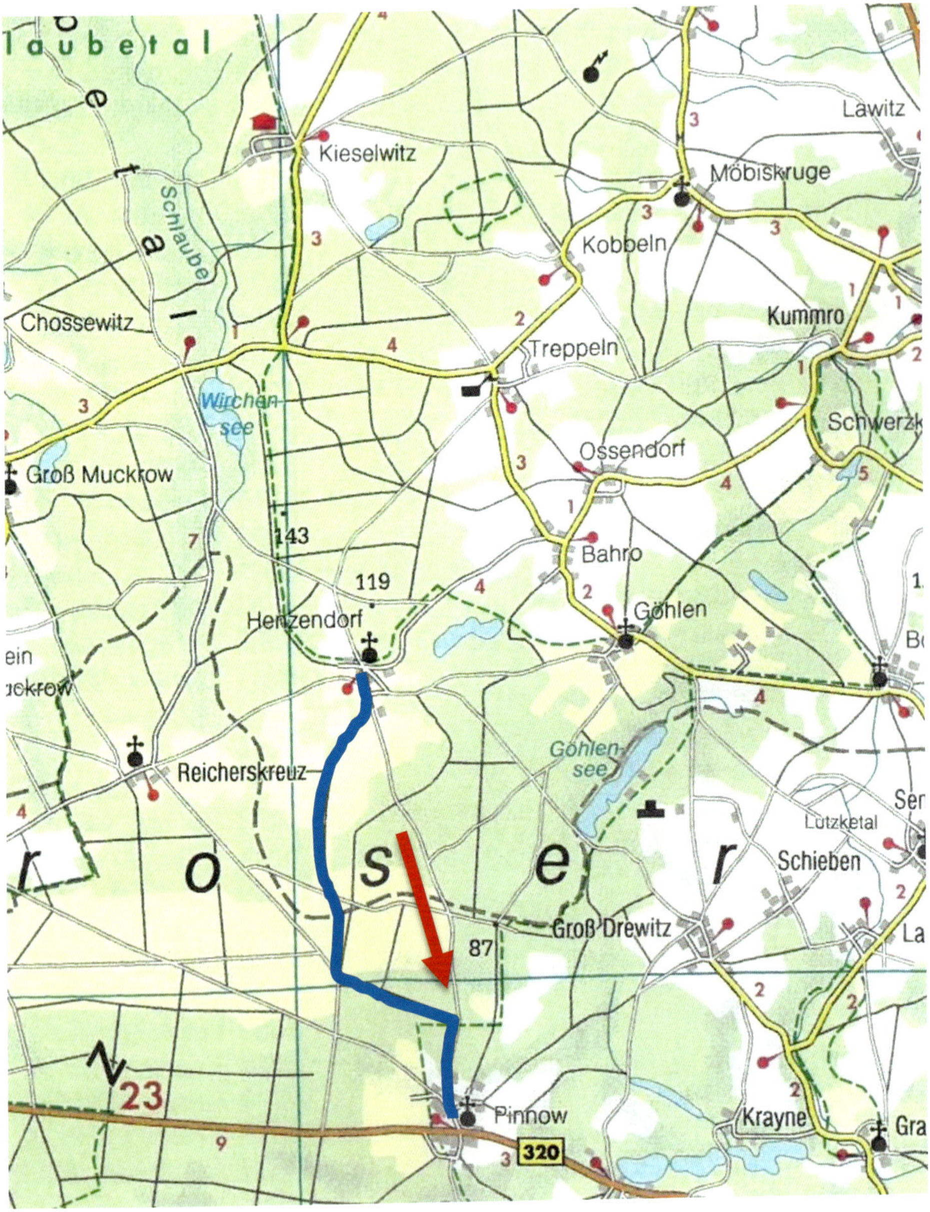

51

Der Wolf ist zwar schon seit 2009 wieder in den Weiten der riesigen Flächen der scheinbar unberührten Naturlandschaft heimisch. Doch kaum ein Gebiet in Deutschland ist so stark von der wechselhaften Geschichte im 20. Jahrhundert geprägt wie diese heutzutage nahezu unzugängliche Heidelandschaft.

Kaum hatte die Waffen-SS über die Einrichtung eines Großübungsplatzes nachgedacht, standen schon große Teile des Gebietes durch unaufgeklärte Brandstiftung in Flammen. Zwangsarbeiter aus dem KZ Lieberose mussten die militärischen Einrichtungen aufbauen. Nach dem Krieg führte hier der Warschauer Pakt Großraumübungen unter anderem mit chemischen Waffen durch. Seit Mitte der 90er sind große Teile des Gebietes zwar Naturschutzgebiet mit großem Tier- und Artenreichtum, aber wegen der umfassenden Kontamination gibt es nur sehr wenige Zugangsmöglichkeiten. Selbst die Feuerwehr muss bei den häufig auftretenden Bränden oft wegen der explosiven Altlasten kapitulieren.

Dieser Track streift diese einmalige Heidelandschaft auf einer der wenigen legal und gefahrlos befahrbaren Strecken und erlaubt einen Einblick in eines der größten, aber auch tragischsten Wildnis-Gebiete Deutschlands.

51 Lieberoser Heide

51.1 | 0,0

N 52 02 33
E 14 30 99

In Henzendorf
Entspricht T50.11

51.2 | 0,3

51.3 | 1,4

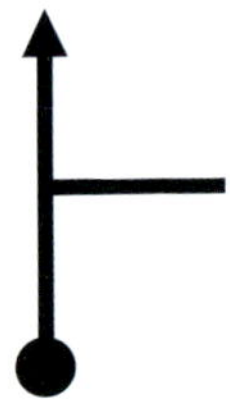

SCHOTTER
(Rechts: zu
Findlingspark)

51.4 | 2,9

51.5 | 3,3

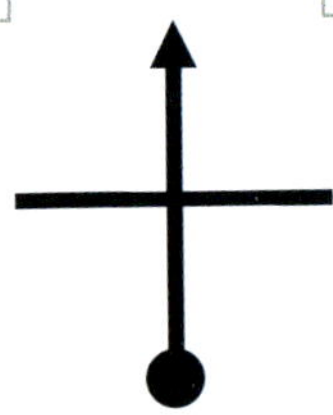

51.6 | 3,7

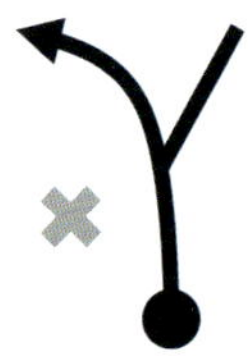

Aussichtsturm

51.7 | 4,2

N 52 00 24
E 14 30 17

Auf Pflasterstraße

51.8 | 5,5

TEER

51.9 | 6,1

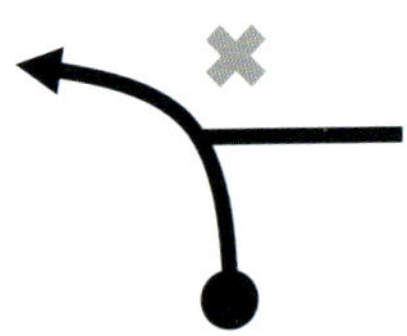

Wachhaus Ruine

Lieberoser Heide 51

51.10 | 7,7

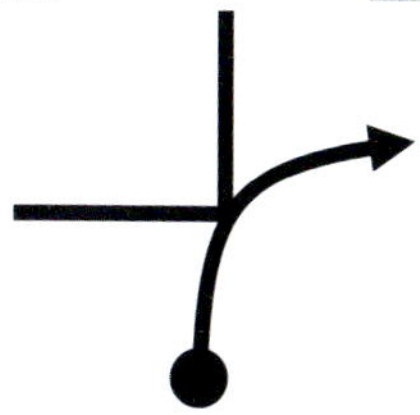

51.11 | 8,1

Ende: auf Lieberoser Straße

52 Mužakowska hola

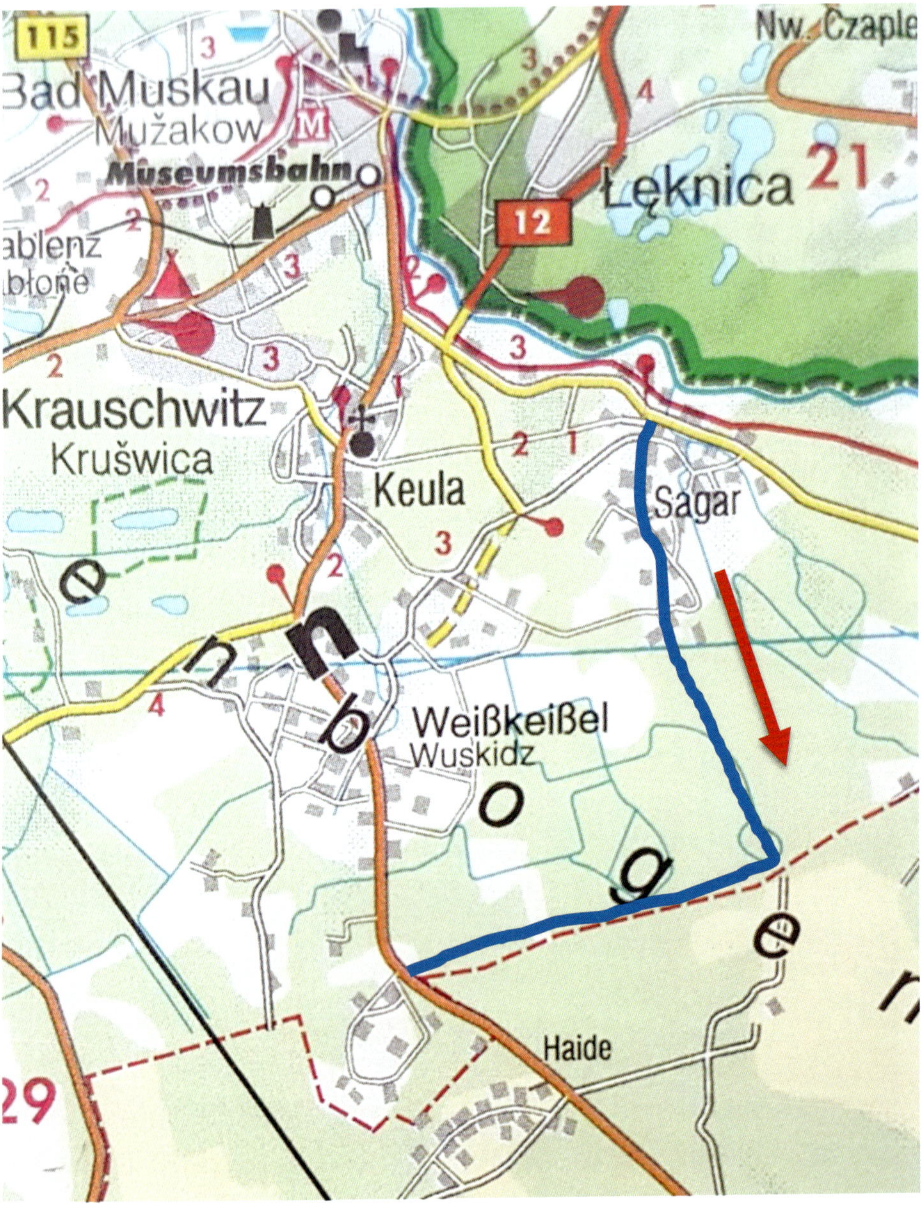

52

Unser letzter Track führt hinüber nach Sachsen in die Lausitz. Hier leben schon seit weit über 1000 Jahre die Sorben mit eigener Sprache und Kultur.

Dies ist eine der wenigen Regionen in Deutschland mit zweisprachiger Ausschilderung und es lohnt, mit offenen Augen durch die Dörfer und Städte der Region zu fahren.

Dieser Track soll auch dazu dienen, Euch in diese von gigantischen Tagebaugruben, historischen Ortskernen und schönen Badeseen geprägte Region zu locken.

Mit einem schnellen Schotterabschnitt entlang eines aktiven Truppenübungsplatzes ist er auch der südliche Schlussstrich dieses Trackbooks.

52 Mužakowska hola

52.1 | 0,0

N 51 31 02
E 14 45 61

Start: Südlicher Ortsausgang Sagar
SAND

52.2 | 0,1

52.3 | 0,9

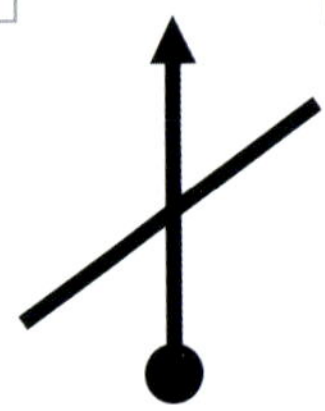

52.4 | 1,0

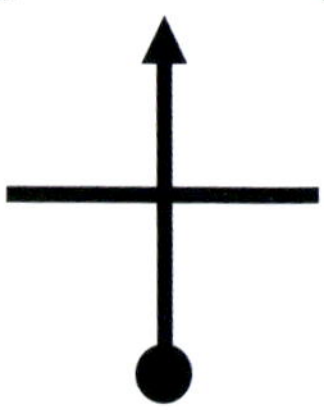

52.5 | 1,5

52.6 | 2,3

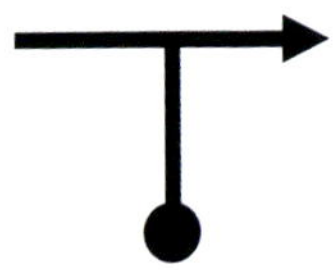

SCHOTTER
(Gerade: Truppenübungsplatz)

52.7 | 6,4

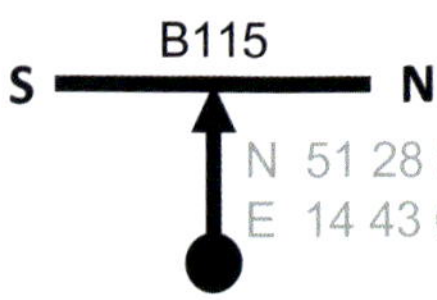

N 51 28 33
E 14 43 61

Ende: auf B115

Nachwort

Flensburg April 2022

Die Holzplatte meines eigentlichen Küchentisches ist übersäht mit Zetteln und Landkarten. Vor uns stehen leere Weingläser, halb getrunkene Tees und unsere Laptops. Die Handys werden immer wieder gezückt, um die Aufschriebe mit den aufgezeichneten GPS Tracks zu vergleichen. Was los ist? Der normale „Wahnsinn“ kurz bevor ein Trackbook in den Druck gehen soll. Was 2018 eine fixe Idee war haben wir 2020 aufgrund der fehlenden Destinationsauswahl wieder aufgegriffen. Damals ahnten wir noch nicht wie lange das „normale“ Reisen so erschwert sein würde und wie gut es ist, dass es noch kleine Abenteuer vor der Haustür gibt.

2020 ist unser erstes Trackbook Nord-Ost Deutschland entstanden und das positive Feedback unserer Leser hat uns überwältigt. So haben wir uns noch einmal auf gemacht und nach neuen Strecken in dem doch recht „zivilisierten“ Deutschland gesucht. Insgesamt waren wir über 6.000 km im Nordosten unterwegs, sind gefahren, umgedreht, haben gesucht, gefunden, aufgezeichnet, verworfen und entdeckt. Haben auf Landkarten recherchiert, Piktogramme gezeichnet und Texte geschrieben.

Das Ergebnis dieses Prozesses haltet Ihr in den Händen. Ohne Hilfe wäre das natürlich nicht möglich gewesen. Daher: **Danke an alle, die uns hierbei unterstützt haben!**

Wir danken besonders:
- Unseren Lesern für Ihre hilfreichen Feedbacks zu den Strecken
- freytag&berndt für die Nutzung der Karten
- VW Nutzfahrzeuge und Seikel 4x4 für die Unterstützung
- Falko Peters für seine Streckentipps
- Leiff van der Campen aka Leander Bindewald für unermüdliches und vergnügliches Trackscouten (das ist ja sowas wie Arbeit)

Was natürlich nicht fehlen darf: Wir sind uns ziemlich sicher, dass wir es schon wieder nicht geschafft haben, Fehler zu vermeiden. Daher bitte das Hirn unterwegs nicht ausschalten.

Zum Schluss noch eine Riesenbitte an Euch: Hinterlasst die Tracks, die Bade- und Picknick-Plätze am besten ordentlicher und sauberer als Ihr sie vorgefunden habt. Nur so werden die kleinen Abenteuer auf Nebenstrecken auch in Zukunft möglich sein.

Wir freuen uns auf Eure Rückmeldungen und auch über neue Streckenvorschläge.

Gute Reise!
Melina und Matthias

Über uns

Wir sind Melina und Matthias – neugierig, abenteuerlustig und sehr reisefreudig. Wir lieben es, andere Länder und Kulturen immer wieder auf Nebenstrecken neu zu entdecken. Wahrscheinlich tragen wir ein bisher unerforschtes (aber einigen wohl bekanntes) Nomaden-Gen in uns …

Diese Leidenschaft haben wir zum Beruf gemacht. Als Reiseleiter, die sich auf außergewöhnliche 4x4-Reisen spezialisiert haben, sind wir rund um den Globus unterwegs.

Mit unserer in Deutschland ansässigen Firma experience GmbH haben wir gemeinsam mit unserem Team abenteuerliche 4x4-Erkundungsreisen auf fünf Kontinenten und in mehr als 120 Ländern für Individualreisende und Firmenkunden organisiert und durchgeführt.

Falls Du mehr über experience wissen möchtest, besuche unsere Website www.experience.de.

Schau Dir gerne unser Reiseprogramm an – vielleicht bekommst Du Lust, uns bei einer unserer Touren zu begleiten.

Für kleine Gruppen ab 6 Personen bieten wir auch individuelle Sondertermine auf der ganzen Welt an.

Kontakt: info@experience.de

experience
driving
the world
Welche Farbe haben die
Berge
hinter den blauen Bergen?
www.experience.de
4x4-Reisen auf 5 Kontinenten

Notizen